शम्सुर्रहमान फ़

जन्म : 1935; आज़मगढ़ (उत्तर प्रदेश)।

शिक्षा : 1955 में इलाहाबाद विश्वविद्यालय से अंग्रेज़ी में एम.ए.। 1958 से 1994 तक भारतीय डाक सेवा में तथा अन्य पदों पर कार्य।

उर्दू तथा अंग्रेज़ी में 40 से अधिक किताबें प्रकाशित। साहित्येतिहास तथा साहित्यिक सिद्धान्त में विशेष रुचि। हिन्दी में *कई चाँद थे सरे आस्माँ, क़ब्ज़े-ज़माँ* (उपन्यास); *सवार और दूसरी कहानियाँ* (कहानी-संग्रह); *उर्दू का आरम्भिक काल, अकबर इलाहाबादी पर एक और नज़र, उपन्यास का सफ़रनामा* (आलोचना) पुस्तकें विशेष रूप से चर्चित। अनेक लेखों के अनुवाद प्रकाशित।

1966 से 2005 तक उर्दू साहित्य को आधुनिक दिशा देनेवाली पत्रिका *शबख़ून* के 299 अंकों का प्रकाशन। इसके माध्यम से अन्य भारतीय भाषाओं, विशेषकर हिन्दी की रचनाओं के उर्दू अनुवादों का प्रकाशन।

अनेक देशी-विदेशी विश्वविद्यालयों में व्याख्यान। साहित्य की लगभग सभी विधाओं में महत्त्वपूर्ण कार्य। 1986 में 'साहित्य अकादेमी पुरस्कार' तथा 1996 में मीर तक़ी मीर के काव्य पर विस्तृत आलोचना-ग्रंथ 'शेर शोर अंगेज़' के लिए 'सरस्वती सम्मान'।

फ़िलहाल इलाहाबाद में रहकर लेखन।

उर्दू का आरम्भिक युग

साहित्यिक संस्कृति एवं इतिहास के पहलू

शम्सुर्रहमान फ़ारूक़ी

अनुवाद
रहील सिद्दीक़ी/गोविन्द प्रसाद

सम्पादन
कृष्णमोहन/दीपक रूहानी

राजकमल पेपरबैक्स

पहला पुस्तकालय संस्करण
राजकमल प्रकाशन प्राइवेट लिमिटेड द्वारा
2007 में प्रकाशित

राजकमल पेपरबैक्स में
पहला संस्करण : 2021
तीसरा संस्करण : 2025

राजकमल पेपरबैक्स : उत्कृष्ट साहित्य के जनसुलभ संस्करण

राजकमल प्रकाशन प्रा.लि.
1-बी, नेताजी सुभाष मार्ग, दरियागंज
नई दिल्ली-110 002
द्वारा प्रकाशित

शाखाएँ : अशोक राजपथ, साइंस कॉलेज के सामने, पटना-800 006
पहली मंज़िल, दरबारी बिल्डिंग, महात्मा गांधी मार्ग, प्रयागराज-211 001
1, अनमोल सोराबजी सन्तुक लेन, धोबी तलाव, मरीन लाइंस, मुम्बई-400 002

वेबसाइट : www.rajkamalprakashan.com
ई-मेल : info@rajkamalprakashan.com

विकास कम्प्यूटर एंड प्रिंटर्स
ट्रॉनिका सिटी-201 102
द्वारा मुद्रित

मूल्य : ₹250

URDU KA ARAMBHIK YUG
Sahitiyak Sanskriti Evam Itihas Ke Pehlu
by Shamsurrhaman Faruqi

ISBN : 978-93-92757-39-6

भूमिका

शिकागो विश्वविद्यालय में National Endowment for Humanities नामक संस्था के सहयोग से एक बहुत बड़ी योजना कई साल पहले बनी थी। इस योजना का उद्‌देश्य हिन्दुस्तान की प्रमुख भाषाओं की साहित्यिक संस्कृति, साहित्यिक और सांस्कृतिक इतिहास से उनके सम्बन्धों, उनके आपसी सम्पर्कों और साहित्य के बारे में उन भाषाओं में प्रचलित अवधारणाओं का अध्ययन करना था, क्योंकि हिन्दुस्तान ही नहीं, पश्चिम में भी कोई विस्तृत और व्यापक काम इस विषय पर नहीं हुआ है। प्राचीन और आधुनिक हिन्दुस्तान में साहित्य और भाषा और सत्ता में किस प्रकार के सम्बन्ध अस्तित्व में आए ? कोई भाषा 'साहित्यिक भाषा' किस तरह और कब बनती है ? किसी भाषा में साहित्य-रचना करनेवालों और साहित्य को बरतने वालों के बीच जो सिलसिले होते हैं, क्या उनकी विशेषता केवल शक्ति पर या केवल लेन-देन के व्यवहार पर आधारित होती है, या कोई आदर्श सभ्यता भी उस पर प्रभाव डालती है ?

इस योजना को Literary cultures in Indian History का नाम दिया गया, और प्राचीन-आधुनिक तमाम बड़ी हिन्दुस्तानी भाषाओं के विशेषज्ञ इकट्ठा किए गए, हर एक ने अपनी बिसात भर बहुत अच्छे निबन्ध लिखे और दूसरों के विषयों पर अपनी राय भी दी। हर एक निबन्ध का बहुत ही बारीक और निश्चित आलोचना के बाद मूल्यांकन किया गया। बहस और प्रश्नोत्तर की दृष्टि से हर निबन्ध एक से अधिक बार लिखा गया। प्रस्ताव यह है कि इन निबन्धों को एक या दो भाग में छापा जाए। ये निबन्ध अब अंग्रेजी में उपलब्ध हैं। शिकागो विश्वविद्यालय में संस्कृत के प्रोफेसर शेलडन पॉलक (Sheldon Pollock) इस पूरे प्रोग्राम के निर्देशक (Director) और संस्कृत-साहित्य से सम्बन्धित निबन्धों के लेखक भी हैं।

मेरे जिम्मे Early Urdu पर लेख लिखने का काम सौंपा गया था। उर्दू/हिन्दी के सम्बन्धों को सुलझाए बिना Early Urdu का पद अर्थहीन है। अतः मैंने अपनी बात आधुनिक हिन्दी के आरम्भ और उसकी छुपी (और प्रत्यक्ष) राजनीति और उर्दू साहित्यिक संस्कृति पर उसके प्रभाव से शुरू की। इसके बाद मैं इस प्रश्न से उलझा कि उर्दू भाषा यद्यपि दिल्ली के आस-पास पैदा हुई, लेकिन

इसमें साहित्य की पैदावार आरम्भ में गुजरात और दकन में क्यों हुई ? फिर गुजरात और दकन में सैद्धान्तिक आलोचना और काव्यशास्त्र का उदय तथा इस सिलसिले में अमीर ख़ुसरो और संस्कृत के केन्द्रीय रोल पर भी प्रकाश डाला गया। इसके बाद मैंने निम्नलिखित विषयों की छानबीन की : दिल्ली का साहित्यिक परिप्रेक्ष्य पर देर से प्रकट होना, लेकिन दिल्ली के साहित्यिक साम्राज्यवादी स्वभाव के कारण गैर दिल्ली के साहित्यकारों और 'बाहरवालों' का उर्दू की प्रामाणिक सूची (Canon) से बाहर रहना, और फिर अठारहवीं सदी की दिल्ली में नयी साहित्यिक संस्कृति और काव्यशास्त्र का उदय।

दिल्ली में 'इस्लाहे ज़बान' (भाषा की शुद्धता) की 'मुहिम' और 'ईहाम' (अन्योक्ति) के आन्दोलन की वास्तविकता क्या है ? उस्तादी/शागिर्दी का इदारा दिल्ली के अलावा कहीं और क्यों न वजूद में आया ? इन प्रश्नों के अलावा 'दिल्ली स्कूल' और 'लखनऊ स्कूल' पर भी इस लेख में विचार प्रकट किया गया है।

कोई तीन-चार साल की मेहनत के नतीजे में मेरा लेख बढ़कर एक पूरी किताब बन गया। इसका संक्षिप्त रूप शेलडन पॉलक की सम्पादित पुस्तक में छप चुका है। मूल अंग्रेजी पुस्तक और उसका उर्दू अनुवाद भी छप चुका है। अब यह हिन्दी अनुवाद छप रहा है।

मैं अनुवादक डॉ. रहील सिद्दीक़ी और डॉ. गोविन्द प्रसाद, जवाहरलाल नेहरू विश्वविद्यालय और राजकमल प्रकाशन का भी ममनून हूँ कि उन्होंने ये किताब छापी।

जमीला ने हस्ब-मामूल मेरे हर काम को अपनी तवज्जो से आसान बनाया, लेकिन वहाँ का मुआमला दरदिल है।

इलाहाबाद
दिसम्बर, 2003

शम्सुर्रहमान फ़ारूक़ी

अनुक्रम

उर्दू का आरम्भिक युग

इतिहास, विश्वास एवं राजनीति : आरम्भ की कुछ मिथ्याएँ

पुराने ज़माने में 'उर्दू' नाम की कोई भाषा नहीं थी। जो लोग 'प्राचीन उर्दू' पद का इस्तेमाल करते हैं, वे भाषा-विज्ञान और इतिहास की दृष्टि से ग़लत शब्द बरतते हैं। इसके अतिरिक्त यह भी है कि 'प्राचीन उर्दू' शब्द का प्रयोग आज ख़तरे से ख़ाली नहीं। भाषा के नाम की हैसियत से शब्द 'उर्दू' अपेक्षाकृत कम उम्र है। और यह प्रश्न, कि प्राचीन उर्दू क्या थी, या क्या है, एक अर्सा पहले, ऐतिहासिक क्षेत्र से बाहर निकल चुका है। पहले तो यह प्रश्न उर्दू/हिन्दी के इतिहास के बारे में औपनिवेशिक, साम्राज्यवादी हितों के अधीन अंग्रेजों की राजनीतिक नीतियों का शिकार रहा। और फिर आधुनिक हिन्दुस्तान में हिन्दुस्तानी (हिन्दू) अस्मिता के बारे में राजनीतिक और भावनात्मक परिकल्पनाओं के जगत में प्रवेश कर गया।

आज के आम हिन्दी बोलनेवाले के लिए यह विचार अब विश्वास में बदल चुका है कि जिस भाषा को वह 'हिन्दी' के नाम से जानता है, वह प्राचीन समय से मौजूद है और इसके साहित्य का श्रीगणेश (अगर और पहले नहीं भी तो) कम-से-कम ख़ुसरो (1253-1325) से होता है। ऐसे बहुत-से लोगों का यह भी मानना है कि कभी अठारहवीं शताब्दी में पुराने ज़माने की यह असली 'हिन्दी' या 'हिन्दवी' उस समय 'उर्दू' बन गई जब मुसलमानों ने 'फ़ैसला' किया कि वे अपने समय की प्रचलित 'हिन्दी' की राह से हटकर एक भारी-भरकम फ़ारसी युक्त भाषा अपनाएँगे। और यह भाषा हिन्दुस्तानी मुसलमानों की पहचान बन गई।[1]

हिंन्दी/उर्दू साहित्य के इतिहास के नाम से आज तक जो धारणाएँ हमारे देश में प्रचलित हैं, उनका बड़ा हिस्सा केवल नामकरण के संयोग पर आधारित है। हम लोग इस बात को अक्सर भूल जाते हैं कि जिस भाषा को आज हम 'उर्दू' कहते हैं, पुराने ज़माने में उसी भाषा को 'हिन्दवी', 'हिन्दी', 'देहलवी', 'गुजरी', 'दकनी' और फिर 'रेख़्ता' कहा गया है। और ये नाम लगभग उसी क्रम से प्रयोग में आए, जिस क्रम में मैंने इन्हें दर्ज किया है। यह ज़रूर है कि इस भाषा का जो रूप दकन (दक्षिण) में बोला और लिखा जाता था, उसे सत्रहवीं शताब्दी से लेकर उन्नीसवीं शताब्दी के लगभग मध्य तक 'दकनी' ही कहते थे। और उत्तर भारत में एक बड़े समय तक 'रेख़्ता' और 'हिन्दी' दोनों ही इस भाषा के नाम की हैसियत से साथ-साथ इस्तेमाल होते रहे।

अंग्रेजों ने इस भाषा के लिए अपनी ईजाद या पसन्द के नाम इस्तेमाल किए।

जहाँगीर के दरबार में जेम्स प्रथम के दूत सर टॉमस रो के साथी एडवर्ड टेरी ने अपनी पुस्तक 'ए व्हायज टु ईस्ट इंडिया' (लन्दन, 1655) में इस भाषा को 'इन्दोस्तान' (Indostan) के नाम से याद किया है। वह लिखता है कि 'इन्दोस्तान' बड़ी जानदार भाषा है, और यह कम-से-कम शब्दों में बहुत कुछ कह डालने में सक्षम है। इसकी शब्दावली में अरबी फ़ारसी का बाहुल्य है, लेकिन इसकी लेखन-शैली, अरबी फ़ारसी से भिन्न है।[2] अंग्रेजों ने और जो नाम इस भाषा के लिए इस्तेमाल किए, वे हैं : Moors, Indostans, और अन्त में Hindoostanee, Hindostanic। Indostans के अस्तित्व का पता ऑक्सफोर्ड इंगलिश डिक्शनरी से लगता है। शेष से हमारी मुलाकात इस लेख के दौरान होगी। इनमें से 'हिन्दुस्तानी' को अपवाद मानकर हटा दें, तो अंग्रेजों के दिए हुए उपर्युक्त नामों में से कोई भी ऐसा नहीं है, जिसे किसी उर्दू बोलनेवाले ने इस्तेमाल किया हो, या अगर इस्तेमाल न भी किया हो तो उससे परिचित रहा हो। ये सब नाम अंग्रेजों ने अपनी अज्ञानता अथवा राजनीतिक आवश्यकताओं के कारण ईजाद किए थे।

जैसा कि मैंने ऊपर कहा, उत्तर में 'रेख़्ता' और 'हिन्दी' हमारी भाषा के नाम की हैसियत से समान रूप से लोकप्रिय थे। यह स्थिति अठारहवीं शताब्दी तक रही। उन्नीसवीं शताब्दी के मध्य से भाषा के नाम की हैसियत से 'हिन्दी' को 'रेख़्ता' पर प्राथमिकता दी जाने लगी। बल्कि यह कहा जाए तो ग़लत न होगा कि उन्नीसवीं शताब्दी में बोलचाल की भाषा को लगभग हमेशा 'हिन्दी' ही कहा जाता था, जबकि अठारहवीं शताब्दी में 'रेख़्ता' को बोलचाल की भाषा के लिए बेझिझक इस्तेमाल करते थे। मीर का शेर है (पहला दीवान, 1752 से पूर्व) :

गुफ़्तगू रेख़्ते में हमसे न कर
यह हमारी ज़बान है प्यारे[3]

उन्नीसवीं शताब्दी के लगभग अन्त तक हिन्दी और उर्दू दोनों ही नाम प्रचलित रहे। धीरे-धीरे भाषा के नाम के रूप में 'रेख़्ता' का चलन घटता गया। बीसवीं शताब्दी के आरम्भ तक भी ऐसे उदाहरण मिल जाते हैं, जहाँ 'हिन्दी' को 'उर्दू' के अर्थ में इस्तेमाल किया गया है।[4] 'हिन्दवी' का भी इस्तेमाल अठारहवीं शताब्दी के अन्त तक रहा। चुनाँचे मुसहफ़ी के पहले दीवान (संकलन काल लगभग 1785) में यह शेर है :

मुसहफ़ी फ़ारसी को ताक़ पे रख
अब है अशआर-ए-हिन्दवी का रिवाज[5]

भाषा के नाम की हैसियत से 'उर्दू' शब्द का प्रयोग पहली बार 1780 के आसपास हुआ। संयोगवश प्रथम प्रयोग के सभी, या लगभग सभी प्राचीन उदाहरण मुसहफ़ी ही के यहाँ सुलभ हैं। पहले दीवान में ही है :

अलबत्ता मुसहफ़ी को है रेख़्ते में दावा
यानी के हैं ज़बाँ दाँ उर्दू की वो ज़बाँ का[6]

सम्भवतः यहाँ 'उर्दू' शब्द 'शाहजहाँबाद का शहर' के लिए प्रयोग में लाया गया है, न कि 'उर्दू ज़बान' के लिए। वाक्यांश 'उर्दू की ज़बाँ' को उस भाषा के अर्थ में लेना,

जिसका नाम 'उर्दू' है, उसी समय सही होगा, जब यह निश्चित हो कि 'उर्दू' शब्द 'शाहजहाँबाद' के अर्थ में इस्तेमाल नहीं किया गया है। जैसा कि हम आगे देखेंगे, उत्तर भारत के लोग लम्बे समय तक 'उर्दू' को 'शाहजहाँबाद' के अर्थ में बोलते थे और 'ज़बाने उर्दू' कभी-कभी फ़ारसी के अर्थ में भी इस्तेमाल की गई है। ख़ैर, मुसहफ़ी के चौथे दीवान (1796 के आसपास संकलित) में जो इस्तेमाल है वह साफ़ तौर पर 'उर्दू' ज़बान के अर्थ में है। लखनऊवालों की शिकायत में वे एक मुख़म्मस (वह नज़्म जिसमें हर बन्द में पाँच-पाँच मिस्रे हों) में कहते हैं :

हर जाए गोश चश्मबिना नाक कान को
अपनी ज़बान समझे हैं उर्दू ज़बान को[7]

अल्लामा हाफ़िज़ महमूद शीरानी ने अपने एक लेख 'उर्दू ज़बान और उसके मुख़्तलिफ़ नाम' (प्रथम संस्करण, मई 1929) में मुसहफ़ी का निम्नलिखित शेर उद्धृत किया है :

ख़ुदा रक्खे ज़बाँ हमने सुनी है मीर ओ मिर्ज़ा की
कहें किस मुँह से हम ऐ मुसहफ़ी उर्दू हमारी है[8]

ऐसा प्रतीत होता है कि यहाँ 'मिर्ज़ा' से मुराद मिर्ज़ा मुहम्मद रफ़ी सौदा हैं। सौदा का निधन जून 1781 में हुआ। इसलिए अनुमान लगाया जा सकता है कि यह शेर जून 1781 से पहले का होगा। लेकिन कितना पहले का, यह बात साफ़ नहीं होती। नय्यर काकोरवी ने 'नूरुल्लुग़ात' के पहले भाग (प्रथम संस्करण, 1924) में लफ़्ज़ उर्दू बतौर ज़बान के नाम के प्रमाण में यही शेर उद्धृत किया है।[9] हवाला दोनों ही महाशयों ने नहीं दिया। मुसहफ़ी के वृहद् प्रकाशित कलाम में मुझे यह शेर नहीं मिला। न ही यह मुसहफ़ी के नूरुलहसन नक़वी द्वारा सम्पादित 'दीवाने क़सायद' की प्रेस कापी में मिला। (यह दीवान अब भी अप्रकाशित है।) सम्भवतः स्वर्गीय शीरानी ने यह शेर 'नूरुल्लुग़ात' में देखा हो। लेकिन वे बड़े सतर्क शोधकर्ता थे। उन्होंने किसी और स्रोत से इस बात की पुष्टि कर ली होगी कि यह शेर मुसहफ़ी का ही है। हो सकता है कि पंजाब यूनिवर्सिटी, लाहौर में जो मख़्तूते (पांडुलिपि) मुसहफ़ी के हैं और जो निश्चय ही शीरानी साहब को उपलब्ध थे, उनमें यह शेर उन्हें मिला हो।

हो सकता है पंजाब विश्वविद्यालय, लाहौर में कुछ ऐसा कलाम अब भी हो जो नूरुलहसन नक़वी और हफ़ीज़ अब्बासी दोनों से छूट गया हो। लेकिन इस समय किसी प्रमाणित सन्दर्भ के बिना उपर्युक्त शेर को मुसहफ़ी की सम्पत्ति मानने में थोड़ा-सा संकोच अवश्य है।

बहरहाल, अगर इस शेर में सौदा के उल्लेख का मतलब यह निकाला जाए कि सौदा उस समय जीवित थे, तो यह शेर 1770 के आसपास से लेकर जून 1781 के बीच कहा गया होगा। '1770 के आसपास' मैंने इसलिए कहा कि मुसहफ़ी का जन्म 1750 में हुआ था और सम्भवतः उन्होंने सत्रह-अठारह वर्ष की उम्र में शेर कहना आरम्भ किया होगा। लेकिन यह भी है कि मुसहफ़ी लखनऊ पहली बार 1772 के आसपास गए थे। सौदा

उस समय वहाँ मौजूद थे, लेकिन मीर अभी दिल्ली में ही थे। मुसहफ़ी की पहली दिल्ली यात्रा 1773 की है, और शायद उसी समय वे मीर से पहली बार मिले हों। इसलिए यह शेर 1771 और 1773 के बीच का हो सकता है।[10]

एक बात मगर यह भी ध्यान में रखने की है कि मुसहफ़ी के जिस शेर पर हम बात कर रहे हैं, उसमें 'ख़ुदा रक्खे' का वाक्यांश 'मीर ओ मिर्ज़ा' के लिए नहीं, बल्कि 'ज़बान उर्दू' के लिए हो सकता है। फिर इस स्थिति में इस शेर के लिखे जाने का काल कुछ भी हो सकता है।

तीसरे दीवान (संकलन काल लगभग 1794) और छठे दीवान (संकलन काल लगभग 1809) में मुसहफ़ी के शेर हैं :

ये रेख़्ते का जो उर्दू है मुसहफ़ी इसमें
नयी निकाली हैं बातें हज़ार हमने तो

और

वाक़िफ़ नहीं ज़बान से उर्दू की तिस पे आह
क्या-क्या अज़ीज़ करते हैं अशआर का घमंड[11]

पहला शेर पहले दीवान का है। इसमें 'उर्दू' शब्द पुल्लिंग में प्रयुक्त है। फिर 'रेख़्ते का उर्दू' में दोनों शब्द भाषा के नाम का अर्थ नहीं दे सकते। इसलिए सम्भवतः 'उर्दू' से यहाँ मतलब 'शहर', 'क़िला' है न कि वह भाषा, जिसे आज हम 'उर्दू' कहते हैं। दूसरे शेर में बिलकुल स्पष्ट है कि 'उर्दू' से शहर दिल्ली मुराद है। अर्थात् उन्नीसवीं शताब्दी के आरम्भ में भी मुसहफ़ी ने 'उर्दू' शब्द को 'दिल्ली शहर' के अर्थ में इस्तेमाल किया है।

ऊपर जो कुछ कहा गया उसकी रोशनी में माना जा सकता है कि हमारी ज़बान के नाम के तौर पर 'उर्दू' शब्द का इस्तेमाल अठारहवीं शताब्दी के अन्तिम पच्चीस वर्षों के पूर्व नहीं मिलता। एक भाषा के नाम के तौर पर इस शब्द (उर्दू) का जीवन सम्भवतः 'ज़बान-ए-उर्दू-ए-मुअल्ला शाहजहाँबाद' के रूप में आरम्भ हुआ और इसका आशय था "शाहजहाँबाद के शह्र-ए-मुअल्ला/किला-ए-मुअल्ला/दरबार-ए-मुअल्ला की भाषा।" ऐसा लगता है कि आरम्भ में इस वाक्यांश से हमारी उर्दू ज़बान नहीं, बल्कि फ़ारसी मुराद ली जाती थी। समय के साथ यह वाक्यांश संक्षिप्त होकर 'ज़बान उर्दू-ए-मुअल्ला', फिर 'ज़बान उर्दू' और फिर 'उर्दू' रह गया। 'हॉब्सन जॉब्सन' के लेखकों ने 1560 का एक हवाला 'उर्दू बाज़ार' के प्रमाण में उद्धृत किया है। वे यह भी कहते हैं कि हिन्दुस्तान में 'उर्दू' शब्द का आगमन बाबर के साथ हुआ और यह कि बाबर की लश्करगाह (सैनिक छावनी) का नाम 'उर्दू-ए-मुअल्ला' था और वह भाषा, जो इस लश्करगाह के आसपास के क्षेत्र में पैदा हुई, 'ज़बान-ए-उर्दू-ए-मुअल्ला' कहलाई।[12]

यूल और बर्नील साहेबान (लेखक : हॉब्सन जॉब्सन) की सनद तो निश्चय ही दुरुस्त है, लेकिन इस पर जो टिप्पणी की गई है, वह सरासर ग़लत बातों पर आधारित है। पहली बात तो यह कि बाबर के पहले भी हिन्दुस्तान में तुर्कों की कमी नहीं थी।

इसलिए उर्दू शब्द के आगमन को बाबर के आगमन के साथ जोड़ना अनावश्यक है। दूसरी बात यह कि बाबर कभी दिल्ली में लम्बे समय तक नहीं ठहरा। तीसरी बात यह कि हिन्दी/हिन्दवी/देहलवी नाम की भाषा दिल्ली और उसके आसपास के क्षेत्रों में बाबर के बहुत पहले से मौजूद थी। उत्तर भारत में मुग़लों के आगमन के परिणामस्वरूप यहाँ क़तई कोई नयी भाषा नहीं पैदा हुई।

अठारहवीं शताब्दी के आते-आते, बल्कि शायद उससे कुछ पहले ही 'उर्दू' शब्द को 'शहर देहली/शाहजहाँबाद' ख़ासकर 'फ़सील बन्द शहर' के अर्थ में आमतौर पर इस्तेमाल किया जाने लगा और यह अर्थ कम-से-कम उन्नीसवीं शताब्दी के प्रारम्भ तक प्रचलित रहा। इंशा और क़तील ने 'दरया-ए-लताफ़त' (1807) में लिखा कि "मुर्शिदाबाद और अज़ीमाबाद के लोग अपने हिसाबों उर्दू के अहल-ए-ज़बान है, और अपने शहर को 'उर्दू' क़रार देते हैं।"[13]

उनका मतलब यह है कि अज़ीमाबादी और मुर्शिदाबादी स्वयं को कुछ भी समझें, लेकिन वे 'उर्दू' अर्थात् शाहजहाँबाद के असली वासी नहीं हैं। इसी तरह मीर अम्मन ने जहाँ कहीं 'उर्दू की ज़बान' लिखा है तो उससे उनका अभिप्राय 'शाहजहाँबाद की भाषा' है। मुसहफ़ी का उदाहरण हम ऊपर देख चुके हैं। आगे चलकर उन्नीसवीं शताब्दी के अन्तिम दशक तक लिखे हुए उर्दू शब्दकोशों के लेखकों की दृष्टि में 'उर्दू' का सर्वाधिक लोकप्रिय अर्थ 'शहर' शाहजहाँबाद ही है।

यद्यपि मुग़लशाही वंश के बहुत-से व्यक्ति और स्वयं बाबर थोड़ी-बहुत हिन्दी जानते थे और बाद के मुग़ल सम्राट व राजकुमार कम-से-कम एक हिन्दुस्तानी भाषा से भली-भाँति परिचित थे, 'हिन्दी' (अर्थात् आज की उर्दू) को मुग़ल दरबार की (ग़ैर-सरकारी, सरकारी भाषा तो वह कभी बन ही न सकी) भाषा बनते बहुत देर लगी। ग़ैर-सरकारी भाषा का रुतबा भी उसके लिए उसी समय सम्भव हो सका, जब शाहआलम द्वितीय (शासनकाल 1759-1806) जनवरी 1772 में दिल्ली वापस आया। दरबार की सरकारी भाषा तो फिर भी फ़ारसी ही रही। लेकिन शाहआलम बहुत दिन इलाहाबाद में रहा था, और उसे 'हिन्दी' से कुछ लगाव भी था। इसलिए अनौपचारिक रूप से वह न केवल 'हिन्दी' में बातचीत करता था, बल्कि इस भाषा का काफ़ी अच्छा लेखक भी था। अपनी कृति 'अजायब-उल-क़सस' में उसने इस दास्तान की भाषा का नाम हिन्दी ही लिखा है। शाहआलम ने यह किताब 1792/1793 में लिखना आरम्भ किया, लेकिन उसे अधूरा ही छोड़ दिया। शायद नेत्रविकार के कारण लिखना उसके लिए आसान न था। फिर भी जो कुछ उसने छोड़ा है, वह छह सौ पृष्ठों से कम नहीं है।[14]

ख़ान आरज़ू (1687/1688—1756) ने 1747 से 1752 के ज़माने में 'नवादिर-उल-अलफ़ाज़' लिखी। ये असल में अब्दुल वासे हाँस्वी के उर्दू शब्दकोश 'ग़रायबुल-लुग़ात' (लगभग 1690 ई. संकलन) पर विस्तारपूर्वक की गई आलोचना है, जो स्वयं एक शब्दकोश बन गया है। 'नवादिर' में ख़ान आरज़ू ने जगह-जगह उर्दू या 'उर्दू-ए-मुअल्ला' लिखकर उसका आशय दिल्ली लिया है। उदाहरण के तौर पर एक शब्द

'छिनेल' पर टिप्पणी करते हुए ख़ान आरज़ू लिखते हैं—"हम लोग जो इलाक़ा-ए-हिन्द के हैं और उर्दू-ए-मुअल्ला में रहते हैं, इस लफ़्ज़ से वाक़िफ़ नहीं हैं।"[15]

अपनी महत्त्वपूर्ण कृति 'मुसम्मिर' (संकलन काल लगभग 1752) में ख़ान आरज़ू ने फ़ारसी भाषा के प्राचीन नामों 'पहलवी' और 'दरी' से बहस करते हुए लिखा है कि शब्द 'दर' से 'दर मुलूको-सलातीन' और शब्द 'पहलू' से 'उर्दू' (अर्थात् शहरे-बादशाह) अभिप्राय है—इसके बाद वे लिखते हैं :

"अतः यह बात बिलकुल सिद्ध है कि उर्दू की भाषा सुभाषित भाषा है। उसी जगह की फ़ारसी प्रामाणिक है। और इससे अभिप्राय ख़ास शेरो-इंशा (गद्य-पद्य) की भाषा नहीं। यही कारण है कि हर देश के विभिन्न शहरों के कवि, उदाहरणार्थ शरवान के ख़ाक़ानी, गन्जा के निज़ामी, ग़ज़नी के सनाई और दिल्ली के .ख़ुसरो, इसी प्रामाणिक भाषा में बातें करते थे। यह भाषा और कोई नहीं, उर्दू की भाषा है।"[16]

इस तरह यह बात स्पष्ट है कि 1750 के आसपास (कम-से-कम) अभिजात वर्ग में 'ज़बान-ए-उर्दू-ए-मुअल्ला' से वह ज़बान हरगिज़ मुराद नहीं थी, जिसे हम आज उर्दू के नाम से जानते हैं। मीर ने अलबत्ता रेख़्ता की शाइरी को उर्दू-ए-मुअल्ला शाहजहाँबाद की भाषा में शाइरी क़रार दिया था, लेकिन उसके कारण दूसरे थे।[17]

रहा सवाल उर्दू और उर्दू-ए-मुअल्ला का, तो ये शब्द भाषा के नाम के तौर पर उस समय तक इस्तेमाल में भी न थे। हमारी भाषा (अर्थात् वह भाषा जिसे हम आज उर्दू कहते हैं) का नाम शाहआलम के लिए 'हिन्दी' था और इसे शाहआलम ने क़िले में लाकर अभिजात वर्ग के लिए सम्मानजनक बनाया। वह (संस्कृत समेत) कई भाषाएँ जानता था। उसे 'हिन्दी' से विशेष लगाव था। वह इसके समर्थकों में था और स्वयं इस भाषा में कविता करता था। इन कारणों से, और इसलिए कि वह इसे दरबार में अनौपचारिक रूप से इस्तेमाल करता होगा, 'हिन्दी' को पूरे उत्तर भारत में सम्मान प्राप्त हुआ। इसमें बहुत कम सन्देह है कि यह 1770 का दशक रहा होगा जब वाक्यांश 'ज़बान-ए-उर्दू-ए-मुअल्ला' का अर्थ फ़ारसी की बजाय 'हिन्दी' लगाया जाने लगा। मेरा विचार है कि ज़बान-ए-उर्दू-ए-मुअल्ला' को आमतौर पर फ़ारसी की जगह 'हिन्दी' कहलाते-कहलाते 1790-1795 का ज़माना अवश्य आ गया होगा।

गिलक्राइस्ट ने 1796 में 'Hindoostanee Language' की एक 'Grammar' प्रकाशित की। इस पुस्तक का नौवाँ अध्याय इसने छन्दशास्त्र के लिए रखा और लिखा कि मैं उदाहरणस्वरूप "बेहतरीन शोअरा के मुख़्तलिफ़ क़िस्म के अशआर से नमूने पेश करूँगा। ये वो शोअरा हैं जिन्होंने अपनी कई तसनीफ़ात (कृतियाँ) उस मिलवाँ बोली में लिखी हैं जिसे 'उर्दू' भी कहा जाता है, यानी दरबार की शुस्ता (परिष्कृत) ज़बान। और जो आज भी कमोबेश अपनी असली शक्ल में, एक ज़माने में इंतिहाई ताक़तवर इस सल्तनत के दूरदराज़ इलाक़ों में छाई हुई है।"[18]

ख़ान आरज़ू ने संस्कृत के लिए 'हिन्दी किताबी' शब्द इस्तेमाल किया है। अपनी लम्बी मसनवी 'नोहसिपहर' (1317-1318) मे अमीर .ख़ुसरो ने इसे 'संस्कृत' ही कहा

है और लिखा है : "यह एक ख़ास तरह की भाषा है, इसका ज्ञान ब्रहमनों के लिए ज़रूरी है। अज़मना-ए-क़दीम (प्राचीन काल) से इसका नाम संस्कृत है। आम लोग इसके कुन मकुन के बारे में कुछ नहीं जानते, सिर्फ़ ब्रहमन ही जानते हैं और सब ब्रहमन भी इसे इतनी खूबी से नहीं जानते कि इसमें गुफ़्तगू कर सकें या इसमें शेर मौज़ूँ कर सकें।"[19]

चूँकि प्राचीन काल के उत्तर भारत में नागरी लिपि ब्राह्मणों के अतिरिक्त शायद किसी की पहुँच में नहीं थी, इसलिए कायस्थ जब पन्द्रहवीं शताब्दी में ब्राह्मणों से अलग हुए तो उन्होंने अपने लिए 'कैथी' लिपि ईजाद की। यह नागरी पर आधारित थी और उत्तर भारत में उन्नीसवीं शताब्दी तक प्रचलित रही।[20] चूँकि उत्तर भारत में कोई ऐसी लिपि मौजूद नहीं थी, जो विशिष्ट और साधारण सभी लोगों में लोकप्रिय हो और हर जगह इस्तेमाल भी होती हो, इसलिए सम्भव है कि आरम्भ में उत्तर भारत की नयी उभरती हुई भाषाओं का साहित्य मौखिक ही रहा हो। हिन्दी/हिन्दवी/देहलवी का सौभाग्य था कि उसे शुरू से ही फ़ारसी लिपि उपलब्ध थी। यह इसलिए हुआ कि इस भाषा का साहित्यिक प्रयोग सबसे पहले मुसलमानों ने किया। ये लोग स्वयं सूफ़ी थे या अमीर ख़ुसरो की तरह सूफ़ियों से जुड़े हुए थे।

औपनिवेशिक स्तर पर अठारहवीं शताब्दी के अन्त में अंग्रेजों और हिन्दुस्तानियों के बीच जो मामले रहे, उनमें अंग्रेजों ने देखा कि 'हिन्दी' ही हिन्दुस्तान की सर्वाधिक लोकप्रिय भाषा है। लेकिन उन्होंने 'हिन्दी'/'हिन्दवी' की जगह इस भाषा को 'हिन्दुस्तानी' नाम देना चाहा। इसके कई कारण थे। एक तो यह कि हिन्दुस्तान की सर्वाधिक लोकप्रिय भाषा का नाम 'हिन्दुस्तानी' ही इन्हें अधिक तर्कसंगत एवं व्याकरण के एतबार से सही मालूम होता होगा, जैसे इंगलिस्तान की मुख्य भाषा का नाम अंग्रेजी था; फ्रांस की मुख्य भाषा का फ्रांसीसी, जर्मनी की मुख्य भाषा का नाम जर्मन आदि। दूसरी बात यह थी कि भाषा के नाम के तौर पर 'हिन्दुस्तानी' पूर्णतया अपरिचित भी न था। (अल्लामा सैयद सुलेमान नदवी ने इस नाम को सोलहवीं और सत्रहवीं की फ़ारसी कृतियों में पाया है।)[21] हाँ, यह ज़रूर है कि भाषा के नाम की हैसियत से 'हिन्दुस्तानी' को कभी वह लोकप्रियता नहीं प्राप्त हुई, जो 'हिन्दी' और 'रेख़्ता' को प्राप्त थी। भाषा के नाम की हैसियत से 'हिन्दुस्तानी' शब्द फ़ारसी के बड़े शब्दकोशों में नहीं मिलता।

लेकिन अंग्रेजों के लेखन और नीति में 'हिन्दुस्तानी' को 'हिन्दी/हिन्दवी' पर भाषा की हैसियत से प्राथमिकता देने का सबसे बड़ा कारण यह था कि उन्होंने इस भाषा को सिर्फ़ मुसलमानों से सम्बद्ध क़रार दिया था। वे 'हिन्दी' भाषा को 'हिन्दुओं की भाषा' और एक अलग तरह की भाषा क़रार देने का आग्रह कर रहे थे। वे यह भी स्वीकार करते थे कि यह ज़बान, जिसे रेख़्ता या हिन्दी कहा जाता है, सारे हिन्दुस्तान में बोली जाती है, और अगर हर जगह बोली नहीं तो समझी अवश्य जाती है। लेकिन उनका आग्रह था कि यह भाषा है मुसलमानों की। 'हॉब्सन जॉब्सन' के लेखकों का दिया हुआ

विवरण में उन्हीं के शब्दों में उद्धृत कर रहा हूँ ताकि अनुवाद के कारण किसी बात के तोड़-मरोड़कर पेश किए ज़ाने की सम्भावना न रहे :

> **Hindustani,** properly an adjective, but used substantively in two senses, *viz,* (a) a native of Hindustan, and (b) *(Hindustani zaban)* 'the language of the country' but in fact the language that the Mahommedans of Upper India, and eventually the Mahommedans of the Deccan, developed out the Hindi dialcet of the Doab chiefly, and the territory around Agra and Delhi, with a mixture of Persian vocables and phrases, and a readiness to adopt foreign words. Also called *Oordoo,* i.e., the language of the Urdu, (Horde), or Camp. This language was for a long time a kind of Mahommedan *lingua franca* all over India, and still possesses that character over a large part of the country, and among certain classes, Even in Madras, where it least prevails, it is still recognised in native regiments as the language of intercourse between officers and men. Old fashioned Anglo-Indians used to call it the Moors (q.v.)[22]

उपर्युक्त उद्धरण में जो ग़लत बातें तुरन्त ध्यान आकर्षित करती हैं, वे मैं नीचे दर्ज करता हूँ :

1. हिन्दुस्तानी (अर्थात् हिन्दी/हिन्दवी) भाषा 'अपर इंडिया' में नहीं, बल्कि दिल्ली और उसके आसपास के क्षेत्र में पैदा हुई।
2. इस बात का कोई प्रमाण नहीं है कि इसको केवल मुसलमान बोलते थे। (प्रत्यक्ष बात यह है कि अगर हम ये मान भी लें कि इस ज़बान को मुसलमानों ने ही ईजाद किया, तो ज़ाहिर है कि इसलिए ईजाद किया कि इसके माध्यम से वे 'स्थानीय' लोगों से बातचीत कर सकें। इसलिए इस भाषा को 'स्थानीय' लोग भी बोलते होंगे ?)
3. यह भाषा साहित्यिक हैसियत से सबसे पहले गुजरात में स्थापित हुई, दकन (दक्षिण) में. नहीं।
4. जिस 'हिन्दी' बोली (dialect) के बारे में कहा जा रहा है कि उर्दू उससे निकली, उस dialect का कोई अस्तित्व नहीं है। 'हिन्दी' वही भाषा है जिसे हमारे माननीय लेखक 'हिन्दुस्तानी' का नाम दे रहे हैं।
5. 'उर्दू' शब्द का अर्थ हमारे यहाँ Horde (भीड़, झुंड) कभी नहीं रहा और न इस भाषा का नाम 'उर्दू' इसलिए पड़ा कि यह किसी कैंप या लश्करगाह की भाषा थी।

6. अगर यह भाषा केवल मुसलमानी Lingua Franca (हर जगह बोली और समझी जानेवाली भाषा) थी, तो यह कैसे हुआ कि मद्रास के सैनिकों में 'अफ़सरों और जवानों के बीच बोलचाल' की भाषा यही थी ? स्पष्ट है कि सब अफ़सर और जवान इस्लाम धर्म के अनुयायी तो न रहे होंगे।

यह तो हाल था 'हॉब्सन जॉब्सन' का, जिसे सिर्फ़ अंग्रेज और कुछ हिन्दुस्तानी पढ़ते होंगे। 'ऑक्सफोर्ड इंगलिश डिक्शनरी' के बारे में सभी का मानना है कि इससे बढ़कर कोई शब्दकोश न बना है और न शायद बन सकता है। ज्ञान, शोध और काल के लिहाज से ऑक्सफोर्ड इंगलिश डिक्शनरी को 'हॉब्सन जॉब्सन' पर सौ से कुछ अधिक वर्षों की वरीयता प्राप्त है। आप भी देखें कि इस शब्दकोश में 'हिन्दुस्तानी' के बारे में क्या गुल खिलाए गए हैं। यहाँ भी मैं असल अंग्रेजी उद्धरण दर्ज करता हूँ, ताकि किसी सन्देह की गुंजाइश न रहे :

> **Hindustani, Hindostanee,** (hindu:'stani), *a*, and *s.* Also Hindustanee,—sthanee, stani,—stanee...The language of the Muslim conqurers of Hindustan, being a form of Hindi, with a large admixture of Arabic, Persian, and other foreign elements; also called Urdu, i.e. *zaban-urdu,* language of the camp, *sc.* of the Mughal conquerers. It later became a kind of *lingua franca* over all India, varying its vocabulary according to the locality and the local language. Also called Indostan, Indostans (cf Scots.) By earlier authors sometimes applied to Hindi itself.[23]

इस उद्धरण में जो बातें 'हॉब्सन जॉब्सन' के अलावा ग़लत हैं, वे इस प्रकार हैं :

1. हिन्दुस्तान के मुसलमान 'विजेता' हमलावर कई थे। यह बात स्पष्ट नहीं की गई है कि 'Muslim Conquerers of Hindustan' से अभिप्राय क्या है। न यह स्पष्ट किया गया कि 'हिन्दुस्तान' से क्या मतलब है।
2. आगे चलकर कहा गया कि विशेषकर यह भाषा 'मुग़ल विजेताओं' की लश्करगाह की भाषा थी। यह बात सरासर ग़लत भी है और ऊपर के विवरण से विसंगत भी।
3. जैसा कि हम देख चुके हैं, यह बात भी ग़लत है कि 'उर्दू' नाम इसलिए पड़ा कि यह किसी लश्करगाह की भाषा थी।
4. 'पुराने लेखकों' ने इस भाषा को हिन्दी से एकाकार क़रार नहीं दिया, बल्कि इसी भाषा का नाम 'हिन्दी' था। यहाँ 'हिन्दी' से अभिप्राय आधुनिक हिन्दी नहीं, बल्कि वही भाषा है जिसका नाम बाद में 'उर्दू' हुआ और जिसे अंग्रेजों ने 'हिन्दुस्तानी' कहकर पुकारना चाहा।

इस तरह हम देखते हैं कि चाहे वे 'हॉब्सन जॉब्सन' के संकलनकर्ता हों या

ऑक्सफोर्ड इंगलिश डिक्शनरी के विद्वान, दोनों ने 'हिन्दुस्तानी' शब्द की परिभाषा ब्रिटिश प्रत्यक्षीकरणों या राजनीतिक नीतियों के अनुसार लिखी है : अंग्रेजों की नज़र में 'हिन्दुस्तानी' और हिन्दी दो अलग-अलग भाषाएँ हैं। हिन्दुओं के लिए 'हिन्दी' और मुसलमानों के लिए 'हिन्दुस्तानी'।

भाषा के नाम के रूप में 'हिन्दुस्तानी' कभी लोकप्रिय नहीं हुआ। स्थानीय बोलनेवालों के लिए इस भाषा का नाम हिन्दी या रेख़्ता था। वे उसी पर क़ायम रहे। लेकिन देखिए डॉक्टर जॉन गिलक्राइस्ट साहब किस शान से कहते हैं :

''मैंने अपनी अंग्रेजी हिन्दुस्तानी डिक्शनरी में इस भाषा का विवरण विस्तारपूर्वक एकत्र कर दिया है, अर्थात् जिस सीमा तक कोई यूरोपीय कृतिकार उनसे कोई सरोकार रख सकता है। तदैव अब मैं इससे आगे बताता हूँ कि हिन्दुस्तान (Hindoostan) एक संयुक्त शब्द है और इसका अर्थ है 'हिन्दुओं का देश' या 'नीग्रो लोगों का देश' और इस देश के बारे में पर्याप्त जानकारी लोगों के पास है, अतः यहाँ इसका कुछ अधिक वर्णन करना अनावश्यक है। इस देश के मुख्य वासी हिन्दू और मुसलमान हैं। इनको और इनकी भाषा को भी हम बेखटके एक साधारण, व्यापक शब्द में 'हिन्दुस्तानी' कह सकते हैं। और इस शब्द को मैंने उपर्युक्त और निम्नलिखित कारणों से अपनाया है।

''इस देश का नाम और इसकी स्थानीय भाषा दोनों ही नए हैं। इसलिए जब मैंने पहले-पहल इस भाषा का अध्ययन और अभ्यास करना शुरू किया तो मुझे इसके लिए हिन्दुस्तानी से अधिक उपयुक्त नाम कोई नहीं मालूम हुआ। निस्सन्देह यहाँ के रहनेवाले और दूसरे लोग भी इसे 'हिन्दी' अर्थात् Indian कहते हैं मानो इस नाम को 'हिन्द' से निकला हुआ बताते हैं जो कि India का प्राचीन नाम है। लेकिन इस नाम में मुश्किल यह है कि इससे 'हिन्दुवी' (Hinduwee) या 'हिन्दूई' (Hindoóee), हिन्दवी (Hindvee) का आभास होता है। और ये शब्द हिन्दू से निकले हैं अतः मैं अपने पुराने विचार पर क़ायम हूँ कि इस देश के जनसाधारण की भाषा के लिए हमें और सब नाम स्थायी रूप से त्याग देना चाहिए। और वो बेमानी/नाम Moors भी त्याग देना चाहिए। इन सबकी जगह हमें केवल 'हिन्दुस्तानी' कहना चाहिए।

''यहाँ के लोग इसे 'हिन्दुस्तानी' का नाम दें या न दें (इसका महत्त्व नहीं), क्योंकि इन लोगों में विभेद करने की क्षमता उपयुक्त दर्जे की नहीं है और अगर उपयुक्तताओं और पाबन्दियों की ओर उनका ध्यान आकर्षित किया भी जाए तो वे इनको क्रियान्वित नहीं कर सकते। 'हिन्दुवी' (Hinduwee) को मैं पूर्ण रूप से हिन्दुओं की सम्पत्ति क़रार देता हूँ और इसीलिए इस पारिभाषित शब्द को मैंने हमेशा हिन्दुस्तान की प्राचीन भाषा के लिए प्रयोग किया है। यह वह भाषा है जो हिन्दुस्तान में मुस्लिम आक्रमण के पहले प्रचलित थी। वास्तविकता तो यह है कि उस समय (फ़ारसी, अरबी, हिन्दुवी के मध्य) यह भाषा ही 'हिन्दुस्तानी' की बुनियाद या आधार का काम करती है। 'हिन्दुस्तानी' एक अपेक्षाकृत नवीन भाषा है, जो फ़ारसी और अरबी पर आधारित है।

''अरबी, फ़ारसी का वही सम्बन्ध 'हिन्दुस्तानी' से क़रार देना चाहिए जो लातीनी

और फ्रांसीसी का अंग्रेजी से है। अगर हम यह कहें तो ग़लत न होगा कि 'हिन्दवी' का आधुनिक 'हिन्दुस्तानी' से वही ताल्लुक़ है जो सैक्सन Saxon का आधुनिक अंग्रेजी से है। इसको निम्नांकित सारणी के द्वारा व्यक्त कर सकते हैं—

सैक्सन—लातीनी—फ्रांसीसी—अंग्रेजी

हिन्दवी—अरबी—फ़ारसी—हिन्दुस्तानी'' [24]

आपने देखा कि हमारे गिलक्राइस्ट बहादुर ने किस तरह हँसते-खेलते और किस अन्दाजे-बेपरवाही से यह घोषणा कर दी कि वे स्थानीय लोगों (Natives) की ओर से फ़ैसला कर सकते हैं, क्योंकि बेचारे Native में इतनी समझ कहाँ है कि वे विवेक को बरत सकें और अपना अच्छा-बुरा स्वयं जान सकें। हिन्दुस्तानी लोग अपनी भाषा को हिन्दी कहते हैं तो कहें, लेकिन अंग्रेज की बुद्धि कहती है कि हिन्दी से 'हिन्दू' का आभास मिलता है, इसलिए यह नाम ठीक नहीं। स्वयं गिलक्राइस्ट साहब के ज्ञान का हाल यह है कि वे 'हिन्दवी' को न केवल विशेष रूप से हिन्दुओं की सम्पत्ति क़रार देते हैं, बल्कि वे इसे ऐसी भाषा कहते हैं, जो हिन्दुस्तान में मुसलमानों के 'आक्रमण' के पहले प्रचलित थी। (कौन से 'आक्रमण' के पहले, इसका स्पष्टीकरण वे नहीं करते) इस पर तुर्रा यह कि वे फ़ारसी भाषा और इसके बोलनेवालों पर (जिनमें उस काल में बहुत-से हिन्दुस्तानी भी थे) यह झूठा आरोप भी लगाते हैं कि फ़ारसी में हिन्दू का अर्थ नीग्रो होता है।[25] गिलक्राइस्ट को यह बात तो स्वीकार है कि पुरानी 'हिन्दुवी' और आज की हिन्दी (या गिलक्राइस्ट के शब्दों में 'हिन्दुस्तानी') में वही सम्बन्ध है, जो सैक्सन और अंग्रेजी में है, लेकिन उनको यह मालूम नहीं कि 'हिन्दुवी' कोई अलग भाषा नहीं, बल्कि 'हिन्दी/हिन्दुस्तानी' का ही एक नाम थी। और न ही इस भाषा का सीधा सम्बन्ध मुसलमान आक्रमणकारियों से है।

लेकिन अंग्रेजों को तो इस देश में अपनी राजनीति चलानी थी। उन्हें वास्तविकताओं से लगाव था, लेकिन उसी हद तक जिस हद तक उनके राजनीतिक उद्देश्यों और तथ्यों में कोई विसंगति न हो। 'हिन्दी' को हिन्दुस्तानी का नाम देने और हिन्दी/हिन्दवी को हिन्दुओं की झोली में डाल देने के प्रयास गिलक्राइस्ट के पहले से हो रहे थे। अन्तर बस यह है कि गिलक्राइस्ट की बातों को अधिक लोकप्रियता फोर्ट विलियम कॉलेज के कारण मिली।

गिलक्राइस्ट से पहले हिन्दुस्तानी भाषाओं के एक 'माहिर' नथैनियल हॉलहेड (Nathaniel Halhed) ने 1778 में बंगला की एक ग्रामर अंग्रेजी में लिखी। बर्नार्ड कोन (Bernard Cohn) कहता है :

''बंगाल में अपने समय की भाषायी परिस्थिति के कारणों का वर्णन करने के लिए हालहेड ने अपनी ग्रामर की भूमिका में एक ऐतिहासिक तर्क और सिद्धान्त निर्मित किया : उसने बंगाल में संस्कृत और बंगला के अतिरिक्त दो अन्य महत्त्वपूर्ण भाषाओं की निशानदेही की एक तो 'फ़ारसी' और दूसरी 'हिन्दुस्तानिक' (Hindustanic)। हिन्दुस्तानिक की उसने दो क़िस्म बताई। एक तो वह, जो सारे 'हिन्दुस्तान' में बोली

जाती थी, और जो उसके कथनानुसार ''निस्सन्देह संस्कृत से निकली थी'' इस भाषा का संस्कृत से वही सम्बन्ध था जो फ्रांस और इटली की आधुनिक बोलियों का विशुद्ध लातीनी से था। हॉलहेड का कथन है कि 'हिन्दुस्तानिक' की दूसरी क़िस्म का आरम्भ और विकास मुसलमानों का कृतज्ञ है। वे लोग हिन्दुओं की भाषा सीखने में अक्षम थे, क्योंकि अपनी भाषा के विशुद्ध रूप को क़ायम रखने के लिए उन्होंने (हिन्दुओं ने) अपनी भाषा में संस्कृत के शब्दों को अधिक-से-अधिक संख्या में दाख़िल कर लिया था। उधर मुसलमान 'आक्रमणकारियों' ने विभिन्न प्रकार के विचित्र और अपरिचित शब्द अपनी भाषाओं से लेकर (स्थानीय भाषा में) दाख़िल करना शुरू किया। इन शब्दों को मुसलमानों ने ''मूल हिन्दुस्तानिक के व्याकरण सिद्धान्तों पर ऊपर से डाल दिया।'' हॉलहेड का कथन है कि हिन्दुस्तानिक का यह रूप एक मिलवाँ मुहावरा था, जिसे वे हिन्दू बोलते थे जो मुसलमानों के दरबारों से सम्बन्धित थे, दूसरी ओर 'ब्रहमन और दूसरे शिक्षित हिन्दू' भी थे जिनकी प्रतिष्ठा-प्राप्ति की इच्छा उनके सिद्धान्तों पर हावी हो गई। वे लोग 'हिन्दुस्तानिक' विशुद्ध रूप से लिखते और बोलते थे। उनकी लिपि अरबी के बजाय नागरी अक्षरों पर आधारित थी।[26]

इस व्यर्थ उद्धरण पर किसी टिप्पणी की आवश्यकता नहीं सिवाय इसके कि यहाँ हम गिलक्राइस्ट के सर्वश्रेष्ठ विचार का ही नहीं बल्कि फेलुन (1866) से लेकर प्लेट्स (1884), 'हॉब्सन जॉब्सन' (1886) और 'ओ.ई.डी.' (1993) में वर्णित 'उर्दू' और 'हिन्दुस्तानी' की परिभाषाओं का उद्गम देख सकते हैं।[27] यहाँ हम गिलक्राइस्ट की विश्वासपूर्ण भविष्यवाणी का भी आधार देख सकते हैं।

गिलक्राइस्ट ने 1798 में कहा था :

''अन्ततः यह होगा कि हिन्दू लोग स्वाभाविक रूप से 'हिन्दवी' की ओर झुकेंगे और मुसलमान अनायास ही अरबी और फ़ारसी का समर्थन करेंगे। इस तरह दो शैलियाँ जन्म लेंगी।''[28]

यह बात अलग है कि गिलक्राइस्ट की भविष्यवाणी लगभग सत्य सिद्ध हुई। लेकिन इस सिलसिले में हमें यह कदापि न भूलना चाहिए कि यह भविष्यवाणी जिन बुनियादों पर आधारित थी, वे नैतिक और ऐतिहासिक दोनों दृष्टियों से बिलकुल झूठी थीं।

चूँकि गिलक्राइस्ट साहब भी 'हिन्दुस्तानी' को इस भाषा के नाम की हैसियत से क़ायम करने में असफल रहे थे, इसलिए अंग्रेजों ने मजबूर होकर उसे छोड़ दिया और उन्हें एक विकल्प भी मिल गया। 'उर्दू' एक ऐसा नाम था, जिसमें 'हिन्दूपन' की गन्ध दूर-दूर तक न थी। इसके विपरीत चूँकि यह शब्द अपने मूल में तुर्की था, इसलिए इसके मुसल्मानी सम्बन्ध स्पष्ट थे।

जैसा कि हम देख चुके हैं, शाहजहाँबाद शहर को लोग उर्दू-ए-मुअल्ला कहने लगे थे और जो भाषा वहाँ बोली जाती थी, उसे 'ज़बान-ए-उर्दू-ए-मुअल्ला' कहा जाता था। हम यह भी देख चुके हैं कि ख़ान आरज़ू ने 1750 के आसपास फ़ारसी को 'ज़बान-ए-उर्दू-ए-मुअल्ला' बताया है। डॉक्टर सैयद अब्दुल्ला ने ख़ान आरज़ू की एक

और कृति 'दादे-सुख़न' का हवाला दिया है। मैंने यह पुस्तक नहीं देखी है, लेकिन डॉक्टर साहब का कथन है कि इसमें एक स्थान पर ख़ान आरज़ू ने 'शेर-ए-रेख़्ता' की परिभाषा करते हुए लिखा है कि यह वह शाइरी है जो 'ज़बान-ए-हिन्दी-ए-अहले उर्दू-ए-हिन्द' में ज़्यादातर 'बतरीक़' फ़ारसी लिखी जाती है।[29]

इस कथन की रोशनी में यह बात स्पष्ट हो जाती है कि इस समय तक हमारी भाषा का नाम 'उर्दू' न था, वरना ख़ान आरज़ू इसे 'हिन्दी-ए-अहले-उर्दू-ए-हिन्द' (अर्थात् शाहजहाँबाद की हिन्दी) क्यों कहते। यह भी ज़ाहिर है कि 'हिन्दी-ए-अहले-उर्दू-ए-हिन्द' कहकर ख़ान आरज़ू इस शाइरी को उत्तर क्षेत्र की भाषा तक सीमित भी कर रहे हैं। साहित्यिक संस्कृति की ओर इशारे के तौर पर, इस बारे में मीर के 'निकातुल-शुअरा' का भी हवाला देखिए जो मैंने ऊपर अंकित किया है। (सन्दर्भ 17)

जनवरी 1772 के ज़माने में, जब 'हिन्दी' को शाहआलम द्वितीय का व्यावहारिक संरक्षण और काव्य-सृजन सम्मान प्राप्त हुआ, तो फ़ारसी के बजाय 'हिन्दी' को ही 'ज़बाने उर्दू-ए-मुअल्ला' कहा जाने लगा। फिर धीरे-धीरे यह नाम घटकर 'ज़बाने उर्दू'/'उर्दू की ज़बान' हुआ, और अन्ततः उर्दू रह गया। यह संक्षित नाम तुरन्त सर्वसाधारण में प्रसिद्ध तो न हुआ, लेकिन यह बात अंग्रेजों के लिए महत्त्वपूर्ण थी कि 'उर्दू' शब्द तुर्की मूल का था, और रेख़्ता/हिन्दी में शब्द 'उर्दू' का अर्थ और चीज़ों के साथ-साथ 'लश्करगाह, लश्करबाज़ार' भी थे। इस प्रकार अंग्रेजों के लिए यह विचार पेश करना आसान था कि हिन्दी/रेख़्ता का जन्म मुस्लिम फ़ौजों की लश्करगाहों और लश्करबाज़ारों का है, और इसीलिए इसका नाम 'ज़बाने उर्दू-ए-मुअल्ला' है।[30]

इस कल्पित धारणा का प्राचीनतम प्रकाशित स्रोत मीर अम्मन का दास्तानी क़िस्सा 'बाग़ो-बहार' मालूम होता है। जैसा कि हम जानते हैं, 'बाग़ो-बहार' एक गद्य-कथा है, जो फोर्ट विलियम कॉलेज में 1801 से 1804 के दौरान लिखी गई। यह पुस्तक गिलक्राइस्ट की देखरेख में लिखी गई और इसे अंग्रेजों को उर्दू पढ़ाने के लिए इस्तेमाल किया जाना था।[31]

मीर अम्मन ने लिखा है कि मैंने यह कहानी 'उर्दू-ए-मुअल्ला की ज़बान' में लिखी है।[32]

वे यह भी लिखते हैं कि मुझसे गिलक्राइस्ट साहब ने फरमाया कि यह क़िस्सा—"ठेठ हिन्दुस्तानी गुफ़्तगू में जो उर्दू के लोग हिन्दू-मुसलमान, मर्द-औरत लड़के-बुज़ुर्ग ख़ास-ओ-आम आपस में बोलते-चालते हैं, तर्जुमा करो।"[33]

बाद के पृष्ठों में मीर अम्मन ने अपने पाठकों को 'उर्दू की ज़बान' की 'वास्तविकता' से परिचित कराने का कर्तव्य यूँ निभाया :

"हज़ार बरस में मुसलमानों का अमल हुआ। सुलतान महमूद ग़ज़नवी आया। फिर ग़ौरी और लोदी बादशाह हुए। इस आमद-ओ-रफ़्त के कारण कुछ ज़बानों ने हिन्दू-मुसलमान की आमेज़िश (मिलावट) पाई। आख़िर अमीर तैमूर ने (जिनके घराने में अब तक नामे-निहाद सल्तनत का चला जाता है) हिन्दुस्तान को लिया। इनके आने

और रहने से शहर का बाज़ार 'उर्दू' कहलाया...जब अकबर बादशाह तख़्त पर बैठे तब चारों तरफ़ के मुल्कों से सब क़ौम क़द्रदानी और फैज़रसानी इस ख़ानदान लासानी की सुनकर हुज़ूर में आकर जमा हुए। लेकिन हर एक की गोयाई (बोलने की शक्ति) और बोली जुदी-जुदी थी। इकट्ठे होने से आपस में लेन-देन, सौदा-सुलफ़, सवाल-जवाब करते। एक ज़बान उर्दू की मुकर्रर हुई।"[34]

उपर्युक्त विवरण झूठ से भरा हुआ है, लेकिन इंसाफ़ की बात यह है कि मीर अम्मन ने जो लिखा वह अंग्रेज़ों के प्रभाव में लिखा और उन्हें प्रसन्न करने के लिए लिखा। उन्हें हरगिज़ यह उम्मीद नहीं थी कि उनकी इस पुस्तक को कभी हिन्दुस्तानी भी पढ़ेंगे। सदीक़ुर्रहमान क़िदवई ने इस बात पर आश्चर्य भी प्रकट किया है कि वह पुस्तक जो वस्तुतः हिन्दुस्तानी न थी, उसकी गणना उर्दू गद्य की अत्यधिक लोकप्रिय कृतियों में की गई।

सदीक़ुर्रहमान क़िदवई ने लिखा है :

"(उर्दू की) जो पुस्तकें फोर्ट विलियम कॉलेज के तत्त्वावधान में तैयार हुईं वो प्रथमतः या वस्तुतः उर्दू के पाठक के लिए न थीं...बाग़ो-बहार के पेरिस और लन्दन संस्करण तो निकले, लेकिन कलकत्ता के सिवा किसी हिन्दुस्तानी शहर से न प्रकाशित हुए...वह साहित्यिक कृति जो हिन्दुस्तानी नहीं थी, इसका अर्थ कि वह हिन्दुस्तानी पाठक के लिए न थी, उर्दू गद्य की सबसे अधिक प्रसिद्ध बहु-पाठ्य क्लासिक बन गई...यह ऐसा अजूबा है जिसके अस्तित्व में आने का कारण उर्दू गद्य के विद्वान अभी तक बयान नहीं कर सके हैं।"[35]

मीर अम्मन का विचार था कि यह किताब अंग्रेजों को उर्दू सिखाने के लिए है। उन्हें क्या मालूम था कि टूटी-फूटी, पराजित, औपनिवेशिक संस्कृति इस कृति को ताबीज बनाकर गले में लटका लेगी, अपने गद्य का इतिहास ही इससे आरम्भ करेगी और यह पुस्तक हर उर्दू बोलनेवाले के घर में महत्त्वपूर्ण कृति का स्थान ग्रहण करेगी। वरना उन्होंने अपनी तरफ़ से उपर्युक्त बयान में कई बातें ऐसी कही थीं और कई महत्त्वपूर्ण बातें इस तरह अनकही छोड़ दी थीं कि पूरी इबारत को पढ़कर कोई भी सतर्क पाठक समझ सकता था कि दाल में कुछ काला है। उदाहरण के तौर पर :

1. मीर अम्मन ने महमूद ग़ज़नवी, ग़ौरी और लोदियों का ज़िक्र यूँ किया है जैसे ये सब एक-दूसरे के बाद क्रमबद्ध थे। वास्तविकता यह है महमूद ग़ज़नवी (मृत्यु 1030) से मुहम्मद ग़ौरी (मृत्यु 1206) तक पौने दो सौ वर्ष है। और फिर ग़ौरी से लेकर पहले लोदी सुल्तान बहलोल लोदी (शासनकाल का आरम्भ 1452) तक ढाई सौ वर्षों का अन्तर है। तैमूर इससे बहुत पहले (1398) यहाँ आकर जा चुका था।
2. मीर अम्मन लिखते हैं कि "अमीर तैमूर के घराने में अब तक नाम निहाद सल्तनत का चला आता है।" मतलब यह हुआ कि तैमूर (1398) से लेकर यह लिखे जाने (1801) तक एक ही घराने का शासन रहा। स्पष्ट है कि यह

बिलकुल ग़लत है। महमूद ग़ज़नवी से लेकर शाहआलम द्वितीय तक कई विशृंखलताएँ हैं। क्रमबद्धता बिलकुल नहीं। लिहाज़ा उर्दू की कहानी को बादशाहों (और मुग़ल सम्राटों) की कहानी से जोड़ने के लिए एक काल्पनिक सिलसिला क़ायम किया जा रहा है।

3. तैमूर और अकबर के बीच भी एक लम्बा अन्तराल है और इससे बढ़कर यह कि अकबर कभी दिल्ली में रहा ही नहीं। दिल्ली और अकबर की निकटता हेमू से युद्ध के दौरान हुई थी (1556), जब अकबर और उसकी सेनाएँ दिल्ली से कोई पचास मील दूर पानीपत में आमने-सामने हुईं।
4. सबसे महत्त्वपूर्ण यह है कि मीर अम्मन यह बताने में कन्नी काट गए कि जिस भाषा में वे 'क़िस्सा-ए-बाग़ो-बहार' लिख रहे हैं, प्राचीन काल से इसका नाम 'हिन्दी/हिन्दवी' है, और उनके अपने काल में उसका सर्वाधिक लोकप्रिय नाम 'हिन्दी' है।

यह सब एक तरफ़ रहा। पाठ्य पुस्तक के रूप में 'बाग़ो-बहार' की असाधारण सफलता का परिणाम यह हुआ कि मीर अम्मन की गाथा को हर मायने में लोकप्रियता और जनसाधारण की स्वीकृति प्राप्त हुई। ग्रियर्सन जैसे गम्भीर भाषाविद् भी धोखे में आ गए कि उर्दू एक मलग़ोबा मिश्रण है विभिन्न जनजातियों और समुदायों की बोलियों का। ग्रियर्सन ने बाद में इस विचार का खंडन किया। उसने लिखा : "यह बात पाठकों की दृष्टि में होगी कि (अर्थात् उसकी पुस्तक में उपयुक्त स्थान पर) हिन्दुस्तानी के आरम्भ का वृत्तान्त जो मैंने वर्णन किया है वह उन कथनों से बहुत भिन्न है जो विभिन्न लेखकों (लेखक स्वयं) ने इस विषय पर इससे पहले लिखे हैं। हमारे पूर्व कथन मीर अम्मन की पुस्तक 'बाग़ो-बहार' की भूमिका पर निर्भर थे। मीर अम्मन के अनुसार उर्दू विविध जनजातियों की अशुद्ध मिश्रित भाषा थी, और ये जनजातियाँ वो थीं जो दिल्ली के बाज़ार में झुंड-के-झुंड इकट्ठी होती थीं।"[36]

ग्रियर्सन ने बात पूरी तरह साफ़ न की थी, क्योंकि मीर अम्मन ने भाषा का नाम 'उर्दू' न लिखा था बल्कि 'उर्दू (अर्थात् देहली) की भाषा' लिखा था। ग्रियर्सन स्वयं इस भाषा को कभी 'हिन्दुस्तानी', कभी 'उर्दू' कहता है। इसलिए ग्रियर्सन भी खुलकर इस बात को स्वीकार नहीं करता कि इस भाषा का सही नाम 'हिन्दी' था और 'हिन्दुस्तानी' या 'उर्दू' वे नाम हैं, जो अंग्रेजों के स्वभाव के अनुकूल थे। दूसरी बात यह कि वह मीर अम्मन पर दोषारोपण करता है, लेकिन यह बताना भूल जाता है कि गिलक्राइस्ट ने भी 'उर्दू' को मिलवाँ भाषा (Mixed language) बताया था।

लेकिन 'हिन्दी' और 'उर्दू' को दो भिन्न भाषाओं के नामों की हैसियत से स्थापित होने में बहुत देर लगी। 'उर्दू' नाम के ख़िलाफ़ इस भाषा के बोलनेवालों के प्रतिरोध का एक कारण यह भी हो सकता है कि इस नाम के द्वारा स्वयं इस भाषा के उद्गम और स्वरूप के विषय में मस्तिष्क में अनायास ही झूठी कल्पनाएँ उत्पन्न होती थीं।[37] अल्लामा सैयद सुलेमान नदवी ने इन्हीं मिथकों का सन्देह उत्पन्न होने के कारण यह

प्रस्ताव रखा था कि 'उर्दू' का नाम 'हिन्दुस्तानी' रख दिया जाए। स्पष्ट है कि हिन्दी उस समय तक एक अलग भाषा के रूप में स्थापित हो चुकी थी इसलिए अल्लामा के समय में यह नाम उर्दू बोलनेवालों को नहीं मिल सकता था, वरना वह शायद 'हिन्दी' नाम रखने के पक्ष में ही सिफ़ारिश करते।[38]

लखनऊ के एक हकीम और शाइर अहद अली ख़ाँ यकता ने 1798 में या इससे कुछ पहले एक पुस्तक 'दस्तूरुल-फ़साहत' लिखी। उन्होंने 1815 में इसमें कुछ बढ़ोत्तरी भी की।[39] यूँ तो इसका विषय 'उर्दू' व्याकरण है, परन्तु इसमें कुछ महत्त्वपूर्ण शाइरों के हालात भी हैं, और एक बहुत मूल्यवान प्रस्तावना है। (वे इस भाषा के नाम के लिए 'हिन्दी' और 'उर्दू' दोनों शब्दों का प्रयोग करते हैं।) यह पुस्तक उन्होंने लखनऊ में अंग्रेजों के प्रभाव या दबाव से बहुत दूर लिखी। इसकी प्रस्तावना में उन्होंने 'उर्दू' भाषा के प्रारम्भ पर जो लिखा उसे इस विषय पर किसी मर्मज्ञ उर्दूभाषी का पहला प्रकाशित लेखन कहा जाए, तो ग़लत न होगा। यकता ने लिखा :

"इस भाषा के पैदा होने का कारण यह है कि भारत की महान भूमि दूसरे देशों की अपेक्षा अधिक उपजाऊ है। जो संसार में चारों ओर अति प्रसिद्ध है और इस देश के अधिकारियों और शासकों का दर्जा हर प्रकार से दूसरे देशों की तुलना में अधिक है। इस ख्याति के कारण दूसरे देशों के विभिन्न कलाओं में पारंगत लोग–लेखक, कवि, अभिजात वर्ग के लोग, संसार में जहाँ-जहाँ थे और जिस तरफ़ थे, भारत आने लगे। और आनेवालों की दिली मुराद भी पूरी होती थी। इसी कारण इनमें से बहुतों ने इस देश को अपना वतन मान लिया और यहीं रह पड़े। इस प्रकार दरबार में उनके आगमन और यहाँ के वासियों से सम्बन्ध बनने पर उन्हें इस ज़बान में गुफ़्तगू करने के अलावा चारा न था।

"यह ज़रूरी हुआ कि इनके सम्बन्ध उनसे और उनके सम्बन्ध इनसे बनने के दौरान, बातचीत में, लोगों ने एक-दूसरे की भाषा के शब्द आवश्यकता भर सीख लिए। और जब यह मामला लम्बे समय तक चला तो एक-दूसरे की भाषा और मुहावरे आदि के आदान-प्रदान के परिणामस्वरूप यह सूरत पैदा हुई जिसे एक नयी ज़बान कहा जा सकता है। अब न अरबी, अरबी रही और न फ़ारसी, फ़ारसी रही। इसी पर यह अनुमान लगा सकते हैं कि वो तमाम बोलियाँ भी जो हिन्दी भाषाओं में शामिल हैं, अपने मूल रूप में न रहीं, लेकिन उस समय एक व्याकरण जैसा कि होना चाहिए, नहीं बन सका था। और इस भाषा का वह परिष्कृत रूप नहीं उभरा था जो अब है। हर क़ौम अपने मुहावरे को दूसरे के मुहावरे पर तरजीह देती थी।"[40]

आगे चलकर यकता ने लिखा कि अन्ततः बुद्धिमान और ज्ञानी व्यक्तियों ने एक निर्णय मुहावरा निर्धारित किया। इसकी शर्तों में निम्नलिखित बातें शामिल थीं :

"हर ज़बान व हर मुहावरे से, जैसा कि होना चाहिए, गम्भीर वाक्यों और पसन्दीदा शब्दों को इस प्रकार ग्रहण किया जाना चाहिए कि वे अपनी सरलता के कारण अभिप्राय को व्यक्त कर सकें, और भाषा की क्लिष्टता से दूर हों, बातचीत साफ़ व सारगर्भित

हो, हर शरीफ़ व मामूली आदमी के समझने योग्य हो...लेकिन इन शर्तों को पूरा करनेवाली भाषा शाहजहाँबाद के कुछ वासियों को छोड़कर और किसी के पास नहीं। और ये लोग वो हैं जो इस शहर की फ़सील के अन्दर (अर्थात् जो नगर के चारों ओर चहारदीवारी है) निवास करते हैं। या फिर वे लोग हैं जो उपर्युक्त बुज़ुर्गों के वंशजों में आते हैं। हालाँकि कुछ समय से इन महाशय या इनकी सन्तानों ने शहर छोड़कर और जगहों को अपना निवास-स्थान बना लिया है। चुनाँचे इसी प्रकार इन लखनऊवासियों की भाषा है जो प्राचीन काल से इस नगर (लखनऊ) के वासी नहीं हैं, अतीत में ये वहाँ नहीं थे। इस समय इन लोगों की भाषा, दूसरों के मुक़ाबले में परिष्कृत है।"[41]

यकता का उपर्युक्त कथन उन भाषायी गुणों की परिकल्पना के अनुसार है, जो दिल्लीवालों ने रेख़्ता/हिन्दी शाइरी के दिल्ली में लोकप्रिय होते ही अपने लिए विशिष्ट मान लिए थे।[42] दिल्लीवालों ने राजनीतिक राजधानी का निवासी होने के दम्भ में यह फ़ैसला कर लिया कि उन्हें हिन्दी/रेख़्ता की भाषायी राजधानी होने का भी अधिकार है। चुनाँचे जल्द ही यह बात लगभग तयशुदा मान ली गई कि दिल्ली की साहित्यिक संस्कृति और रेख़्ता की साहित्यिक संस्कृति एक ही है। अंग्रेजों के लिए इसमें कोई समस्या नहीं थी, लेकिन 'उर्दू' के प्रारम्भ के बारे में सिद्धान्तों और मिथकों का मामला कुछ और था।

यकता ने उर्दू/हिन्दी भाषा के आरम्भ एवं विकास के बारे में जो बातें कही हैं, वे उनके समय के पढ़े-लिखे और मातृभाषा की हैसियत से उस भाषा को बोलनेवालों के साझे और लोकप्रिय विचारों पर आधारित रही होंगी। स्पष्ट है कि ये परिकल्पनाएँ और विचार किसी भी सूरत में 'मुसलमान हमलावरों एवं विजेताओं' के बारे में फैले मिथकों के अनुकूल नहीं थे कि यह भाषा तो 'हमलावरों और विजेता,' की भाषा है और इस भाषा को केवल उन हिन्दुओं ने विवश होकर स्वीकार किया था, जो मुसलमानों के यहाँ सेवारत थे। यकता को ऐतिहासिक या तुलनात्मक भाषाविज्ञान का ज्ञान नहीं था (ये विषय उस समय थे भी नहीं), इसलिए उन्हें इस बात की ख़बर न थी कि वह बोली, जिसे बाद के लोगों ने 'खड़ी बोली' का नाम दिया 'हिन्दी/उर्दू' जिसका विकसित रूप है, उत्तर भारत में मुसलमानों के आवागमन के पहले से मौजूद थी। मुसलमानों ने केवल यह किया कि इस बोली को स्थायी भाषा का दर्जा प्राप्त करने में 'रासायनिक एजेंट' का काम किया। लेकिन ये सूक्ष्म बातें तो भाषाविदों की दिलचस्पी की हैं। उर्दू के आरम्भ एवं विकास के बारे में अहद अली ख़ाँ यकता का कथन सामान्य रूप में दुरुस्त है और यह कथन मीर अम्मन की अंग्रेज-पसन्दीदा कहानी से सभी महत्त्वपूर्ण मुद्दों पर अलग है। दोनों में कोई तालमेल नहीं।

इस बात के सबूत मौजूद हैं कि स्वयं हिन्दुओं ने, जिनकी 'भलाई' के लिए एक पूरी भाषायी परम्परा उन्नीसवीं शताब्दी में रची जा रही थी, इस नयी संरचना को बहुत ख़ुशी से स्वीकार नहीं किया, बल्कि आरम्भ में तो इसके प्रति बहुत-से हिन्दुओं का रवैया प्रतिकूल ही था। क्रिस्टोफर किंग कहता है कि यू.पी. में 1850 तक भी "पढ़े-लिखे हिन्दुओं का

ऐसा वर्ग न पैदा हुआ था जिसका जुड़ाव खड़ी बोली/हिन्दी की उस सूरत से था, जिसके आधार पर वे स्वयं को उर्दू बोलनेवालों से अलग क़रार दे सकते थे।" किंग का कहना यह भी है कि उन्नीसवीं शताब्दी के मध्य में "अगर हम संस्कृत की परम्परा में शिक्षा पाए हुए हिन्दुओं के ऐसे कथनों से दो-चार हों, जिनमें खड़ी बोली के इस नए रूप (अर्थात् अंग्रेजों की बनाई हुई आधुनिक हिन्दी) के अस्तित्व से इनकार किया किया गया हो, तो यह कुछ आश्चर्य की बात न होगी।" इसके बाद वह एक घटना का विवरण देता है :

"बनारस कॉलेज के अंग्रेजी विभाग के अध्यक्ष डॉक्टर जे.आर. वैलेंटाइन ने 1847 में यह इरादा किया कि संस्कृत कॉलेज के विद्यार्थियों के उस भाषा के ज्ञान को बेहतर बनाया जाए जिसे वे (डॉक्टर वैलेंटाइन) हिन्दी का नाम देते हैं। (ध्यान रहे कि बनारस कॉलेज का पुराना हिस्सा संस्कृत कॉलेज ही था) उन्होंने हुक्म दिया कि मेरे कुछ विद्यार्थी हिन्दी में अभ्यास करें।

"लेकिन इस आदेश के बारे में लगातार जिस रुचिहीनता एवं प्रतिरोध का सामना वैलेंटाइन को करना पड़ा, उससे तंग आकर उन्होंने विद्यार्थियों को हुक्म दिया कि तुम सब मिलकर एक लेख लिखो, जिसमें यह स्पष्ट करो कि तुम लोग आजीवन जो भाषा रोज बोलते हो, उसकी संस्कृति को तिरस्कारपूर्ण दृष्टि से क्यों देखते हो ? हालाँकि तुम्हारी माँएँ और बहनें इस भाषा के अलावा किसी भी भाषा को समझ नहीं सकतीं।"

अन्ततः इन विद्यार्थियों और डॉक्टर वैलेंटाइन के बीच एक वार्ता हुई, जिसमें यह बात बिलकुल साफ़ हो गई कि किसी भी स्तरीय साहित्यिक भाषा की हैसियत से 'हिन्दी' भाषा का इन विद्यार्थियों को कुछ पता न था। उन्होंने कहा :

"हमारी समझ में यह बात बिलकुल नहीं आती कि आप यूरोपीय लोगों का 'हिन्दी' से क्या आशय है, क्योंकि दरअसल सैकड़ों बोलियाँ ऐसी हैं जिन्हें हमारी समझ के अनुसार हिन्दी कहा जा सकता है और इन बोलियों में संस्कृत जैसी किसी स्तरीय भाषा की कल्पना नहीं है।"

अन्तिम बात यह कि ये विद्यार्थी डॉक्टर वैलेंटाइन की हिन्दी से किसी प्रकार का कोई लगाव महसूस न करते थे, या यूँ कहे कि विद्यार्थी उर्दू = हिन्दू + मुसलमान के समीकरण को स्वीकार करते थे। यह मनोवृत्ति उस समय और भी महत्त्वपूर्ण हो जाती है, जब हम इस बात का एहसास करें कि पाँच दशक बाद इसी कॉलेज के विद्यार्थियों ने 'हिन्दी' और नागरी लिपि को विकसित करने के उद्देश्य से नागरी प्रचारिणी सभा की नींव डाली।[43]

यह बात कि अंग्रेज अन्ततः अपने उद्देश्य में सफल हुए, अब इतिहास का हिस्सा है और यह बात भी इतिहास का हिस्सा है कि अंग्रेजों के उद्देश्य के पीछे औपनिवेशिक हाकिम का दम्भ और राजनीति थी। इसी तरह यह बात भी अब इतिहास है कि इस उद्देश्य की प्राप्ति ने 'हिन्दी/हिन्दू' अस्मिता की अद्वैतता के बारे में एक विशेष आस्था को जन्म दिया, जिसके कारण आवेशपूर्ण भावनाएँ और गरम योजनाएँ हमारी साहित्यिक और भाषायी संस्कृति में घुस आईं।[44]

सन्दर्भ

1. वर्तमान काल में इसकी सबसे अधिक विस्तारपूर्वक चर्चा अमृतराय ने अपनी पुस्तक "A House Divided : The origin and Development of Hindi/Hindavi" (नयी दिल्ली, ऑक्सफोर्ड यूनिवर्सिटी प्रेस, 1984) में की है। अमृत राय के विचार में अन्तर्विरोध है। और इसकी बुनियाद पक्षपाती अटकल और गुमान पर है, न कि ठोस वास्तविकता पर। परन्तु उर्दूवालों ने इसका कोई सन्तोषपूर्ण उत्तर अभी तक नहीं दिया है। इसी बीच इस पुस्तक का दूसरा संस्करण 1991 में प्रकाशित हुआ, जिसमें इसका उपशीर्षक Origin and Development of Hindi/Urdu कर दिया गया है। मेरी जानकारी के मुताबिक़ उर्दूवालों में केवल मिर्ज़ा ख़लील अहमद बेग ने अमृतराय की बात का खंडन किया, लेकिन वह पूरी तरह प्रभावकारी नहीं है। इसका कारण यह है कि अपनी भाषा के आरम्भिक स्रोतों के बारे में स्वयं उर्दूवालों का ज़ेहन साफ़ नहीं हैं। देखें मिर्ज़ा ख़लील अहमद बेग़ का लेख 'अमृत राय और उर्दू हिन्दी का मसला', मिर्ज़ा ख़लील अहमद बेग़ : 'लिसानी तनाज़ुर', नयी दिल्ली, बाहरी पब्लिकेशन्स, 1997।

   बहुत कम लोगों को इस बात की जानकारी है कि अमृतराय का सिद्धान्त उनका नहीं, बल्कि उनके पिता प्रेमचन्द के विचारों पर आधारित है। प्रेमचन्द के यहाँ अमृतराय के विचारों की आरम्भिक और नर्म सूरत मिलती है। आर्य भाषा सम्मेलन (लाहौर 1936) के सामने प्रेमचन्द ने जो भाषण दिया, इसमें उन्होंने कहा, "मुसलमानी ज़माने में अवश्य ही हिन्दी के तीन रूप होंगे। एक तो नागरी लिपि में ठेठ हिन्दी, दूसरी उर्दू, यानी फ़ारसी लिपि में लिखी हुई फ़ारसी से मिली हिन्दी, और तीसरी ब्रजभाषा...मुसलमानों की संस्कृति ईरान और अरब की है। उसका ज़ुबान पर असर पड़ने लगा। अरबी और फ़ारसी शब्द इसमें आ-आकर मिलने लगे, यहाँ तक कि आज हिन्दी और उर्दू दो अलग-अलग ज़बानें सी हो गई हैं।" प्रेमचन्द के इस लेख की ओर मेरा ध्यान मानिक टाला के एक लेख के द्वारा आकृष्ट हुआ। यह लेख 'हमारी ज़बान', नयी दिल्ली, 1 जुलाई 1997 में प्रकाशित हुआ था। यहाँ मैंने प्रेमचन्द की अस्ल इबारत उनकी किताब 'कुछ विचार' सरस्वती प्रेस, इलाहाबाद, 1997, पृष्ठ 74-75 से लिखा है। प्रेमचन्द को शायद आभास न था कि उनकी बातों में द्वन्द्व की कितनी सम्भावनाएँ छिपी हैं। वर्ना उर्दू हिन्दी के मामले में उनका व्यवहार यथोचित और सन्तुलित था। देखें अध्याय 2 के सन्दर्भ 40 और 41।
2. Edward Terry : A Voyage to East India, प्रकाशित लन्दन, 1655 उद्धरण Bernard Cohn, "The Command of language and the language of command" (Ranjit Gupta (Ed.) : Subaltern, IV, Writing on South Asian History and Society, नयी दिल्ली, आक्सफोर्ड यूनिवर्सिटी प्रेस, 1994) P. 300
3. मीर, 'कुल्लियात', भाग-1, सम्पादक ज़िल्ल अब्बास, दिल्ली, इल्मी मजलिस, 1968, पृष्ठ 301।
4. इक़बाल ने 'असरार-ख़ुदी' (फ़ारसी काव्य रचना) में भी 'हिन्दी' से 'उर्दू' आशय लिया है। यह पुस्तक पहली बार 1915 में प्रकाशित हुई थी। देखें 'कुल्लियाते इक़बाल फ़ारसी' प्रकाशित शैख़ ग़ुलाम अली एंड संस, लाहौर, 1978, पृष्ठ 11।
5. मुसहफ़ी : 'कुल्लियाते-मुसहफ़ी', भाग-1, सम्पादक नूरुलहसन नक़वी, दिल्ली, मजलिस इशाअते अदब, 1967, पृष्ठ 91।
6. वही, पृष्ठ 38।
7. वही, भाग-2, सम्पादक हफ़ीज़ अब्बासी, दिल्ली, मजलिस इशाअते-अदब, 1969, पृष्ठ 578।
8. अल्लामा हाफ़िज़ महमूद शीरानी, 'मक़ालाते शीरानी', भाग-1, सम्पादक मज़हर महमूद शीरानी, मजलिस तरक़्क़ी अदब, लाहौर, 1966, पृष्ठ 41।

9. नूरूल हसन काकोरवी, 'नूरूल-लुग़ात', भाग-1, नैयर प्रेस, लखनऊ, 1924, पृष्ठ 265।

10. जमील जालिबी ने अपनी 'तारीख़ अदब उर्दू', भाग-1, एजुकेशन पब्लिशिंग हाउस दिल्ली, 1977 के पृष्ठ 661 पर मीर मुहम्मद माइल का एक 'क़तअ' नक़ल किया है। इसकी तारीख़ वह 1762 के पहले बताते हैं। इस क़तअ के तीन शेरों में शब्द 'उर्दू' भाषा के तौर पर तीन बार आया है। लेकिन मुझे इस बात में सख़्त सन्देह है कि यह 'क़तअ' वास्तव में मीर मुहम्मदी माइल का है। पहली बात तो यह कि इस बात का अन्दाज़ ख़ासा बोझिल और बनावटी है, गोया यह शेर कहे नहीं बल्कि गढ़े गए हों। दूसरी बात यह कि इनमें शाहजहाँ के बारे में जो बात कही गई है, वह ग़ैर तारीख़ी है। और मीर अम्मन की उन बातों से मिलती-जुलती है, जिनका उल्लेख आगे आएगा। आख़िरी बात यह कि क़तअ में कहा गया है कि 'हिन्दी' भाषा के नाम के रूप में (अर्थात् अठारहवीं सदी के मध्य में) बिलकुल ग़ायब हो चुकी है। ज़ाहिर है कि यह बात सरासर ग़लत है। माइल के शेर हैं :

बोले वह सुनके उर्दू का मैं पूछता था हाल
तुम खोल बैठे पत्तरा इस शहर का भला
मशहूर ख़ल्क उर्दू का था हिन्दवी लक़ब
अगले सफ़ीनों बीच यह लिख गए हैं सब मिला
शाहजहाँ के वक़्त से ख़िल्क़त के बीच में
हिन्दवी तो (नाम) मिट गया उर्दू लक़ब चला

डॉ. जमील जालिबी ने शब्द 'उर्दू' के प्रति, भाषा के नाम के रूप में, रिसर्च के दौरान शायद सावधानी नहीं बरती। वह लिखते हैं कि ख़ान आरज़ू की 'नवादिरुल-अल्फ़ाज़' और तहसीन की नौ तर्ज़ मुरस्सा में शब्द 'उर्दू' भाषा के नाम के रूप में बरता गया है। वास्तविकता यह है कि दोनों ही किताबों में शब्द 'उर्दू' भाषा के नाम के रूप में नहीं; बल्कि 'शहर दिल्ली' के अर्थ में है।

11. मुसहफ़ी, 'कुल्लियात', भाग-3, सम्पादक नूरुलहसन नक़वी, लाहौर, मजलिस तरक़्क़ी अदब, 1971, पृष्ठ 261, और कुल्लियात, भाग-3, सम्पादक हफ़ीज़ अब्बासी, दिल्ली, मजलिस इशाअते अदब, 1975, पृष्ठ 79।

12. Henry Yule and A.C. Burnell : Hobson Jobson, A Glossary of Colloquial Anglo-Indian Words, Phrases, and of Kindred Terms, Etymological, Historical, Geographical, and Discursive. प्रकाशक रूपा एंड कम्पनी, पुनर्मुद्रण संस्करण 1986 (प्रथम प्रकाशन 1886, दूसरा संशोधित संस्करण 1902)

13. इंशा अल्ला ख़ाँ इंशा, और मिर्ज़ा मुहम्मद हसन क़तील, 'दरियाए--लताफ़त' मुर्शिदाबाद, प्रकाशक आफ़ताब आलम ताब, 1856, पृष्ठ 116, चूँकि इस पुस्तक का अधिकांश भाग, ख़ासकर वह जिसका सम्बन्ध भाषा विज्ञान से है, इंशा ने लिखा था, लिहाज़ा लोग आसानी के लिए आमतौर पर पूरे 'दरियाए-लताफ़त' को इंशा की कृति लिखते हैं। इस पुस्तक के भाषा-विज्ञान वाले भाग से हवाला देते समय मैं भी इसी पर अमल करूँगा।

14. शहंशाह शाहआलम सानी : 'अजाइबुल-क़सस', सम्पादक राहत अफ़ज़ा-बुखारी, लाहौर, मजलिस तरक़्क़ी अदब, 1965, पृष्ठ 26

15. सेराजउद्दीन अली ख़ान आरज़ू, 'नवादिरुल अलफ़ाज़', सम्पादक डॉ. सैयद अब्दुल्ला, कराची, अंजुमन तरक़्क़ी उर्दू, पाकिस्तान, 1992 (1951), पृष्ठ 214 (पाठ)। मैंने नवादिर से जितने हवाले दिए हैं उनकी तुलना उस पांडुलिपि से कर ली है जो फोर्ट विलियम कॉलेज की लाइब्रेरी में थी, और अब नेशनल आर्काइब्ज़ नयी दिल्ली में सुरक्षित है।

16. ख़ान आरज़ू : 'मुसमिर', सम्पादन रेहाना ख़ातून, कराची, इंस्टीट्यूट ऑफ सेंट्रल एंड वेस्ट एशियन

स्टडीज़, कराची यूनिवर्सिटी, 1991, पृष्ठ 13 (पाठ), इसके अतिरिक्त देखें, डॉ. सैयद अब्दुल्ला, 'नवादिरुल-अलफ़ाज़' दीबाचा, पृष्ठ 31-32।

17. मीर ने 'निकातुल-शोरा' (1752) में लिखा है कि रेख़्ता का फ़न "फ़ारसी के तर्ज़ में, और उर्दू-ए-मुअल्लाए–शाहजहाँबाद की ज़बान में 'शाइरी का फ़न' " (निकातुल-शोरा, सम्पादक महमूद इलाही, प्रकाशक दिल्ली, इदाराए-तसनीफ़, 1972, पृष्ठ 23)। इस कथन के द्वारा हमें उस तनाव की ओर संकेत मिलता है जो उस काल में 'हिन्दी/रेख़्ता' और फ़ारसी की साहित्यिक परिस्थिति की तह में मौजूद था। मीर का आशय यह है कि फ़ारसी के बजाय 'हिन्दी/रेख़्ता' को सर्वप्रथम दिल्ली की साहित्यिक भाषा मानें, लेकिन वह यह भी कहने पर मजबूर है कि रेख़्ता की शाइरी फ़ारसी के तर्ज़ पर ही है। एक तरह देखें तो मीर 'अवामी' अभिप्राय को प्रकट कर रहे हैं। और ख़ान आरज़ू का अभिप्राय 'ज्ञानात्मक' और 'अभिजात' है। यह भी सम्भव है कि मीर के इस कथन की तह में ख़ान आरज़ू और उनके बीच वैमनस्य हो। इसके अतिरिक्त देखें, ख़ान आरज़ू का कथन कि 'रेख़्ता की शाइरी' हिन्दी 'अहल-ए-उर्दू-ए-हिन्द' की शाइरी है, फ़ारसी के तर्ज़ में। (सन्दर्भ 28)

18. John Gilchrist : A Grammar of the Hindoostanee Language, or Part third of Volume first, of a System of Hindoostanee Philology, Calcutta, the Chronicle Press, 1796, P. 261।

19. अमीर ख़ुसरो : 'मसनवी नोह सिपहर' (1317/1318) सम्पादक वहीद मिर्ज़ा, प्रकाशक Oxford University Press, for the Islamic Research Association, Calcutta, 1948 (Persion Side), 1949 (English Side), P. 180।

20. उन्नीसवीं सदी में कैथी के उतार-चढ़ाव के विस्तार के बारे में देखें : Christopher King : One language, Two Scripts, the Hindi Movement in Nineteenth Century India, प्रकाशक बम्बई, ऑक्सफोर्ड प्रेस, 1994। कैथी लिपि को आज शायद ही कोई जानता हो, उन्नीसवीं सदी के अन्त तक, यह लिपि वर्तमान बिहार, यू.पी. और मध्य प्रदेश के अधिकांश क्षेत्रों में प्रचलित थी। नागरी लिपि को विकसित करने की सरकारी अंग्रेज़ी पॉलिसी ने कैथी का सर्वनाश कर दिया।

21. सैयद सुलेमान नदवी : 'नक़ूशे-सुलेमानी', आज़मगढ़, मारिफ़ प्रेस, 1939, पृष्ठ 107, मौलाना सैयद सुलेमान नदवी 'हिन्दुस्तानी' को भाषा के नाम के रूप में 'उर्दू' से बेहतर मानते थे, क्योंकि 'उर्दू' शब्द से कुछ नकारात्मक बोध होता था। इसी पुस्तक के पृष्ठ 103 से 107 देखें।

22. 'हॉब्सन जॉब्सन', पृष्ठ 417, लेखकों ने शब्द, 'हिन्दुस्तानी' के पैदा होने के पश्चिमी साक्ष्य दिए हैं जो 1616 से 1848 के समय तक व्याप्त है।

23. देखें : The Compact Oxford Dictionary, Second Ed. Complete Text, Reproduced Micrographically, Oxford, 1993, P. 769. इस Dictionary में 'हिन्दुस्तानी' के पैदा होने के अंग्रेजी साक्ष्य 1616 से 1078 के बीच दिए गए हैं। अन्तिम लाइन का अनुवाद निम्न हैं : "हिन्दुस्तानी या उर्दू कोई इलाक़ाई बोली नहीं है, बल्कि लिंगवा फ्रांका है।"

24. John Gilchrist : The Oriental linguist, An Easy and Familiar Introduction to the Hindoostanee, or Grand Popular language of Hindoostan (Vulgarly But Improperly, Called the Moors); Calcutta, Printed by F. Ferris, at the Post Press, 1802 (1798)।

25. आधुनिक भारत के अंग्रेजी प्रेस में यह आवाज़ अब तक सुनाई देती है। उदाहरणार्थ देखें, वसुधा डालमिया की पुस्तक 'भारतेन्दु हरिश्चन्द्र' पर वागीश शुक्ल का Review, प्रकाशक The Book Review नयी दिल्ली, अक्टूबर 1997, पृष्ठ 20, डॉ. शुक्ल कहते हैं कि फ़ारसी भाषा में

'हिन्दू' का अर्थ 'nigger' है (अर्थात् केवल हब्शी नहीं, बल्कि अफ्रीकी/हिन्दुस्तानी लोगों के लिए यह अपमानजनक शब्द जिसका अंग्रेजों/अमरीकनों ने सत्रहवीं-अठारहवीं सदी में आविष्कार किया था) इस पर मेरे उत्तर के लिए देखें, The Book Review, नयी दिल्ली, 1998, अप्रैल, पृष्ठ 37-38।

26. देखें रंजीत गुहा की सम्पादित पुस्तक में बर्नाड कोन का लेख, पृष्ठ 298।

27. मैं "हॉब्सन जॉब्सन" का सन्दर्भ ऊपर दे चुका हूँ, अब देखें एस.डब्ल्यू. फेलुन साहब अपनी डिक्शनरी में शब्द 'उर्दू' का क्या अर्थ लिखते हैं :

An army, a camp; a market, *urdu, i mu'alla*, the royal camp or army (generally means the city of Delhi or Shahjahanabad; and *urdu'i mua'alla ki zaban*, the court language). this term is very commonly applied to the Hindustani language as spoken by the Muslims of India proper.

उपर्युक्त उद्धरण फेलुन की Dictionary (प्रथम संस्करण 1866) के उर्दू एकेडमी, 1987 संस्करण के पृष्ठ 87 से लिया गया है। अब प्लेट्स की Dictionary Oxford University Press, 1974, पृष्ठ 40 का उद्धरण देखें :

Army; Camp; market of the camp; *s.f. (urdu zaban)*. The Hindustani language as spoken by the Mohammadans of India, and by Hindus who have intercourse with them or who hold appointments in the Governement courts & C. (It is composed of Hindi, Arabic, and Persian, Hindi constituting the back bone, so to speak):-*urdu-i-mu'alla*. The royal camp or army (generally means the city of Delhi or Shahjahanabad); the court language *(urdu-i-mu'alla ki zaban);* the Hindustani language as spoken in Delhi. Compact Edition, 1993, P.2203

जहाँ तक प्रश्न Oxford English Dictionary (O.E.D.) का है, तो उसमें 'उर्दू' और 'हिन्दुस्तानी' को एक ही चीज़ बताया गया है। और आगे चलकर 'हिन्दुस्तानी, जो लिंग्वा फ्रांका है' और उर्दू, 'जो पाकिस्तान की सरकारी ज़बान है' के बीच अन्तर बताया गया है। तार्किक प्रतिकूलता को लापरवाही से दबाकर चपटा कर देने और नज़र से ग़ायब कर देने की कोशिशों की इससे बेहतर मिसालें मिलना मुश्किल होगा।

गिलक्राइस्ट बेचारे को तो फिर भी कभी-कभी कुछ शंका पैदा हो जाती थी, और वह सच्चाई को अपने ढंग से बचाने की कोशिश भी करता था, अतः अपनी A Dictionary, English and Hindoostanee, (Calcutta, 1790 में उसने दावा किया कि संस्कृत का स्रोत 'हिन्दुवी' Hinduwee है), और हिन्दुवी वह भाषा है जो मुसलमानों के आने से पहले सारे हिन्दुस्तान में बोली जाती थी। उसने आगे यह विचार भी प्रकट किया कि मुसलमानों के बार-बार के आक्रमणों के परिणामस्वरूप वह भाषा पैदा हुई, जिसकी 'फ़ौजी' सूरत को मुसलमानों में 'उर्दूवे' (Urduwe) कहा जाता है। इसके 'साहित्यिक' रूप को मुसलमान 'रेख़्ता' (Rekhta) कहते हैं, और हिन्दुओं की, आम बोलचाल वाली, ज़बान की शक्ल में इसे हिन्दी (Hindee) कहा जाता है। (देखें रंजीत गुहा की सम्पादित पुस्तक में बर्नाड कोन का लेख, पृष्ठ 304) गिलक्राइस्ट साहब को यह भी नहीं मालूम कि 'उर्दूवे' कोई शब्द नहीं, एक मिश्रित शब्द का आधा भाग है। हिन्दी भाषा के काल्पनिक वर्गीकरण को देखें :

फ़ौजी ज़बान = उर्दूवे; साहित्यिक भाषा = रेख़्ता; और हिन्दुओं की भाषा = हिन्दी। इसी ज्ञान-प्रचार के सहारे बेचारे गिलक्राइस्ट साहब हिन्दुस्तानियों को उनकी भाषा के भेद सिखाने चले हैं।

28. देखें, गिलक्राइस्ट, 'ग्रामर', पृष्ठ (ii)।
29. 'नवादिरुल-अलफ़ाज़', पृष्ठ 33, इसके अतिरिक्त देखें, सन्दर्भ 16।
30. उपर्युक्त लिखित O.E.D. का उद्धरण देखें, जिसमें 'हिन्दुस्तानी' के बारे में कहा गया है कि वह मुसलमान विजेताओं की भाषा थी।
31. 'बाग़ो-बहार' का पाठ 1801 से 1802 के आसपास तैयार हुआ। इसे 1803 में प्रेस भेजा गया, और यह 1804 में छपी। विस्तार के लिए देखें, 'बाग़ो-बहार', सम्पादक, रसीद हसन ख़ान, नयी दिल्ली, अंजुमन तरक़्क़ी उर्दू (हिन्द), 1992, पृष्ठ 43-50 और 79-80।
32. 'बाग़ो-बहार', पृष्ठ 6, पाठ 1।
33. वही, पृष्ठ 6, पाठ 1।
34. वही, पृष्ठ 7 और 8, पाठ 1।
35. Sadiq-ur-Rahman Kidwai : Gilchrist and the 'Language of Hindoostan', New Delhi, Rachna Prakashan, 1972, PP. 31-32।
36. Sir George Abraham Grierson : Linguistic Survey of India, Vol. IX, Part I, Calcutta, Superintendent, Government Printing, India, 1916, P. 44।
37. गिलक्राइस्ट के बहुत बाद भी, ग़ालिब को शब्द 'उर्दू' भाषा के नाम के रूप में प्रयोग करने में संकोच था। उन्होंने शिव नारायण आराम को एक ख़त में लिखा (तिथि, 18 दिसम्बर 1858) कि "मेरा उर्दू दूसरों के उर्दू की अपेक्षा सुभाषी होगा।" ('ग़ालिब के ख़ुतूत', भाग-3, सम्पादक ख़लीक़ अंजुम, ग़ालिब इंस्टीट्यूट, नयी दिल्ली, 1987, पृष्ठ 1068)। ग़ालिब ने उर्दू को पुल्लिंग लिखा है, जबकि भाषा के नाम के रूप में यह स्त्रीलिंग, और लश्कर बाज़ार/लश्करगाह के अर्थ में यह पुल्लिंग है। अर्थात् उस समय तक 'उर्दू' भाषा के नाम के रूप में बहुत स्वीकार्य न हुआ था। मुसहफ़ी का शेर हम ऊपर देख चुके हैं (सन्दर्भ 10) जहाँ शब्द 'उर्दू' पुल्लिंग है, लेकिन भाषा के अर्थ में नहीं आया है। स्पष्ट है कि मुहम्मद हुसैन आज़ाद को ग़ालिब के ऐब निकालने में लुत्फ़ आता था। उन्होंने ('आबे-हयात', प्रकाशित कलकत्ता, उसमानिया बुक डिपो, 1967, (1880), पृष्ठ 613) इस बात पर आपत्ति प्रकट की है कि ग़ालिब ने 'उर्दू' को भाषा के नाम के रूप में पुल्लिंग लिखा है। उन्हें यह ध्यान न रहा कि शब्द 'उर्दू' भाषा के नाम के रूप में उन्नीसवीं सदी के मध्य में मान्य न था।
38. अल्लामा सैयद सुलेमान नदवी : 'नुक़ूशे-सुलेमानी' पृष्ठ 101 से 102, यह लेख प्रकाशन से पहले 1937 में लेक्चर के रूप में पेश किया गया था।
39. अहमद अली ख़ान यकता : 'दस्तूरुल-फ़साहत', सम्पादक मौलाना इम्तियाज़ अली ख़ान अर्शी, रामपुर रज़ा लाइब्रेरी, 1943, पृष्ठ 27 (सम्पादकीय भूमिका)।
40. देखें, इसी पुस्तक का अध्याय 7, 'नए ज़माने, नयी साहित्यिक संस्कृति'।
41. यकता, पृष्ठ 5-6 (पाठ)।
42. देखें, इसी पुस्तक का अध्याय 7।
43. क्रिस्टोफर किंग : पृष्ठ 90-91।
44. वसुधा डालमिया ने ग्रियर्सन का कथन दिया है कि "वह अजीबो-ग़रीब, मज़ेदार मिलवाँ (Hybrid) भाषा, जिसे यूरोप के लोग 'हिन्दी' के नाम से जानते हैं।" अस्ल में "स्वयं यूरोपीय लोगों की आविष्कार की हुई है। डालमिया आगे कहती हैं कि "बीती सदी की 1861-1870 वाली दहाई आते-आते 'हिन्दी के जातीय समर्थक' जो "हिन्दी के आरम्भ के बारे में मिथ और वंशावली सृजन करने में लीन थे," इस बात को अत्यन्त निरर्थक बताते कि उनकी भाषा कोई बनावटी चीज़ है। उन्हें इस पर विश्वास था कि "हिन्दी उत्तर भारत के क्षेत्रों में सभी घरों में बोली जाती थी, और

यह स्थिति मुसलमानों के हमले से पहले से थी...जैसा कि अक्सर हुआ है, राष्ट्रवादियों और साम्राजियों में कम-से-कम इस बात पर सहमति थी, अर्थात् हिन्दुओं की अपनी एक भाषा है, और यह भाषा उन्हें आज ही के मुसलमानों से नहीं बल्कि भूतकालीन मुसलमानों से अलग करती है। दोनों में विभिन्नता थी तो बस इस बात की कि अंग्रेजों का दावा और ज़ोर अपने बारे में था कि हमने यह भाषा पैदा की। यह हमीं थे जिन्होंने इसको मुसलमानी मलबे से निकाला, वह सारा मलबा जो इसके अन्दर और चारों ओर जमा हो गया था। इसके विपरीत, हिन्दुओं को यद्यपि यह बात मान्य थी कि इस (आधुनिक) हिन्दी भाषा में कोई साहित्य न था, लेकिन वे यह भी दावा करते हैं कि इस भाषा की क्रमबद्धता प्राचीन काल से थी।" देखें, वसुधा डालमिया की पुस्तक, जिसे हिन्दी प्रेमियों ने प्रशंसा की निगाह से नहीं देखा :

Vasudha Dalmia : The Nationalization of Hindu Traditions : Bharatendu and Nineteeth Century Banaras, New Delhi, Oxford University Press, 1997, PP. 149-150।

इतिहास का नव-निर्माण, साहित्यिक संस्कृति का पुनर्गठन

'हिन्दी/उर्दू' शब्द कब और किस तरह प्रचलित हुए, इनके बारे में किस-किस तरह के मिथक गढ़े गए और इनकी वास्तविक, ऐतिहासिक स्थिति क्या है, इन मुद्दों पर पिछली संक्षिप्त चर्चा ज़रूरी थी। इसका कारण यह है कि आज बहुत से पढ़े-लिखे व्यक्ति इस विचार को मानते हैं कि वह भाषा, जिसे आज हिन्दी कहा जाता है, उपमहाद्वीप के साहित्यिक इतिहास में उस तमाम इलाक़े की हक़दार है, जो (कम-से-कम सत्रहवीं शताब्दी तक) उस भाषा का अधिकार-क्षेत्र था, जिसे आज हम उर्दू कहते हैं और जो उस समय तक हिन्दी/हिन्दवी/दकनी/रेख़्ता कहलाती थी। जहाँ तक ब्रजभाषा, अवधी और इनकी तरह की दूसरी उत्तर भारत की आधुनिक बोलियों का सवाल है, आधुनिक 'हिन्दी' वालों ने देश के बँटवारे के पहले से ही इनके इतिहास को अपने इतिहास का एक हिस्सा क़रार देना शुरू कर दिया था।[1] और जहाँ तक सवाल 'उर्दू' के इतिहास का है, तो हिन्दीवालों के ये दावे कि वह भी हिन्दी के ही इतिहास का हिस्सा है, देश-विभाजन के बाद आरम्भ हुए।[2] आज हिन्दी/उर्दू के इतिहास के बारे में कोई चर्चा इस तथ्य की अनदेखी नहीं कर सकती कि एक ही साहित्यिक और भाषायी परम्परा की अमानतदारी के दो दावेदार हमारे परिदृश्य पर हैं। दूसरी बात जो इतनी ही महत्त्वपूर्ण है, यह कि इन दावेदारों के पीछे ज्ञान-पिपासा नहीं, बल्कि राजनीतिक सोच-विचार, मुक़ाबले और 'हिन्दुस्तानी/हिन्दू' अस्मिता के बारे में परिकल्पनाएँ हैं।

जोल ब्लॉक (Jules Block) का कथन है कि 1857 के बाद हिन्दी धीरे-धीरे "हिन्दुओं की लिंग्वाफ्रांका" (सामान्य भाषा) के रूप में उभरकर सामने आई। ब्लॉक इस बात को भी स्वीकार करता है कि लल्लूलालजी ने गिलक्राइस्ट के प्रभाव के अन्तर्गत अपनी प्रसिद्ध पुस्तक 'प्रेमसागर' लिखकर सब कुछ 'बदल डाला'। ब्लॉक के कथनानुसार, "इसके गद्यवाले हिस्से कुल मिलाकर उर्दू हैं, लेकिन इसमें फ़ारसी शब्दों के स्थान पर हिन्दी आर्याई शब्द रख दिए गए हैं।"[3] ताराचन्द कहते हैं कि हिन्दी के विद्वान भी इस बात को स्वीकार करते हैं। उन्होंने प्रसिद्ध हिन्दी लेखक चन्द्रधर शर्मा गुलेरी के एक लेख (1921) का एक उद्धरण अपने दावे के प्रमाणस्वरूप पेश किया है।[4] उर्दू के मुक़ाबले में 'हिन्दी' को स्थापित करने के प्रभाव, उर्दू की साहित्यिक संस्कृति के लिए बहुत दूरगामी सिद्ध हुए। लेकिन इनमें कम ही ऐसे हैं जिनको किसी जगह संगठित रूप में बयान या दर्ज किया गया हो, सही परिप्रेक्ष्य में उनका विस्तारपूर्वक

अध्ययन और स्पष्टीकरण तो बाद की बात है।

जिस काल में आधुनिक 'हिन्दी' को बना-सँवारकर उसे उपमहाद्वीप के भाषायी और साहित्यिक परिदृश्य में केन्द्रीय स्थान दिलवाने के प्रयास जारी थे, उसी काल में एक उप-नाटक भी चल रहा था। इसका उद्देश्य था उर्दू को 'नैतिक' और 'धार्मिक' बुनियादों पर बदनाम करना और बहिष्कृत ठहराना। उदाहरण के तौर पर भारतेन्दु हरिश्चन्द्र (1850-1885) को पेश किया जा सकता है। भारतेन्दु को आधुनिक स्तरीय हिन्दी का 'बाबा आदम' माना जा सकता है। उन्नीसवीं सदी के अन्तिम चरण में वे उर्दू छोड़कर 'हिन्दी' की ओर जा रहे थे और यही नहीं कि वे उर्दू का त्याग कर रहे थे, वे 'उर्दू बेग़म' की 'मौत' के बारे में अत्यन्त आक्रामक, बल्कि ओछे व्यंग्यात्मक लेख भी लिख रहे थे। 'उर्दू बेग़म' का मातम मनानेवालों में ये भाषाएँ थीं : अरबी, फ़ारसी, पश्तो और पंजाबी। कारण यह था कि इन चारों की लिपि 'विदेशी' थी। भारतेन्दु के अपने शब्दों में :

"नागरी अक्षरों को प्रचलित करने से इन (मुसलमानों) का नुक़सान यह होगा कि लोगों को लूटने-खसोटने का मौक़ा इनके हाथ से जाता रहेगा। इस वक़्त वह लिखते कुछ और, पढ़ते कुछ और हैं। और लेखों का अर्थ भी ग़लत बयान करते हैं। दफ़्तरों में फ़ारसी अक्षरों का प्रयोग न केवल हिन्दुओं के साथ अन्याय है, बल्कि यह मोहतरमा मलिका-ए-आलिया (मलिका विक्टोरिया) की निष्ठावान प्रजा के अधिकांश व्यक्तियों के लिए कष्टदायक व अप्रिय भी।"[5]

उस ज़माने में और भी आवाज़ें उर्दू के विरोध में उठ रही थीं। बनारस में ये आवाज़ें ज़्यादा मुखर थीं। लेकिन इनमें भारतेन्दु के कटाक्ष अधिक स्पष्ट होकर सामने आते हैं। कारण यह कि उनका लेखक एक ऐसा व्यक्ति है जिसने अपने साहित्यिक जीवन का आरम्भ उर्दू लेखन से किया और आज भी उर्दू साहित्य के इतिहास में उसका स्थान सुरक्षित है। भारतेन्दु के इस कायापलट का पूरा अर्थ समझने के लिए यह बात याद रखना आवश्यक है कि उपर्युक्त बयान (1882) के दस-ग्यारह वर्ष पहले ही 1871 में वे घोषणा कर चुके थे कि उनकी और उनकी क़ौम की स्त्रियों की भी भाषा 'उर्दू' है। अग्रवाल बनियों की पछाहीं (पश्चिमी) शाखा से सम्बन्ध रखने के कारण भारतेन्दु को तो बनारस की स्थानीय बोली की ख़बर भी न होगी और चूँकि वे अग्रवालों की पूरबिया (पूर्वी) शाखा को हेय समझते थे[6], इसलिए उनकी भाषा को अपनाने का कोई सवाल भी उनके सामने न उठा होगा, उस आधुनिक 'हिन्दी' को अपनाना तो बड़ी बात थी, जिसके विषय में उनका विचार था कि उसमें कविता करना ब्रजभाषा में कविता करने की अपेक्षा कठिन है, शायद इसलिए कि पिंगल के नियम खड़ी बोली के अनुकूल नहीं हैं।[7]

भारतेन्दु के समय में किसी और उल्लेखनीय हिन्दू लेखक ने उर्दू का त्याग करके हिन्दी को तो न अपनाया, परन्तु उस भाषा के लिए जिसे आज हम 'उर्दू' कहते हैं, 'हिन्दी' शब्द का इस्तेमाल उन्नीसवीं शताब्दी के नौवें दशक (1881-1890) के आते-आते बहुत कम होने लगा। और जब 'उर्दू' शब्द भाषा के नाम के तौर पर प्रचलित

हो गया तो अंग्रेजों ने भी 'हिन्दुस्तानी' शब्द को त्याग दिया। इसमें इनका फ़ायदा भी था, क्योंकि 'उर्दू' शब्द में 'मुसलमानी रंग' 'हिन्दुस्तानी' शब्द से अधिक था, और अंग्रेज़ यही चाहते थे कि 'उर्दू' को मुसलमानों की भाषा के तौर पर जाना जाए।[8]

हिन्दुओं में नए उर्दू लेखक तो फिर भी पैदा होते रहे, लेकिन मुसलमानों ने अब एक नया तरीक़ा अपनाया। शायद अचेतन तौर पर अंग्रेजों के मनोवैज्ञानिक और राजनीतिक दबाव के कारण या फिर उर्दू/हिन्दी के झगड़ों में दिन-ब-दिन बढ़ती कटुता के चलते मुसलमानों ने हिन्दुओं को उर्दू की प्रामाणिक तालिका (Canon) से निकालने की मनोवृत्ति को अपनाना आरम्भ किया। (फ़ारसी के साथ भी यही किया गया, लेकिन वह एक अलग क़िस्सा है।) अपनी अत्यधिक लोकप्रिय कृति (जो उर्दू शाइरी का इतिहास है) अर्थात् 'आब-ए-हयात' (प्रथम संस्करण, 1880) में मुहम्मद हुसैन आज़ाद (1830-1910) को केवल एक हिन्दू शाइर (दयाशंकर नसीम 1811-1844) उल्लेखनीय दिखाई दिया। और उनका भी उल्लेख आज़ाद ने ऐतिहासिक क्रम में सही स्थान पर नहीं, बल्कि मीर हसन (1727-1786) के साथ किया। लिहाज़ा ढूँढ़नेवाला अगर चाहे भी तो नसीम का विवरण आसानी से नहीं ढूँढ़ सकता।[9]

ध्यान रहे कि 'आब-ए-हयात' के उपशीर्षक में दावा था कि यह उर्दू के 'मशाहीर शोअरा' (अत्यधिक नामवर कवियों) की जीवनी है। लिहाज़ा पढ़नेवाले को, विशेषकर आधुनिक उर्दू की स्थिति में, जहाँ ऐसा कोई इतिहास-ग्रन्थ या प्रामाणिक तालिका पहले से मौजूद न थी, अनायास ही यह ख़याल हुआ कि जो लोग इस कृति से बाहर हैं, 'मशाहीर शोअरा' कहलाने की पात्रता उनमें नहीं है। इसका नुक़सान सबको उठाना पड़ा। गुजराती उर्दू लेखकों (उनका नामोनिशान भी इस किताब में नहीं) और दकनी उर्दू लेखकों (उनके बारे में कहा गया कि दकन की शाइरी इस योग्य नहीं कि उस पर ध्यान दिया जाए। यहाँ दकन से वर्तमान कर्नाटक और तमिलनाडु तथा महाराष्ट्र भी आशय है) के साथ महिलाओं और हिन्दुओं, पंजाब और पूरब के लिखनेवालों का नुक़सान और भी अधिक हुआ, क्योंकि गुजरी और दकनी के साथ तो बाद के ज़माने में धीमे-धीमे थोड़ा इंसाफ़ बरता भी गया, लेकिन औरतों, हिन्दुओं, पंजाबियों और पूरबियों को अब भी उनकी मुनासिब जगह नहीं मिल सकी है। ख़ैर यहाँ बात हो रही थी अंग्रेजों की पॉलिसी के दबाव में या उसकी वजह से, मुसलमानों के रुझान की, कि हिन्दुओं को उर्दू की प्रामाणिक फ़ेहरिस्त से बाहर रखा जाए। 'आबे-हयात' ने इस काम में अहम किरदार अदा किया। आज़ाद ने अठारहवीं शताब्दी के उर्दू के प्रतिष्ठित हिन्दू शाइरों, और उनसे भी ज़्यादा प्रतिष्ठित फ़ारसी/उर्दू के हिन्दू शाइरों को अपनी किताब में बिलकुल नज़रअन्दाज़ कर दिया, गानो सैकड़ों हिन्दुओं ने उर्दू के लिए कभी कुछ किया ही न हो।

मौलाना मुहम्मद हुसैन आज़ाद को सर्वसुख दीवाना (1727/1728 से 1788) जैसे भाषाविद् की प्रत्यक्षत: कोई ख़बर नहीं। और कुछ नहीं तो उनके शागिर्दों, जाफ़र अली हसरत और हैदर अली हैरान के ही हवाले से उनके योगदान का ज़िक्र हो जाता।

अजयचन्द भटनागर (1550) जिसने 'मिस्लख़ालिक़बारी' लिखी, उसका ज़िक्र तो अमीर ख़ुसरो के प्रसंग में मुहम्मद हुसैन आज़ाद भला क्या करते, (उसके बारे में उन्हें मालूम न रहा होगा), लेकिन उन्होंने टेकचन्द बहार (मृत्यु 1766) का भी नाम न लिया, हालाँकि बहार के फ़ारसी-शब्दकोश 'बहार अज्म' ने उर्दू शाइरों को हज़ारों नए अर्थों और समासों से परिचित कराया था। और बहार ने रेख़्ता में भी जो थोड़ा-बहुत कहा है उस ज़माने की अधिकांश चर्चाओं में उसका उल्लेख मिलता है। फिर बुद्धसिंह कलन्दर (मृत्यु सम्भवतः 1770 और 1780 के बीच), टीकाराम तसल्ली (काल 1780 के आसपास), काँजीमल सबा (लगभग वही काल), जसवन्त सिंह परवाना (1756/57-1813), वृन्दावन ख़ुशगो (मृत्यु 1756-1758), राजा रामनारायण मौज़ूँ (मृत्यु 1762), राजा कल्याण सिंह आशिक़ (1752-1821), राजा राजकिशन दास (1781 से 1823) जैसी कितनी ही विभूतियाँ थीं जिन पर मौलाना मुहम्मद हुसैन आज़ाद की नज़र न पड़ी।

उन्नीसवीं शताब्दी में आइए तो आज़ाद ने दयाशंकर नसीम के अलावा घनश्याम लाल आसी (1798-1869)—शाह नसीर (1760-1838) के शिष्य— को बस एक हाशिए का अधिकारी ठहराया है। ज़ौक़ भी शाह नसीर के शिष्य थे—आज़ाद ने शिष्य का कर्त्तव्य बढ़ा-चढ़ाकर ही पूरा किया और ज़ौक़ को 'आब-ए-हयात' में तमाम कवियों से बढ़ा-चढ़ाकर प्रस्तुत किया। कहा जाता है कि "क़फस की तीलियाँ/ख़स की तीलियाँ" वाले विवाद में आसी ने ज़ौक़ के विपरीत शाह नसीर का साथ दिया था, और आसी की ग़ज़ल भी इस अवसर पर ज़ौक़ की ग़ज़ल से बेहतर ठहरी थी। आसी के सुपुत्र मन्मोहन लाल माथुर का कहना है कि आज़ाद ने आसी के हालात उनसे मँगवाए थे कि उन्हें 'आबे-हयात' में शामिल करेंगे, परन्तु यह जानकारी उन्होंने इस्तेमाल न की।[10] आज़ाद ने बस, इतना किया कि आसी का उल्लेख इस विवाद के अन्तर्गत एक सन्दर्भ में किया। और वह भी इस तरह कि आसी के शेर को शाह नसीर के सुपुत्र वजीहउद्दीन मुनीर से मंसूब कर दिया, और फिर सन्दर्भ लिखा :

"कुछ बुज़ुर्गों से सुना कि (यह शेर) लाला घनश्याम दास आसी ने पढ़ा था, वह भी शाह नसीर के शिष्य थे और जवान लड़के थे।"[11] यह भी ध्यान रहे कि आज़ाद ने आसी का नाम तक सही नहीं लिखा। घनश्याम लाल को घनश्याम दास लिख दिया। आसी का कलाम मैंने देखा है। इनका दर्जा किसी तरह उन्नीसवीं शताब्दी के उन शाइरों, उदाहरणार्थ मुस्तफ़ा ख़ाँ शेफ़्ता, से कम नहीं, जिनका संक्षिप्त विवरण 'आबे-हयात' में है।

मौलाना हाली (1837-1914) ने 1893 में अपना जगत-प्रसिद्ध 'मुक़दमा-ए-शेर-ओ-शाइरी' प्रकाशित किया। 'आब-ए-हयात' के बाद 'मुक़दमा' उन्नीसवीं शताब्दी के उर्दू गद्य की अत्यन्त प्रभावशाली एवं लोकप्रिय कृति है। इसमें जो विचार व्यक्त किए गए हैं उनका आदर एवं प्रभाव अब भी दूर-दूर तक है। 'मुक़दमा' में अठारहवीं और उन्नीसवीं शताब्दी के उर्दू शाइरों के शेर जगह-जगह मिलते हैं, मगर नहीं मिलते तो हिन्दू कवियों के शेर नहीं मिलते। एक दयाशंकर नसीम का नाम चार बार अवश्य लिया गया

है। दो बार बिलकुल सरसरी तौर पर और हर बार नापसन्दीदगी के लहजे में। बाल मुकुन्द हुज़ूर (मीर दर्द के शिष्य) का एक शेर मिलता है, लेकिन मीर के नाम से।[12]

मौलवी सैयद अहमद देहलवी की 'फ़रहंग-ए-आसफ़िया' प्रथम संस्करण (प्रकाशित 1901) की प्रकाशन से पहले समीक्षा करते हुए हाली ने लिखा कि उर्दू का लुग़त (शब्दकोश) लिखने योग्य होने के लिए दो शर्तें ज़रूरी हैं, एक तो यह कि लिखनेवाला देहली का हो। दूसरी शर्त यह है कि डिक्शनरी लिखनेवाला शरीफ़ मुसलमान हो क्योंकि ख़ुद देहली में भी फ़सीह (परिष्कृत) उर्दू सिर्फ़ मुसलमानों की ज़बान समझी जाती है। हिन्दुओं की सोशल हालत उर्दू-ए-मुअल्ला को उनकी मादरी ज़बान नहीं होने देती।[13]

यह कोई आश्चर्य की बात नहीं कि पूरे हिन्दू सम्प्रदाय को शिष्ट उर्दू के दायरे से निष्कासित करते और हिन्दुओं की 'सोशल' हालत के बारे में एक रहस्यपूर्ण और आतंकपूर्ण वाक्य लिखते समय हाली जैसे व्यक्ति को भी एहसास न हुआ कि वे कोई बेमेल, बेजोड़ या बेतुकी बात कह रहे हैं। वे तो (चेतन या अचेतन रूप से) अपने पाश्चात्य शासकों के विचारों को प्रतिध्वनित करने का कार्य पूरा कर रहे थे। वर्ना यूँ तो वे अत्यन्त इंसान-दोस्त व्यक्ति थे और साम्प्रदायिकता या संकीर्णता से उन्हें कोई वास्ता न था। उर्दू ज़बान में हिन्दुओं को जन्मजात और सामाजिक तौर पर अयोग्य ठहराने में वे अपने समकालीन यूरोपीय विद्वानों की तरह थे, जो पूरी सहानुभूति और मानवतावादी नज़रिए के साथ इस नज़रिए को भी मानते थे कि बेचारी 'काली' क़ौमें पैदाइशी तौर पर 'सफ़ेद' क़ौमों से हीन हैं।

शिबली इस बात को खुले दिल से मानते थे कि हिन्दुओं को स्तरीय, मुहावरेदार उर्दू पर अधिकार प्राप्त है। वे इस बात को भी स्वीकार करते थे कि हिन्दुओं में बहुत-से खुले विचारोंवाले व्यक्ति हैं, जो उर्दू भाषा की तरक़्क़ी के लिए प्रयासरत हैं। 'मुस्लिम गजट,' लखनऊ, 19 अक्टूबर, 1912 में शिबली ने लिखा :

"कहा जाता है कि हिन्दू हमारी क़ौमी ज़बान उर्दू को मिटा रहे हैं लेकिन क्योंकर। क्या इस तरीक़े से कि उर्दू ज़बान के उम्दा से उम्दातर मैगज़ीन और रिसाले 'अदीब' और 'ज़माना' हिन्दू निकाल रहे हैं ? और उर्दू मुसन्निफ़ीन (लेखकों) की क़द्र अफ़ज़ाई (आदर-सम्मान) करके बहुत-से नए इंशापरदाज़ान-ए-उर्दू (उर्दू के लेखक) तैयार कर रहे हैं ? क्या इस तरीक़े से कि मुमालिक-ए-मुत्तहिदा (संयुक्त प्रान्त) के क़ाबिल हिन्दू इंशापरदाज़ी (लेखन) में मुसलमान इंशापरदाजों के दोश-ब-दोश (कन्धे-से-कन्धा मिलाकर) चल रहे हैं ? 'ज़माना' के औराक़ (पन्ने) उलटते हुए बारहा मैंने हिन्दू मज़्मून-निगारों (लेख लिखनेवालों) को रश्क (ईर्ष्या की दृष्टि) से देखा।"[14]

शिबली की बात अक्षरशः सही है, लेकिन इनके पहले वाक्य पर ध्यान दीजिए। वो उर्दू के लिए "हमारी (अर्थात् मुसलमानों की) क़ौमी ज़बान उर्दू" का वाक्यांश प्रयोग कर रहे हैं। हिन्दू इसमें पारंगत अवश्य हैं, लेकिन भाषा यह मुसलमानों की है। यही वजह है कि शिबली ने बिना किसी झिझक के प्रेमचन्द की प्रशंसा में कहा कि पूर्वी यू.पी. का यह कायस्थ ऐसी ज़बान लिखता है जिस पर बड़े-बड़े देहलीवाले और

लखनऊवाले ईर्ष्या करें। शिबली की इस निश्छल वरिष्ठता के एहसास की तनिक हास्यात्मक प्रतिध्वनि जोश मलीहाबादी के दोस्त क़ाज़ी .ख़ुर्शीद अहमद के एक लतीफ़े/वाक़िए में मिलती है। इसे स्वयं जोश साहब ने बयान किया है। उनके कथनानुसार वे स्वयं और क़ाज़ी साहब महाराज सर किशन प्रसाद शाद (1864-1940) के यहाँ एक दावत में उपस्थित थे और क़ाज़ी साहब लगातार ऐसी बातें कह या कर रहे थे जिन्हें शिष्टाचार के विरुद्ध क़रार दिया जा सकता है। जोश साहब लिखते हैं :

"हरचन्द मैं क़ाज़ी की हरकतों से दरिया-ए-शर्मिन्दगी में डूबा हुआ था फिर भी मूड पर क़ाबू पाकर मैंने महाराज की दो ग़ज़लें क़ाज़ी को सुना दीं। उन्होंने अपनी टोपी मेज पर पटककर कहा, "मियाँ जोश, बहुत ग़नीमत, महाराज न देहलवी हैं न लखनवी लेकिन अच्छे शेर कहते हैं, और वह भी हिन्दू होकर।"[15]

दातादयाल महर्षि शिवब्रतलाल वर्मन (1860-1940) बीसवीं शताब्दी के पूर्वार्ध के वरिष्ठ हिन्दू सन्त, ज्ञानी और समाज-सुधारक थे। उन्होंने कई सौ पुस्तकें उर्दू में लिखीं। लेकिन वे यह भी कहते थे कि "हिन्दी के अलावा कोई दूसरी भाषा हमारी धार्मिक आवश्यकताओं की पूर्ति नहीं कर सकती।" अपनी पत्रिका 'मार्तण्ड', लाहौर, जुलाई 1910 में उन्होंने लिखा :

"हम भी तो उर्दू में ही सब कुछ लिखा करते हैं। मगर साथ ही साथ हिन्दी की भलाई का ध्यान ज़रूरी है। जिनको उर्दू लेखन का शौक़ है वे उसी के ज़रिए हिन्दी के लिए आइन्दा (आगे का) रास्ता बनाते जाएँ। हिन्दी के लफ़्ज़ कसरत (बहुतायत) से लाएँ। ये उर्दू के मुसन्निफ़ीन (लेखक) बराहे दीगर (दूसरे रास्ते से) हिन्दी के सच्चे मददगार साबित होंगे।"[16]

दातादयाल महर्षि शिवब्रतलाल वर्मन का यह कथन कि हिन्दुओं की 'धार्मिक आवश्यकताओं' को हिन्दी भाषा ही पूरा कर सकती है, इस चिन्तन का परिचायक है कि भाषा का भी धर्म होता है और विशेषकर उर्दू भाषा का धर्म 'इस्लाम' है। बीसवीं शताब्दी के प्रारम्भिक दशकों में यह विचार हिन्दू-मुसलमान दोनों समुदायों में आम हो चुका था कि हिन्दुओं की भाषा हिन्दी है, मुसलमानों की भाषा उर्दू। यह विश्वास 1930 के दशक में परिवर्तित होने लगा, अर्थात् उस समय से, जब उर्दूवालों ने महसूस किया कि अगर हिन्दुओं की भाषा हिन्दी है, उर्दू नहीं, तो हिन्दुओं के अधीनस्थ हिन्दुस्तान में उर्दू के लिए कोई जगह न होगी। अब उर्दू के लोग क्या हिन्दू क्या मुसलमान, ज़ोर देकर कहने लगे कि उर्दू केवल मुसलमानों की भाषा नहीं है और 'उर्दू माने मुसलमान' की तुलना झूठ और मूर्खता पर आधारित है। लेकिन ये विचार फिर भी बाक़ी रहा कि मुसलमान उर्दू में अधिक पारंगत हैं। फ़िराक़ साहब ने अपने एक लेख में, जिसका शीर्षक था–'एक ख़त का जवाब' और जो अगस्त, 1945 में प्रकाशित हुआ था, लिखा :

"उर्दू में मुसलमानों से भी ज़्यादा चमक जाने के लिए इसकी ज़रूरत नहीं कि हिन्दू अपना धर्म छोड़ दे या मुशर्रफ़ ब इस्लाम हो जाए (इस्लाम धर्म स्वीकार कर ले)...ज़रूरत इसकी है कि वह इस ज़बान की भीतरी रगों को इस तरह मुट्ठी में ले जिस तरह मीर,

दर्द, सौदा, ग़ालिब, अनीस, आतिश और दाग़ ने उर्दू या पछाँही (पश्चिमी) हिन्दी की भीतरी रगों को ज़्यादा क़रीब कर लिया था...उर्दू के मुसलमान शोअरा का कलाम पढ़कर बड़े दिल-दिमाग़ वाला हिन्दू मीर और इक़बाल से बड़ा उर्दू शाइर बन सकता है।"[17]

उस्तादी-शार्गिदी की परम्परा अठारहवीं शताब्दी की दिल्ली में आरम्भ हुई और बहुत जल्द उसे असाधारण लोकप्रियता मिली। इस परम्परा का महत्त्व इतना बढ़ा कि किसी शाइर की गुणवत्ता का एक मानक यह भी था कि वह किसका शिष्य है। शुरू-शुरू में मुसलमानों को हिन्दुओं का शिष्य बनने में कोई संकोच नहीं था। सर्वसुख दीवाना की जगतउस्तादी और जाफ़र अली हसरत, हैदर अली हैरान जैसे प्रकांड पंडितों का उनकी शिष्यता स्वीकार करना पहले भी बताया जा चुका है। उन्नीसवीं शताब्दी में हिन्दी = हिन्दू और मुसलमान = उर्दू की परिकल्पना के जोर-शोर से बढ़ावा मिलने का एक परिणाम यह भी हुआ कि हिन्दुओं के मुसलमान शिष्यों की संख्या घटने बल्कि ग़ायब होने लगी। हिन्दू शाइर भी हर सम्भव हद तक हिन्दू उस्तादों को ही अपना कलाम दिखाने लगे।

उन्नीसवीं शताब्दी के उत्तर भारत में हिन्दुओं की एक बड़ी संख्या, जिसे उर्दू की ओर बढ़ना चाहिए था, हिन्दी की ओर झुकने लगी। नागरी लिपि में आधुनिक 'हिन्दी' को तरक़्क़ी देने और आक्रामक तौर पर आगे बढ़ानेवाली बहुत-सी संस्थाएँ पैदा हो गईं। लेकिन हिन्दुओं में उर्दू लेखक पहले की ही तरह पैदा होते रहे, और यह बात हिन्दी/उर्दू मानस को इतिहास की उन्नतिशील प्रशंसा की पात्रता प्रदान करती है। उन्नीसवीं शताब्दी के अन्तिम वर्षों में उर्दू के दृश्यपटल पर बहुत-से हिन्दू लेखक हैं, जो इस पर हावी हो रहे हैं या हावी होने की सम्भावना रखते हैं। रतननाथ सरशार (1846-1903), त्रिभुवननाथ हिज्र (1853-1938 ?), दुर्गा सहाय सुरूर (1873-1910), ज्वाला प्रसाद बर्क़ (1863-1911), बिशन नारायण अब्र (1896-1916), विनायक प्रसाद तालिब (1848-1922), ब्रजनारायण चकबस्त (1882-1926), शंकरदयाल फ़रहत (1843-1904), सूरज नारायण मेह्‍र (1850-1931), लाला श्रीराम (1875-1930) ऐसे नाम नहीं हैं, जिन्हें हमारा इतिहास भुला सके। इनमें से कुछ ऐसे भी हैं, उदाहरणार्थ ब्रजमोहन दत्तात्रेय कैफ़ी (1866-1954), जो बीसवीं शताब्दी में भी देर तक कार्यरत रहे और जिन्होंने उर्दू भाषाविज्ञान और व्याकरण में भी स्मरणीय कार्य किए। जहाँ तक साहित्यिक सिद्धान्तों का प्रश्न है, तो ये लेखक भी हाली और आज़ाद से उसी तरह प्रभावित हुए, जिस तरह उनके मुसलमान भाई हुए थे। दोनों के 'सुधारक' सरोकार और कार्यक्रम साझे थे। दोनों एक ही साहित्यिक भाषा लिखते और बोलते थे, और दोनों की साहित्यिक और सांस्कृतिक परिकल्पनाएँ भी साझी थीं।

यह सब सही, लेकिन अंग्रेजों के बोए हुए विषवृक्ष में फल-फूल आने आरम्भ हो गए। यह बात सच है कि उन्नीसवीं शताब्दी में आर.डब्ल्यू. फ्रेज़र (R.W. Frazer) जैसे न्यायप्रिय अंग्रेज इतिहासकार भी थे, जो वास्तविकता के वर्णन से कतराते न थे। फ्रेजर ने लिखा : "जब (उर्दू को) मुसलमान लोग साहित्यिक उद्देश्य के लिए इस्तेमाल करते

तो इसकी शब्दावली का बड़ा हिस्सा फ़ारसी या अरबी होता था। और जब यह हिन्दुस्तान की विभिन्न बोलियाँ बोलनेवालों के लिए लिंग्वाफ्रांका (सामान्य भाषा) की हैसियत से इस्तेमाल होती तो इसके अधिकतर शब्द बाज़ार में काम आनेवाली शब्दावली से लिए हुए होते थे। साहित्यिक हिन्दी तो मात्र एक किताबी भाषा है जिसने अंग्रेजों के प्रभाव के अन्तर्गत आकार लिया। उन्होंने देशी लेखकों को प्रेरणा दिलाई कि आम प्रयोग के लिए हिन्दुस्तानी के ऐसे रूप में पुस्तकें तैयार करें जिसमें अरबी-फ़ारसी के सारे शब्द निकालकर संस्कृत के शब्द डाल दिए गए हों।"[18]

आधुनिक हिन्दुस्तानी इतिहासकारों में डॉक्टर ताराचन्द ने उर्दू/हिन्दी मामले के पीछे छिपी हुई राजनीति का खुल्लमखुल्ला ज़िक्र किया है। 1939 में ऑल इंडिया रेडियो, देहली ने 'हिन्दुस्तानी क्या है ?' शीर्षक से छह व्याख्यान प्रसारित किए। व्याख्याता थे : डॉक्टर ताराचन्द, मौलवी अब्दुल हक़, डॉक्टर राजेन्द्र प्रसाद, डॉक्टर ज़ाक़िर हुसैन, पंडित दत्तात्रेय कैफ़ी और आसिफ़ अली। वह समय और वह विषय, दोनों ही आवेश और भावनाओं से भरे हुए थे। उर्दू का मामला पंडित कैफ़ी और मौलवी अब्दुल हक़ ने सबसे ज़्यादा शक्ति और तर्क के साथ पेश किया। डॉक्टर ताराचन्द ने मामले की ऐतिहासिक पृष्ठभूमि और विश्लेषण औरों की तुलना में अधिक विस्तार और सफ़ाई से बयान किया। ये व्याख्यान उपर्युक्त छह व्यक्तियों ने उपर्युक्त लिखित क्रम से 20 फरवरी 1939 से 25 फरवरी 1939, ऑल इंडिया रेडियो दिल्ली से पेश कीं। इसके कुछ समय बाद इन्हें मक़्तबाए जामिया ने ऑल इंडिया रेडियो की अनुमति से 'हिन्दुस्तानी' शीर्षक से किताब के रूप में छापी। ताराचन्द ने कहा :

"हिन्दुओं के लिए लल्लूलाल जी, सदल मिश्र, बेनी नारायण को (फ़ोर्ट विलियम कॉलेज की आलाकमान से) हुक्म मिला कि गद्य की किताबें तैयार करें। उन्हें और भी अधिक मुश्किलों का सामना करना पड़ा। अदब या साहित्य की भाषा तो ब्रज थी लेकिन इसमें गद्य नाम ही के लिए था। क्या करते, उन्होंने रास्ता ये निकाला कि मीर अम्मन, अफ़सोस वग़ैरा की भाषा को अपनाया। पर इसमें से फ़ारसी, अरबी के शब्द छाँट दिए और संस्कृत और हिन्दी (=ब्रज और दूसरी बोलियों) के शब्द रख दिए...इस तरह दस साल से भी कम मुद्दत में दो नयी भाषाएँ अपने असली पालने से सैकड़ों कोस की दूरी पर विदेशियों के इशारे से बन-सँवर, रंगमंच पर आ खड़ी हुईं। दोनों की सूरत-मूरत एक थी, क्योंकि दोनों एक ही माँ की बेटियाँ थीं। फिर दोनों के सिंगार, कपड़े और ज़ेवर में कुछ फ़र्क़ न था। पर दोनों के मुख एक-दूसरे से फिरे हुए थे। इस ज़रा-सी बेरुख़ी ने देश को दुविधा में डाल दिया और उस दिन से आज तक हम अलग-अलग दुराहों पर भटक रहे हैं।"[19]

रेडियो पर अपने व्याख्यान में डॉक्टर ताराचन्द ने इस बात की तरफ़ साफ़ इशारा किया कि उर्दू/हिन्दी मामले के पीछे अंग्रेजी राजनीति थी। पाँच वर्ष बाद ताराचन्द ने अपनी संक्षिप्त किताब The Problem of Hindustani (प्रॉब्लम ऑफ़ हिन्दुस्तानी) में फिर यही नतीजा निकाला कि "फ़ोर्ट विलियम कॉलेज के कुछ प्रोफेसरों के अत्यधिक

अनावश्यक उत्साह'' के परिणामस्वरूप :

''एक नयी तरह की उर्दू का आविर्भाव हुआ जिसमें उर्दू-फ़ारसी के स्थान पर संस्कृत के शब्द रख दिए गए थे। ऊपर से देखने में ऐसा लगता है कि यह इसलिए किया गया कि हिन्दुओं को उनकी अपनी एक अलग भाषा उपलब्ध कराई जाए। लेकिन उनकी इस कार्रवाई के परिणाम बहुत दूर-दूर तक गए और हिन्दुस्तान आज भी ज़बानों के इस कृत्रिम विभाजन के कारण दुख उठा रहा है।''[20]

ताराचन्द के तीस ही वर्ष बाद आधुनिक हिन्दुस्तान के सबसे बड़े भाषाविद् सुनीति कुमार चटर्जी ने अपनी एक पत्रिका में 'हिन्दी' के प्रचारकों के नारों का उल्लेख किया। चटर्जी ने इनको 'ज़ुल्मत पसन्द' (Obscurantist-रूढ़िवादी) नारों का नाम दिया। कुछ नारे जो उन्होंने उद्धृत किए, निम्नलिखित हैं। चटर्जी ने पहले हिन्दी प्रचारकों का नारा लिखा, फिर उस पर टिप्पणी किया :

1. **''हिन्द, हिन्दू, हिन्दी–ये तीन हमारे लिए एक हैं।''** इस पर चटर्जी लिखते हैं : ''यह बात आंशिक रूप से राष्ट्रीय स्वयंसेवक संघ की इस परिकल्पना के अनुरूप है कि सच्ची या सही हिन्दुस्तानी क़ौमें और सम्प्रदाय वही हैं जो हिन्दू धर्म को माननेवाले हैं। इस विषय में कुछ और कहने-सुनने की गुंजाइश नहीं।''

2. **''उर्दू सिर्फ़ 'मुसलमानी' ज़बान है, अलग भाषा नहीं। उर्दू की फ़ारसी/अरबी लिपि को हटाओ, उर्दू अपना सच्चा रूप–हिन्दी–प्राप्त करेगी।''** इस पर डॉक्टर चटर्जी की टिप्पणी विस्तार से उद्धृत करने योग्य है :

''भाषायी दृष्टिकोण से यह कहना बिलकुल दुरुस्त है कि हिन्दी और उर्दू एक ही भाषा 'पश्चिमी हिन्दी बोली' या दिल्ली की 'खड़ी बोली हिन्दुस्तानी' के दो रूप हैं। लेकिन ऐतिहासिक एतबार से उर्दू उस चीज़ की रूपान्तरित, 'मुसलमानियाई हुई' शक्ल नहीं जो आज हिन्दी (अर्थात् संस्कृतयुक्त खड़ी बोली) के नाम से जानी जाती है। बल्कि मामला इसका उलटा ही है। वह फ़ारसी मिश्रित हिन्दुस्तानी जो अठारहवीं शताब्दी के मुग़ल दरबार में विकसित हुई (और जो उससे पहले दकनी बोली में मिलती है)...उसे हिन्दुओं ने अपनाया...(फिर) उन्होंने देशी नागरी को अपनाया और बड़ी गाढ़ी संस्कृतयुक्त शब्दावली का प्रयोग आरम्भ कर दिया...और इस प्रकार उन्होंने आज की साहित्यिक हिन्दी का स्वरूप निर्धारित किया। यह काम 1800 के आसपास हुआ और विशेषकर कलकत्ता में।''

आगे चलकर सुनीति कुमार चटर्जी कहते हैं कि यद्यपि इस मामले में उनका विचार पहले कुछ और था, लेकिन अब वे ताराचन्द के इस नज़रिए से सहमत हैं कि 'संस्कृत मिश्रित हिन्दी' को 'फ़ारसी मिश्रित उर्दू' के साँचे पर ढाला गया। और सच्ची बात यह है कि बेचारे सुनीति कुमार चटर्जी ने अगर ताराचन्द का नजरिया स्वीकार करने में कुछ देर की तो उन्हें कोई दोष नहीं देना चाहिए। अपना तो ये हाल है कि स्वयं उर्दू के बहुत-से 'विद्वान' अभी तक इस नतीजे पर नहीं पहुँच सके हैं कि उर्दू पहले थी, आधुनिक हिन्दी बाद में आई। मैंने आज तक उर्दू के किसी भाषाविद् को साफ़ शब्दों

में कहते न देखा, न सुना कि आधुनिक हिन्दी कुछ नहीं, उर्दू की एक 'शैली' है। ध्यान रहे कि 'शैली' शब्द हिन्दी के विद्वानों में उर्दू-हिन्दी का सम्बन्ध स्पष्ट करने के लिए प्रायः इस्तेमाल किया जाता है। उनका आम कथन यह है कि उर्दू कुछ नहीं, वह हिन्दी की केवल एक 'शैली' है। चलिए, अब सुनीति कुमार चटर्जी की ओर दुबारा चलते हैं।

3. **''द्राविड़ सेना, शिवसेना जैसी एक 'हिन्दी सेना' बनाओ ताकि हिन्दी के लिए लड़े।''** सुनीति कुमार चटर्जी ने इस पर कोई टिप्पणी नहीं की है। शायद इसलिए कि वे सिर पकड़कर बैठ गए होंगे। अब आगे क्या कहें।[21]

लेकिन सुनीति कुमार चटर्जी और ताराचन्द जैसे सजग और पक्षपातरहित इतिहासकारों के कथन वैमनस्य और शक के पेड़ को उखाड़ने में सफल नहीं हुए, विशेषकर इसीलिए कि इसकी सिंचाई संकीर्ण और साम्प्रदायिक राष्ट्रवादी लोगों ने की थी। उर्दू-हिन्दी के झगड़े में हिन्दुओं के बीच स्वीकार्य और प्रचलित नज़रिया कमोबेश वही रहा, जिसे राजा जयकिशन दास और शिवप्रसाद ने उन्नीसवीं शताब्दी के अन्तिम चरण में बयान किया था। फ्रांसिस रॉबिन्सन का कथन है कि ''उन्नीसवीं शताब्दी के अन्त तक कई कारणों से उर्दू बोलनेवाले अभिजात वर्ग का वर्चस्व आहिस्ता-आहिस्ता घट गया और उनमें से अधिकतर कारण अंग्रेजी राज से सम्बन्ध रखते थे।''[22] अंग्रेजों की नीति का एक महत्त्वपूर्ण तत्त्व यह था कि हिन्दुओं और विशेषकर उत्तर भारत के हिन्दुओं में यह विश्वास जगाया जाए कि उनकी अस्मिता को व्यक्त करने के लिए एक अलग भाषा की आवश्यकता थी :

''राजा जयकिशन दास सर सय्यद के निकटतम मित्रों में थे। उन्होंने हिन्दी और नागरी लिपि के उद्देश्य का पक्ष हर सम्भव तरीक़े से लेना आरम्भ किया। उन्होंने सरकारी दफ़्तरों से उर्दू हटवाने की कोशिशें कीं...जब हिन्दी/नागरी का झंडा बुलन्द किया गया तो बहुत-से अभिजात वर्ग के हिन्दू, जो उर्दू बोलते थे, इस झंडे के नीचे आ गए।''[23]

फ्रांसिस रॉबिन्सन ने यह निष्कर्ष निकाला है कि ''...1880 और 1890 के दशक में हिन्दी अभियान में एक महत्त्वपूर्ण नयी बात यह हुई कि हिन्दी अभियान ने उर्दू भाषा के ख़िलाफ़ एक साम्प्रदायिक सलीबी जंग (धर्म-युद्ध) का रूप धारण कर लिया।''[24] यहाँ 1882 के एजुकेशन कमीशन की कार्रवाई और उसके सामने जो गवाहियाँ पेश की गईं, उनकी ओर दुबारा ध्यान आकर्षित करना अनुचित न होगा। हम देख चुके हैं कि इस कमीशन के सामने भारतेन्दु ने उर्दू लिपि के बारे में क्या-क्या कहा था। अब इस कमीशन के सामने शिवप्रसाद की गवाही का उद्धरण भी देखें। बाबू शिवप्रसाद सितारा-ए-हिन्द यू.पी. के शिक्षा विभाग में उच्च पदों पर आसीन रहे थे। उन्होंने उर्दू को छोड़कर अपनी वफ़ादारी हिन्दी के साथ जोड़ ली थी। कमीशन के सामने उन्होंने कहा :

''हिन्दुओं की दृष्टि में हिन्दी का अर्थ है वह भाषा जिससे तमाम अरबी और फ़ारसी माद्दे (Matter) का परित्याग और रूपान्तरण कर दिया गया हो। यह माद्दा

वह था जिसकी उपस्थिति से हिन्दुओं पर मुसलमानों के वर्चस्व की याद ताज़ा होती थी। इसके विरुद्ध, नागरी लिपि का एक धार्मिक अर्थ था...इसके विपरीत मुसलमानों की नज़र में हिन्दी एक घृणित वस्तु थी, और उसे सीखना वे अपनी शान के विरुद्ध समझते थे...उन्नीसवीं शताब्दी के उत्तरार्ध में उर्दू और इसकी फ़ारसी लिपि मुसलमानों की शक्ति और प्रभाव का चिह्न बन गई थी...।''[25]

सर सय्यद ने इस बात को देख लिया था कि एक अलग 'हिन्दी' ज़बान की स्थापना हिन्दुओं और मुसलमानों दोनों के लिए हानिकारक होगी, यद्यपि हानि के कारण दोनों जगहों पर भिन्न-भिन्न होंगे—29 अप्रैल, 1870 को उन्होंने मुहसिनुल मुल्क को इंगलिस्तान से लिखा :

''एक और मुझे ख़बर मिली है जो मेरे लिए अत्यन्त दुख एवं चिन्ता का कारण है। वह यह कि बाबू शिवप्रसाद साहब के अभियान से आम हिन्दू लोगों के दिल में जोश आया है कि ज़बान उर्दू व फ़ारसी लिपि को, जो मुसलमानों की निशानी है, मिटा दिया जाए।...यह एक ऐसा उपाय है कि हिन्दू-मुसलमान में किसी तरह एकता नहीं रह सकती। मुसलमान हरगिज़ हिन्दी पर सहमत न होंगे और अगर हिन्दू मुस्तैद हुए और हिन्दी पर आग्रह किया तो वे उर्दू पर सहमत न होंगे और परिणाम इसका यह होगा कि हिन्दू-मुसलमान अलग हो जाएँगे। यहाँ तक तो कोई चिन्ता नहीं, बल्कि मैं समझता हूँ कि अगर मुसलमान हिन्दू से अलग होकर अपना कारोबार करे तो मुसलमानों को ज़्यादा फ़ायदा होगा और हिन्दू नुक़सान में रहेंगे। हाँ, इसमें दो बातों का ख़याल है। एक ख़ास अपनी तबीयत के कारण कि मैं सभी भारतवासियों क्या हिन्दू क्या मुसलमान, सबकी भलाई चाहता हूँ। दूसरे, बड़ा डर इस बात का है कि मुसलमानों का बुरा समय चल रहा है, वे हरगिज़ इस क़ाबिल नहीं होने के जो अपनी भलाई के लिए कुछ कर सकें।''[26]

उर्दू बोलनेवालों के लिए हिन्दी/नागरी अभियान के सांस्कृतिक परिणामों में एक यह भी था कि उनमें उर्दू लिपि और वर्तनी दोनों के बारे में अपराध-बोध और हीनता की भावना पैदा होने लगी। ऊपर मैं अर्ज़ कर चुका हूँ कि भारतेन्दु ने उर्दू के विरुद्ध जो ज़हर उगला था, उसमें यह बात भी शामिल थी कि उसकी लिपि 'विदेशी' थी, और उससे बढ़कर यह कि उसको पढ़ने में अनेकार्थता की सम्भावना रहती थी और इस कारण वह लिपि लोगों को धोखाधड़ी पर उकसाती थी। नागरी के पक्षधर यह भी दावा करते थे कि अन्दरूनी और स्वाभाविक तौर पर वह उर्दू लिपि से बेहतर रहेगी। गार्सां द तासी ने हमें एक लेख के बारे में बताया है जो राजेन्द्र लाल मित्र[27] ने नागरी के पक्ष में लिखा था। इसमें मित्र साहब ने यह भी कहा कि उर्दू की लिपि नागरी से कमतर दर्जे की है।[28] यहाँ मैं यह बात भी कहता चलूँ कि इन विचारों का बीजारोपण भी गिलक्राइस्ट साहब का कारनामा है। उसने एक बार यह प्रस्ताव रखा था कि बहुत-सी पूर्वी भाषाओं को, जिनमें संस्कृत, अरबी और 'हिन्दुस्तानी' भी शामिल हैं, रोमन लिपि में लिखना चाहिए।[29]

समय गुज़रने के साथ उर्दू लिपि-विरोधी स्वर ज़ोर पकड़ता गया। अन्ततः स्वयं उर्दूभाषियों में बहुत-से लोगों को विश्वास हो गया कि ये आवाज़ें सच कह रही हैं। अंग्रेजों ने तो बहरहाल हिन्दुस्तानी फ़ौजी उर्दू के लिए रोमन लिपि जारी कर दी थी। उर्दू के कई स्वर ऐसे हैं, जो रोमन लिपि में व्यक्त नहीं किए जा सकते, लेकिन सैनिक आवश्यकताओं के लिए कुछ ऐसी बारीक़ी दरकार नहीं थी। (मिशनरी स्कूलों में काम में लाए जानेवाले बाइबिल के न्यू टेस्टामेंट के रोमन-उर्दू एडीशनों के अलावा हिन्दुस्तानी सेना के बाहर बहुत कम लोगों का वास्ता रोमन-उर्दू से हुआ होगा।)[30] लेकिन इसका यह मतलब नहीं कि उर्दू लिपि को रोमन कर देने के प्रस्ताव पर गम्भीरता से कभी विचार नहीं किया गया। गार्सां द तासी हमें बताता है कि उर्दू के आलोचक, जो 'कट्टरपन में अन्धे हो रहे हैं,' इसकी लिपि की बुराइयाँ करते फिरते हैं। उसका विचार था कि अगर ऐसा ही रहा, तो अंग्रेज शायद यह फ़ैसला कर बैठें कि उर्दू को रोमन लिपि में लिख जाए। द तासी लिखता है कि अंग्रेजों ने अगर यह फ़ैसला किया, तो यह बड़ी बुरी बात होगी।[31]

गार्सां द तासी या उर्दू के दूसरे शुभचिन्तकों का जो भी विचार रहा हो, लेकिन उर्दू वर्तनी यहाँ तक कि इसकी लिपि में 'सुधार' की माँग अब तक होती रहती है और इस माँग को उठानेवाले केवल उर्दू विरोधी लोग नहीं हैं। उर्दू का साहित्यिक और भाषायी समाज संसार में सम्भवतः इकलौता समाज है, जो अपनी भाषा की वर्तनी और लिपि के लगभग हर पहलू के बारे में कुछ असन्तुष्ट, बल्कि दोषी भी महसूस करता है। इस पर तुर्रा स्वयं को दोषी मानने का यह एहसास कि उर्दू कहीं वास्तव में 'फ़ौजी' और 'लश्करी' भाषा न हो।

मेरा विचार है कि इस अन्तिम बात के लिए जिम्मेदार हमारी भाषा व साहित्य के वे आधुनिक इतिहासकार हैं, जिन्होंने 1880 के बाद हमारे इतिहास लिखे या संकलित किए। इन लोगों को एक क्षण के लिए भी यह विचार न आया कि अगर भाषा के नाम के तौर पर 'उर्दू' शब्द अठारहवीं शताब्दी के अन्तिम कुछ वर्षों में ही प्रचलित हुआ, तो फिर इस नाम के पीछे किसी फ़ौजी सम्बन्ध या पृष्ठभूमि का होना असम्भव है। स्वर्गीय अल्लामा हाफ़िज़ शीरानी ने यह बात लिखी ज़रूर कि ज़बान के नाम के तौर पर 'उर्दू' शब्द का इतिहास बहुत पुराना नहीं है, लेकिन उन्होंने इसके भावी प्रभाव पर ग़ौर नहीं किया।[32] औरों ने तो इतना भी न कहा। ग्राहम बेली साहित्य का पहला इतिहासकार है, जिसने इस विरोधाभास को महसूस किया और कुछ झिझकते हुए इस समस्या का एक हल भी पेश किया। अफसोस यह कि इस सन्दर्भ में उसने बहुत-सी ऐसी बातें भी कहीं, जिन्हें गम्भीरता से लेना मुश्किल है। और शायद यही कारण है कि इस विषय पर बेली के तर्क को किसी ने आगे नहीं बढ़ाया। बेली ने लिखा है :

"उर्दू की पैदाइश 1027 की है। इसका जन्मस्थान लाहौर और प्राचीन खड़ी बोली इसकी सौतेली माँ है। ब्रज से इसका कोई सीधा सम्बन्ध नहीं। ज़बान का नाम उर्दू 700 वर्ष बाद सामने आया...।"[33]

उर्दू की जन्मतिथि, जन्मस्थान और सौतेली माँ के बारे में बेली का कथन गप्प से ज़्यादा कुछ नहीं। बेली ने आगे कहा कि हमें तीन प्रश्नों के उत्तर देने हैं :

1. 'उर्दू' नाम देने में सदियों का समय क्यों लगा ?
2. अगर अठारहवीं शताब्दी में कोई नया नाम देना ही था, तो फिर नए नाम के लिए ऐसा शब्द क्यों अपनाया गया, जिसका प्रयोग 'फ़ौज' के अर्थ में भी काफ़ी समय पहले बन्द हो गया था ?
3. अगर बाबर के काल (1526) में भी फ़ौज को उर्दू नहीं कहते थे, तो यह नाम ऐसी भाषा को क्यों दिया गया, जो उसके समय से कम-से-कम 500 वर्ष पहले जन्म ले चुकी थी ?[34]

ग्राहम बेली के प्रश्न तो महत्त्वपूर्ण हैं, लेकिन उसने कहा कि इस समस्या का वर्णन करना आसान, परन्तु उसे हल करना कठिन है। स्वयं उसने जो समाधान प्रस्तुत किया, वह अत्यन्त कमज़ोर था। उसने कहा कि, कदाचित् :

''ज़बान उर्दू या उस तरह का कोई नाम या वर्णनात्मक वाक्यांश लोगों की ज़बान पर उसी समय से चढ़ा हुआ होगा जब फ़ौज के लिए 'उर्दू' का शब्द प्रचलित था। और बहुत धीरे-धीरे कई सौ साल बाद यह वाक्यांश, किताबों में भी दबे पाँव प्रवेश कर गया और जिस काल से इसका प्रयोग हमारे संज्ञान में है, शायद ये उससे भी पहले से प्रचलित था। अकेला शब्द 'उर्दू' और भी देर से इस्तेमाल में आया।''[35]

उपर्युक्त विवरण किसी भी पहलू से दुरुस्त नहीं। न ऐतिहासिक, न तार्किक। लेकिन बेली को इस बात का श्रेय अवश्य मिलना चाहिए कि उसने इस बात का एहसास किया कि अकेले शब्द 'उर्दू' का इस्तेमाल बिलकुल हाल-हाल का है। और 'उर्दू' के नाम में कुछ गड़बड़ है, जो समाधान चाहता है। अब अगर उर्दू के विद्वानों ने इसके प्रश्न का उत्तर ढूँढ़ने की कोशिश न की, तो यह उनकी समस्या थी। बेली ने एक और समाधान की ओर इशारा किया, लेकिन काफ़ी झिझक के साथ। उसने लिखा :

''ज़ोल ब्लॉक ने एक ध्यानाकर्षक प्रस्ताव रखा है। वह यह कि 'उर्दू' नाम यूरोपीय लोगों की देन है। लेकिन वह स्वयं कहता है कि यह उसकी एक सहज बुद्धि आधारित परिकल्पना है। उसकी पुष्टि की ज़रूरत है।''[36]

बेली के जिस लेख से मैंने उद्धरण दिए हैं, वह 1930 का है। उसने ब्लॉक के विचार पर आगे कोई छानबीन नहीं की। उसका विचार था कि चूँकि गिलक्राइस्ट इस भाषा को हमेशा 'हिन्दुस्तानी' कहता था, और उसने 1796 में स्वयं कहा है कि इसे कभी-कभी उर्दू भी कहते हैं,[37] इसलिए ये नाम अंग्रेजों का दिया हुआ नहीं हो सकता। बेली की यह बात बिलकुल दुरुस्त है कि उर्दू नाम अंग्रेजों का दिया हुआ न था, लेकिन उसने इस बात को नज़रअन्दाज कर दिया कि भाषा के नाम के तौर पर 'उर्दू' का अर्थ 'लश्कर' आदि नहीं है, बल्कि यह नाम 'ज़बान उर्दू-ए-मुअल्ला शाहजहाँबाद' का संक्षिप्त रूप है। और ये अंग्रेज ही थे, जिन्होंने इस नाम को राजनीतिक कारणों से दूर व नज़दीक में प्रचलित किया। फिर सबसे बड़ी बात ये कि बेली भी 'लश्करी' ग़लती का शिकार

हो गया कि उर्दू भाषा में उर्दू का अर्थ 'लश्कर/फ़ौज' है, जबकि वास्तविकता यह है कि उर्दू क्या, हिन्दी/गुजरी, रेख़्ता/दकनी किसी भी भाषा में 'उर्दू' शब्द के लश्कर या फ़ौज के अर्थ में इस्तेमाल किए जाने का कोई उदाहरण उपलब्ध नहीं है। हमारे यहाँ इस शब्द का अत्यन्त लोकप्रिय अर्थ था 'शहर शाहजहाँबाद' जैसा कि हम देख चुके हैं और जैसा कि स्वयं फ़ेलन और प्लेट्स जैसे अंग्रेजों के बनाए गए शब्दकोशों से भी स्पष्ट है।[38]

इसी प्रकार इस बात का दोष भी उर्दू के विद्वानों पर लगना चाहिए कि आधुनिक हिन्दी की प्राचीनता, बल्कि उर्दू पर उसकी कालसम्बन्धी वरिष्ठता के बारे में हिन्दी विद्वानों ने जो कहा, उसका खंडन उर्दू विद्वानों ने वैज्ञानिक और ऐतिहासिक आधार पर बिलकुल नहीं किया। जब हिन्दीवालों ने दावा किया कि उर्दू कुछ नहीं, 'हिन्दी' की एक 'शैली' मात्र है, तो उर्दू के विद्वानों को कहना चाहिए था कि आज की हिन्दी दरअसल उर्दू की एक शैली है और जिस भाषा को आज उर्दू कहा जाता है, उसका पुराना नाम ही 'हिन्दी' है।

प्रेमचन्द कहीं से इतिहासकार न थे, लेकिन इस मामले में उनके विचार उर्दू इतिहासकारों से ज़्यादा स्पष्ट थे। यद्यपि अन्त में, वे भी बहती गंगा की धारा में बह गए, जैसा कि हमने पहले अध्याय के आरम्भ में देखा।[39] प्रेमचन्द ने 'हिन्दुस्तानी' को प्रचलित करने की अनुशंसा की, और 'हिन्दुस्तानी' से उनका अभिप्राय था सरल की हुई उर्दू/हिन्दी। लेकिन उन्होंने भी इस बात को स्वीकार किया कि आधुनिक हिन्दी अलग से कोई भाषा नहीं। बम्बई में उन्होंने 1934 में एक भाषण दिया था। उसमें उन्होंने कहा, "मेरे ख़याल में हिन्दी और उर्दू दोनों एक ज़बान हैं। क्रिया और कर्त्ता जब एक हैं तो उनके एक होने में कोई सन्देह नहीं हो सकता।"[40] इसी तरह 1934 में ही उन्होंने मद्रास में दक्षिण भारत हिन्दी प्रचार सभा के जलसे में भाषण देते हुए कहा, "मज़ा यह है, 'हिन्दी' मुसलमानों का दिया हुआ नाम है। अभी पचास साल पहले तक जिसे आज उर्दू कहा जा रहा है उसे मुसलमान भी हिन्दी कहते थे।"[41] लेकिन प्रेमचन्द के ये शब्द और इनकी तरह के और कथन केवल अप्रासंगिक बातों की हैसियत रखते हैं। लिहाज़ा उर्दू के 'मुस्लिम फ़ौजी चरित्र' के बारे में कहानियाँ प्रचलित रहीं और आज भी बड़ी हद तक प्रचलित हैं, वर्ना हम ताराचन्द के कथन की अनदेखी कैसे कर सकते थे कि गुजरी शताब्दियों में क्या हिन्दू क्या मुसलमान सभ्य समाज की भाषा और सारे देश की लिंग्वाफ्रांका (सामान्य भाषा) 'हिन्दी' अर्थात् फ़ारसी मिश्रित हिन्दुस्तानी (= खड़ी बोली) थी, न कि वह आधुनिक हिन्दी, जो संस्कृतयुक्त हिन्दुस्तानी (= खड़ी बोली) है। (देखें अध्याय 2, सन्दर्भ 6)

सन्दर्भ

1. क्रिस्टोफर किंग का कहना है कि आधुनिक हिन्दी में खड़ी बोली की परम्परा अपेक्षाकृत कम उम्र की है, इसलिए उन्नीसवीं सदी में हिन्दी के समर्थकों, और बीसवीं सदी में हिन्दी के इतिहासकारों ने सामान्यतया ब्रज, अवधी, और दूसरी क्षेत्रस्तरीय बोलियों को भी प्राचीन 'हिन्दी' साहित्य के प्रसंग में शामिल कर लिया है। आधुनिक काल और उसके पूर्व के साहित्य की चर्चा करते समय वे आमतौर पर उन बोलियों की परम्परा पर केवल खड़ी बोली की परम्परा को प्राथमिकता देते हैं। अतः ऐसा लगता है कि ऐसे मिथों का निर्माण, जिनके द्वारा कुलीन वर्ग अपनी पहचान को क़ायम करनेवाले चिह्नों को स्थापित करता है, ख़ुद इन चिह्नों की अन्दरूनी प्रतिकूलता को नज़रअन्दाज़ करके ही होती है। (किंग, पृष्ठ 25)।
2. इस दिशा में पहला बड़ा कदम सम्भवतः डॉ. बाबूराम सक्सेना ने उठाया। उनकी पुस्तक 'दकनी हिन्दी', इलाहाबाद, 1952। इस सूचना के लिए मैं प्रोफेसर जाफ़र रज़ा का आभारी हूँ।
3. डॉक्टर ताराचन्द ने ब्लॉक का एक उद्धरण मूल फ्रांसीसी में और उसके साथ अंग्रेजी अनुवाद भी दिया है। देखें ताराचन्द :

   The Problem of Hindustani, Allahabad, Indian Periodicals Ltd. 944, P. 88
4. वही, ताराचन्द, पृष्ठ 87।
5. यह भारतेन्दु हरिश्चन्द्र की उस गवाही का उद्धरण और अनुवाद है, जो उन्होंने 1882 एजुकेशन कमीशन के सामने अंग्रेजी भाषा में दिया था। इसकी अधिक जानकारी, और 'उर्दू बेगम' के बारे में भारतेन्दु के व्यंग्य लेख के लिए देखिए :

   Sagaree Sen Gupta, "Krsna the Cruel Beloved Harishchandra on Urdu", in Annual of Urdu Studies, No. 9, University of Wisconsin, Madison, Ed. Muhammad Umar Memon.
6. वसुधा डालमिया, पृष्ठ 118-119, इसके अतिरिक्त देखें, ताराचन्द, पृष्ठ 86, ताराचन्द ने भारतेन्दु का वह उद्धरण भी दिया है जो वसुधा डालमिया ने लिखा है, ताराचन्द ने इसी पृष्ठ पर यह भी कहा है, "इन तमाम सदियों में हिन्दी (अर्थात् फ़ारसी युक्त हिन्दुस्तानी) न कि आधुनिक हिन्दी (संस्कृतयुक्त हिन्दुस्तानी) हिन्दुस्तान की लिंग्वफ्रांका थी, और सभ्य समाज की भाषा थी, चाहे हिन्दू चाहे मुस्लिम।"
7. उदाहरण के तौर पर देखें भारतेन्दु का ख़त, कलकत्ता की पत्रिका 'भारत मित्र' के सम्पादक के नाम। भारतेन्दु–मदन गोपाल, उर्दू अनुवाद–मुज़फ़्फ़र हनफ़ी, नयी दिल्ली, साहित्य एकेडमी 1984, पृष्ठ 69-70।
8. प्लेट्स (Platts) की Dictionary (1884) का पूरा शीर्षक विचार योग्य है :

   A Dictionary of Urdu, Classical Hindi and English

   कुछ ही वर्ष पहले, फेलन ने अपनी Dictionary का नाम रखा था (1879) A New Hindustani–English Dictionary.

   प्लेट्स ने 1874 में जब अपनी ग्रामर लिखी तो दोनों ओर अपने पाँव रखे, अर्थात् पुस्तक का नाम A Grammar of Hindustani, or Urdu रखा। इस प्रकार हम देखते हैं कि अंग्रेजों ने पहले-पहले तो शब्द 'हिन्दुस्तानी' पर ज़ोर दिया, फिर धीरे-धीरे 'उर्दू' को अपना लिया।
9. मुहम्मद हुसैन आज़ाद के विचार के बारे में मेरा अंग्रेजी लेख देखें : Constructing a Literary History, a Canon and a theory of Poetry "Ab-e-Hayat" by Muhammad Husain Azad, in "Social Scientist" New Delhi, Vol.23 No. 10-12 guest edited by Sheldon Pollock.

(दयाशंकर नसीम के लिए देखें, 'आबे-हयात', पृष्ठ 308-309।)

10. घनश्याम लाल आसी, ''कलाम आसी'', सम्पादक मनमोहन लाल माथुर, दिल्ली, तिथि-अनुपलब्ध (सम्भवत 1930), पृष्ठ 7-8।
11. 'आबे-हयात', पृष्ठ 556।
12. ख़्वाजा अल्ताफ़ हुसैन हाली, 'मुक़दमा-ए-शेरो-शाइरी', इलाहाबाद, रामनारायण लाल, 1953 (1893), पृष्ठ 190। इस पृष्ठ पर दो शेर लिखे हैं। हाली ने दोनों को मीर का बताया है। दूसरा शेर बालमुकुन्द हज़ूर का है। दयाशंकर नसीम के बारे में देखें, पृष्ठ 216-217, 234-235, 237-238।
13. अल्ताफ़ हुसैन हाली, 'कुल्लियाते नस्र हाली', भाग-2, सम्पादक शैख़ मुहम्मद इस्माइल पानीपती, लाहौर, मजलिसे-तरक़्क़ी अदब, 1968, पृष्ठ 203-204।
14. अल्लामा शिब्ली नोमानी, 'मक़ालाते-शिब्ली', भाग 8, आजमगढ़, मारिफ़ प्रेस, 1939, पृष्ठ 189।
15. जोश मलीहाबादी : 'यादों की बारात', दिल्ली मीडिया इंटरनेशनल, 1997, पृष्ठ 430।
16. मुहम्मद अंसार उल्लाः, 'उर्दू नस्र पर हिन्दू मज़हब का असर', 'नया दौर', लखनऊ, सितम्बर 1994, पृष्ठ 19-20, इसके अलावा देखें, मुहम्मद अंसार उल्लाः 'दातादयाल महर्षि शिवब्रत लाल वर्मन', नयी दिल्ली, साहित्य एकेडमी, 1991, पृष्ठ 38
17. फ़िराक़ गोरखपुरी, 'एक ख़त का जवाब', यादगारी सावेनियर, फ़िराक़ गोरखपुरी फाउंडेशन, दिल्ली 1996, पृष्ठ 40-41। फ़िराक़ साहब का यह लेख पहली बार (पाक्षिक) आजकल, दिल्ली, 15 अगस्त 1995 (सम्पादक वक़ार अज़ीम) में। यह दो बार प्रकाशित हुआ था।
18. R.W. Frazer : A Literary History of India, London, 1915, P. 265।
    यह पुस्तक पहले पहले 1898 में प्रकाशित हुई थी। फ्रेज़र को कहना चाहिए था, ''जब हिन्दू और मुसलमान इस भाषा का इस्तेमाल करते थे...'' लेकिन अंग्रेज़ों की सरकारी लाइन से बहुत दूर जाना उसे सम्भवतः स्वीकार न था।
19. 'हिन्दुस्तानी', दिल्ली, मक्तबा जामिया, (सम्भवतः) 1939, पृष्ठ 11-12 ।
20. Tara Chand : The Problem of Hindustani, PP. 57-58, इसके अलावा देखें, फ़रमान फ़तेहपुरी : 'हिन्दी उर्दू तनाज़ा', इस्लामाबाद, नेशनल बुक फाउंडेशन 1977, पृष्ठ 53।
21. Suniti Kumar Chatterji : India : A Polyglot Nation, and its linguistic Problems *vis a vis* National Integration, Mumbai, Mahatma Gandhi Memorial Research Centre, 1973, PP. 50-54
22. Francis Robinson : Separatism Among Indian Muslims, Cambridge, 1974, P. 3.
23. फ्रांसिस रॉबिन्सन, पृष्ठ 74।
24. वही, पृष्ठ 75।
25. बाबू शिवप्रसाद ने अपनी गवाही अंग्रेजी में गुज़ारी थी, यह उनके अंग्रेज़ी शब्दों का अनुवाद है। शिवप्रसाद ने इस बात पर भी रोष प्रकट किया कि उर्दू की लोकप्रियता बढ़ती जा रही है और वह बहुत-से हिन्दुओं की मातृभाषा बन गई है। (रॉबिन्सन, पृष्ठ 36)
26. सर सय्यद अहमद ख़ाँ : 'मक्तूबाते सर सय्यद', सम्पादक शैख़ मुहम्मद इस्माइल पानीपती, भाग-1, लाहौर, मजलिसे-तरक़्क़ी अदब, 1976, पृष्ठ 463-464।
27. राजेन्द्र लाल मित्र, जिनका सही नाम राजेन्दर अलाल मित्रा था, नव आधुनिक बंगाल की संस्कृति में बड़े प्रभावशाली और प्रभावकारी व्यक्तित्व थे। स्वयं उन्होंने Max Mueller और Grant Duff जैसे 'ग़ैर एशियाई' (यूरोपीय) इतिहासकारों का प्रभाव क़बूल किया, और भारतेन्दु जैसे साहित्यकारों को प्रभावित किया। वह बहुत समय (1856-1891) तक 'रॉयल एशियाटिक सोसाइटी ऑफ बंगाल'

में विभिन्न पदों पर रहे, और उन्होंने पश्चिमी और हिन्दुस्तानी (= हिन्दू) पाठ (texts) और सुभाव (ethos) के बीच ज्ञानात्मक सम्बन्ध बनाने में विशेष रोल अदा किया। इस कार्य के दौरान उन्होंने हिन्दुस्तानी/हिन्दू वास्तविकता का निर्माण इस प्रकार करने में सहायता दी कि उनकी वह सहायता हिन्दू राष्ट्रवाद की उठती हुई लहर के लिए बड़ी उपयोगी साबित हुई। (वसुधा डालमिया, पृष्ठ 132-133, 418-419)

28. फ़रमान फ़तेहपुरी : 'उर्दू इमला और रस्म-उल-खत', लाहौर संगे मील पब्लिकेशन्स, 1977, पृष्ठ 72।
29. देखें, M. Atique Siddiqi : Origin of Modern Hindustani literature Gilchrist letters, Aligarh, 1963, PP. 39-40. हिन्दुस्तान में औपनिवेशिक विमर्श (Discourse) की बड़ी कामयाबी का अन्दाज़ा इस बात से लगाया जा सकता है कि मुहम्मद अतीक़ सिद्दीक़ी जैसा आधुनिक बुद्धिजीवी और इतिहासकार भी इस बात की प्रशंसा करता है कि गिलक्राइस्ट ने हिन्दुस्तानी भाषाओं की लिपि रोमन कर देने का प्रस्ताव रखा। अतीक़ सिद्दीक़ी के ख़याल में यह प्रस्ताव हमारे देश को 'संयुक्त' करने की ओर एक क़दम था। सिद्दीक़ी के कथनानुसार, ''हिन्दुस्तानी लिपि को संयुक्त करने की गरज़ से गिलक्राइस्ट का यह प्रस्ताव कि इन सबको रोमन में बदल दिया जाए, उसकी सम्भवतः सबसे बड़ी कारगुज़ारी थी। उसने 1803 में अपनी किताब The Oriental Fabulist यह साबित करने के लिए प्रकाशित की थी कि Hindoostanee, Persian, Arabic, Brij Bhasa, Bangla और Sanskrit को शुद्धता के साथ रोमन लिपि में लिखा जा सकता है।''
30. 'रोमन उर्दू' का कुछ अनुमान लगाने के लिए देखें : Major J. Willatt, A Text Book of Urdu in the Roman Script, Madras, OUP, 1941.
31. फ़रमान फ़तेहपुरी, 'उर्दू इमला और रस्म-उल-खत', पृष्ठ 73।
32. देखें 'मक़ालाते शीरानी', भाग-1, पृष्ठ 10-44।
33. Grahame Bailey, Studies in North Indian Languages, London, Humphrys & Co. Ltd. 1938, P.11.

    इस किताब की ओर ध्यान आकृष्ट कराने के लिए मैं प्रो. फ्रांसिस प्रिचिट का आभारी हूँ।
34. बेली, पृष्ठ 6।
35. बेली, पृष्ठ 6।
36. बेली, पृष्ठ 3।
37. देखें, अध्याय 1, सन्दर्भ 18।
38. देखें, अध्याय 1, सन्दर्भ 27।
39. देखें, अध्याय 1, सन्दर्भ 1।
40. प्रेमचन्द : 'साहित्य का उद्देश्य', इलाहाबाद, हंस प्रकाशन, 1983, पृष्ठ 124।
41. वही, पृष्ठ 108, प्रेमचन्द के इन लेखों की तरफ़ ध्यान आकृष्ट करने के लिए मैं प्रो. जाफ़र रज़ा का आभारी हूँ।

आरम्भ, अन्तराल और अनुमान

उर्दू साहित्य के बाक़ायदा आग़ाज का सेहरा मसऊद साद सलमान लाहौरी (1046-1121) के सिर बाँधा जा सकता है। लेकिन उस हिन्दी दीवान का अब तक कोई पता नहीं मिलता जो मसऊद साद सलमान ने सम्पादित किया था। इस दीवान के बारे में हमारा प्राचीनतम स्रोत मोहम्मद औफ़ी का तज़किरा 'लुबाब-उल-लुबाब' है जिसकी संकलन तिथि 1220-1227 निश्चित की गई है। अर्थात् मसऊद साद सलमान के ठीक सौ वर्ष बाद मोहम्मद औफ़ी ने यह तज़किरा सिंध में लिखा, और इसे फ़ारसी ज़बान का पहला तज़किरा कहा जाता है। औफ़ी ने लिखा :

''यद्यपि उसकी पैदाइश हमदान की थी, लेकिन चूँकि उसकी रचनाएँ अधिकतर पूर्व देशों में फली-फूलीं और उसे हमेशा इन्हीं क्षेत्रों का शाइर माना गया है, इसलिए इसका अनुवाद यहाँ दर्ज किया जाता है...उसकी रचना की मात्रा और सब शाइरों से अधिक है। इसके तीन दीवान हैं : एक अरबी, दूसरा फ़ारसी, और तीसरा हिन्दी। और जो कुछ उसकी रचना में देखा गया, उस्तादाना और दिलकश था।''[1]

चूँकि मध्यकालीन भारत में 'हिन्दी' शब्द कभी-कभी यूँ भी प्रयोग हुआ है कि इससे किसी भी भाषा का अभिप्राय लिया गया है (अलबरूनी ने इसे 'संस्कृत' के अर्थ में लिखा है) इसलिए यह प्रश्न उठाया गया है कि मसऊद साद सलमान के 'हिन्दी' दीवान (संकलन) की मूल भाषा क्या थी, क्या यह पंजाबी हो सकती है।

मोहम्मद औफ़ी पर सात ही आठ दहाइयाँ गुज़री थीं जब अमीर .ख़ुसरो ने अपनी मसनवी 'नोह सिपहर' (नौ आसमान) लिखी (1317-18) इसमें उन्होंने उन भाषाओं का उल्लेख किया है जो दीर्घकाल से हिन्दुस्तान के विभिन्न क्षेत्रों में स्वतन्त्र भाषा के रूप में विकासशील थीं। इनमें .ख़ुसरो ने 'लाहौरी' (= पंजाबी) का भी उल्लेख किया है। सम्भव है कि अगर मसऊद साद सलमान का दीवान (संकलन) पंजाबी में होता तो मोहम्मद औफ़ी भी उसकी भाषा 'लाहौरी', ना कि 'हिन्दी' बताता। .ख़ुसरो ने अपनी मसनवी के इस अध्याय के शीर्षक में कहा कि 'गुफ़्त हिन्द' अपने 'अलफ़ाज़ .ख़ुशगवार' के कारण 'पारसी व तुर्की' पर 'राजेह' (श्रेष्ठ) है। फिर उन्होंने लिखा : (यहाँ फ़ारसी कविता का हिन्दी अनुवाद दिया जा रहा है)

''यह बात बिलकुल व्यर्थ है कि मैं अपना दिल फ़ारसी, तुर्की और अरबी के नग़्मों पर लाऊँ, और उसे इस तरह खुश करूँ।

"मैं चूँकि हिन्दुस्तानी हूँ, इसलिए यही बेहतर है कि मैं अपनी जगह से बात करूँ।

"इस देश की हर दिशा में उसकी अपनी विशेष भाषाएँ हैं, और वे दूसरों की माँगी हुई नहीं, बल्कि वहीं की है। सिन्धी, लाहौरी, कश्मीरी, किबर, धोर समन्दरी, तिलगंगी, और गुजर, माबरी, ग़ौरी, और बंगाल और अवध। उसी तरह दिल्ली और उसके आसपास की भाषा भी अपनी सीमा के अन्दर है।

"ये सब 'हिन्दवी' भाषाएँ हैं कि प्राचीन काल से आमतौर पर हर प्रकार की बातचीत और रचना के लिए प्रयुक्त होती हैं।"[2]

उपर्युक्त शब्दों से यह बात स्पष्ट हो जाती है कि लाहौरी (= पंजाबी), दूसरी भाषाओं उदाहरणार्थ सिन्धी, अवधी से अलग एक भाषा है, और वह दिल्ली और उसके आसपास की मुख्य भाषा से भी अलग है। 'नोह सिपहर' के कोई पचास वर्ष पहले अमीर .ख़ुसरो ने अपने दीवान (संकलन) 'गुर्रतुल कमाल' (1294) की भूमिका में लिखा :

(यहाँ केवल हिन्दी अनुवाद दिया जा रहा है।)

(i) मैं हिन्दुस्तानी तुर्क हूँ हिन्दवी में उत्तर देता हूँ, मेरे पास शक्कर-मिसरी नहीं कि अरबी भाषा में वार्तालाप करूँ। हिन्दवी कविता के कुछ अंश दोस्तों को भेंट किए जा चुके हैं। यहाँ इसके वर्णन पर बस करता हूँ, और उदाहरण को अनावश्यक समझता हूँ[3] क्योंकि फ़ारसी में हिन्दवी शब्द लाना कुछ लुत्फ़ (आनन्द) नहीं रखता मगर जहाँ आवश्यकता थी, वहाँ लाए गए।

(ii) अब से पहले बादशाहाने-सुख़न (बड़े-बड़े साहित्यकार) में कोई ऐसा न था जिसके तीन दीवान (संकलन) हों, सिवाय मेरे, कि .ख़ुसरो ममालिके-कलाम (काव्य-संसार) हूँ, मसऊद साद सलमान के तीन दीवान हैं तो, लेकिन वे तीन लिखावटों में हैं—अरबी, फ़ारसी, और हिन्दवी।[4]

उपर्युक्त उद्धरण से दो बातें साबित हो जाती हैं : मसऊद साद सलमान का (संकलन) दीवान हिन्दवी में था। (.ख़ुसरो के इन वाक्यों से ज़ाहिर होता है कि उन्होंने यह दीवान देखा था।) दूसरी बात यह कि .ख़ुसरो की भी रचना 'हिन्दवी' में थी, .ख़ुसरो ने अपने और मसऊद साद सलमान, दोनों की रचनाओं के लिए 'हिन्दवी' शब्द प्रयोग किया है। दोनों की भाषा एक थी। (.ख़ुसरो के वर्णित नामों पर विस्तारपूर्वक बहस इसी अध्याय के सन्दर्भ (2) में देखें)।

लेकिन अब एक और प्रश्न सामने आता है : मसऊद सलमान लाहौरी (1046-1121) और अमीर .ख़ुसरो देहलवी (1253-1325) के बीच पूरे दो सौ वर्ष का अन्तराल है। इस अवधि में क्या हुआ ? क्या कारण है कि इन दो शताब्दियों में कुछ भी साहित्य हिन्दवी में न लिखा गया। यह प्रश्न भी उठता है कि मसऊद साद सलमान और .ख़ुसरो का हिन्दवी कलाम सुरक्षित क्यों न रहा। इन पर हम एक प्रश्न और कर सकते हैं : .ख़ुसरो के बाद की एक शताब्दी क्यों गुज़री, इसके पहले कि हिन्दवी में साहित्य की पैदावार शुरू हो। उस समय की सूचना के अनुसार तो .ख़ुसरो के बाद आरम्भिक

नाम शैख़ बहाउद्दीन बाजन (1388-1506) और फ़ख़रुद्दीन निज़ामी (कालः 1434) के हैं। शैख़ बाजन गुजरात में थे और फ़ख़रुद्दीन निज़ामी ख़ास दकन में।

जहाँ तक मामला अमीर .ख़ुसरो के हिन्दवी रचना के सुरक्षित न रहने का है, तो इसका कारण यह मालूम होता है कि उन्होंने हिन्दवी में लिखा ही बहुत कम, और जो लिखा उसे सुरक्षित करने योग्य न समझा। वे स्वयं कहते हैं कि मैंने हिन्दवी कविता के कुछ अंश दोस्तों को भेंट किए हैं।[5] अगर एक अंश आठ पृष्ठ का माना जाए और 'कुछ अंश' से आशय पाँच-छह अंश समझा जाए, तो यह रचना सौ पृष्ठों से अधिक की नहीं बैठती। और इसे दोस्तों को भेंट कर देने का अर्थ यह है कि अगर यह सब नहीं, तो अधिकतर सामयिक और मनोरंजक क़िस्म की रचना थी जिसे अंग्रेजी में For the nonce कहते हैं। ऐसी रचना के सुरक्षित रहने की सम्भावना है भी नहीं।

शिबली ने ओहदी किरमानी के तज़किरे (पुस्तक) 'अरफ़ातुल-आशिक़ीन' के हवाले से लिखा है कि 'ब्रजभाषा' में .ख़ुसरो की रचना, उनकी फ़ारसी रचना के बराबर है, और फ़ारसी रचना गद्य और पद्य की मात्रा उन्होंने चार से पाँच लाख बैत (चार से पाँच लाख पंक्तियाँ) बताई है। लेकिन यह भी हैं कि एक और जगह, शिबली ने उसी ओहदी के हवाले से 'ब्रजभाषा' की जगह 'हिन्दी' का नाम लिया है।[6] सम्भव है कि शिबली जिन्होंने बहुत-सी बातें स्मरण शक्ति के भरोसे पर लिखी हैं, भूलकर हिन्दी/हिन्दवी के स्थान पर 'ब्रजभाषा' लिख गए हों, या स्वयं ओहदी की बुद्धि में इन भाषाओं का अन्तर स्पष्ट न हो। या फिर वह 'हिन्दी' शब्द से किसी भी हिन्दुस्तानी भाषा का आशय लेता हो। (सम्भव है अन्तिम रूप में 'हिन्दी' से 'देहलवी' ही आशय है) यहाँ ओहदी ने बात को बढ़ाकर प्रस्तुत किया है, क्योंकि यह बिलकुल अनुमान से बाहर है कि जो रचना चार-पाँच लाख बैत (पंक्ति) पर आधारित हो, वह सारे का सारा यूँ लुप्त हो जाए कि निशान ही न रहे। ऐसा भी नहीं कि .ख़ुसरो ने हिन्दवी के अलावा किसी और भी हिन्दुस्तानी भाषा में लिखा हो।[6]

दूसरी बात यह कि .ख़ुसरो ने 'दीबाचाए-ग़ुर्रतुल-कमाल' में अपनी हिन्दी रचना के अन्यतम के बारे में केवल 'जुज्वे-चन्द' (अर्थात् कुछ अंश) का शब्द लिखा है। और मसनवी 'नोह सिपहर' जो 'ग़ुर्रतुल-कमाल' के लगभग पच्चीस वर्ष बाद की कृति है, इसमें .ख़ुसरो ने दावा तो किया है कि वे थोड़ी-बहुत संस्कृत जानते हैं, लेकिन यह नहीं कहा कि वे 'हिन्दवी/हिन्दी' के भी शाइर हैं।[7] इन बातों की रोशनी में यही कहना पड़ता है कि .ख़ुसरो की हिन्दवी रचना इसलिए बाक़ी न रही कि वह कुछ अधिक न थी, और वह अधिकांश मनोरंजन के लिए तात्कालिक अवसरों पर सृजित हुई थी इसलिए .ख़ुसरो उसे इतना महत्त्व न देते थे।

अब यह प्रश्न कि .ख़ुसरो अपनी हिन्दवी कृति को महत्त्व क्यों न देते थे, तो निस्सन्देह इसका उत्तर यह है कि उस समय तक हिन्दवी को साहित्यिक महत्त्व प्राप्त नहीं था और साहित्यिक क्षेत्र में वह कुछ विशेष सम्मान या रोचकता के योग्य न थी।

.ख़ुसरो उसे सरसरी काव्य-रचना से अधिक योग्य सम्भवतः न समझते थे। यही कारण मसऊद साद सलमान के हिन्दी दीवान (संकलन) के नष्ट हो जाने के लिए भी बताया जा सकता है : हिन्दवी/हिन्दी की उस काल में कोई साहित्यिक हैसियत न थी। और हम यह भी नहीं जानते कि स्वयं मसऊद साद सलमान का हिन्दी/हिन्दवी दीवान (संग्रह) कितने पृष्ठों का था। सम्भव है वह बस इतना रहा हो कि उसे दीवान (संग्रह) का नाम दिया जा सके, अर्थात् कुल या अधिकांश रदीफ़ों में दो-दो चार-चार ग़ज़लें, या शायद इससे भी कम। और यह भी सम्भव है फ़ारसी भाषी हलके, जो मसऊद साद सलमान को फ़ारसी का बड़ा शाइर मानते थे, उनकी हिन्दी/हिन्दवी को कुछ लज्जापूर्ण अजूबा समझते रहे हों। प्रसिद्ध शाइर और सूफ़ी हकीम मज्दउद्दीन सनाई (1087/91–1145/1146) ने मसऊद साद सलमान की रचना एकत्र करके उनकी सेवा में प्रस्तुत की थी। लेकिन सनाई ने मसऊद की हिन्दी/हिन्दवी कविता का कोई उल्लेख प्रत्यक्ष रूप से नहीं किया। सनाई के संकलित संग्रह में कुछ ऐसी रचना भी सम्मिलित हो गई थी जो मसऊद साद सलमान के नाम से विख्यात थी लेकिन उनकी थी नहीं। इस पर मसऊद साद सलमान ने रोष व्यक्त किया तो सनाई ने विवशता-प्रदर्शन में क़त्आ (एक पद्य-विधा) लिखा। इसमें मसऊद साद सलमान के हिन्दी कलाम (रचना) का कोई उल्लेख नहीं है।[8]

अब यह प्रश्न उठता है कि मसऊद साद सलमान ने हिन्दी/हिन्दवी में लिखा ही क्यों, अगर उनके काल में इस भाषा का कोई सम्मान न था, और यह प्रश्न भी उठता है कि हिन्दी/हिन्दवी उस समय तक या .ख़ुसरो के भी समय तक, साहित्यिक भाषा क्यों न बन चुकी थी ? पहले प्रश्न का उत्तर मेरे विचार से यह है कि मसऊद साद सलमान ने केवल उस्तादी और वाक्पटुता-प्रदर्शन के लिए हिन्दी/हिन्दवी में लिखा। मध्यकालीन साहित्यिक समाज में यह कोई नयी बात न थी। शाइर अपनी रचनात्मक शक्ति की अभिव्यक्ति के लिए कई भाषाओं में शेर कहते थे। यह रीति हमारे यहाँ इंशा और ज़ौक़ तक बाक़ी रही। मसऊद साद सलमान ने अरबी में भी इसी उद्देश्य से लिखा होगा। दूसरा प्रश्न कि चौदहवीं शताब्दी के आरम्भ तक भी हिन्दी/हिन्दवी को साहित्यिक स्थान क्यों न मिल सका था, सूफ़ियों के व्यवहार-रीति और उनकी शिक्षावृत्ति के संचार से सम्बद्ध है। मैं इसका विवरण आगे देता हूँ।

शैख़ बहाउद्दीन बाजन (1388-1506) को उर्दू का प्रथम कृतिकार कहा जा सकता है। शैख़ के दादा साहिब दिल्ली से आकर अहमदाबाद, गुजरात में बस गए थे और शैख़ बाजन का जन्म वहीं हुआ। उन्होंने विभिन्न समयों पर अपनी भाषा को 'हिन्दी', 'हिन्दवी' और 'गुजरी' बताया है।[9] उत्तर के लोग विशेषकर दिल्ली का सैन्य समूह और कर्मचारी वर्ग बड़ी संख्या में गुजरात उस समय पहुँचे जब अलाउद्दीन ख़िलजी (शासनकाल 1296-1316) ने गुजरात पर अधिकार कर लिया। इससे भी अधिक संख्या में लोग सम्भवतः उस समय गुजरात आए जब तैमूर ने दिल्ली को ध्वस्त कर उस पर अपना आधिपत्य स्थापित किया (1398)। शैख़ बाजन का युग आते-आते गुजरात में

देहलवी बोलनेवालों की जनसंख्या अधिक हो गई थी। इनमें स्थानीय लोग भी रहे होंगे और बाहरी भी। दिल्ली से दूर होने के कारण फ़ारसी का चलन यहाँ इतना न रहा होगा जितना दिल्ली में था। शैख़ महोदय ने अपनी फ़ारसी और हिन्दी कृति का एक संग्रह अपने पीर (धर्मगुरु) शैख़ रहमत उल्ला के नाम पर, 'ख़ज़ाइने रहमत उल्ला'[10] के नाम से संकलित किया। इस संग्रह में उन्होंने अपनी रचित हिन्दी/हिन्दवी जिकरियाँ भी शामिल कीं। जिकरी उस काल में उत्तर-दक्षिण की सुप्रसिद्ध सूफ़ी काव्य-विधा थी।[11] शैख़ ने सातवें 'ख़ज़ीने' की प्रस्तावना में कहा :

''ख़ज़ीना-ए-हुफ़्तुम (सातवाँ ख़ज़ाना) उन शेरों के ज़िक्र में जो इस फ़क़ीर के कहे हुए हैं, और जिन्हें हिन्दवी भाषा में जिकरी कहते हैं। और हिन्द के क़ौवाल (गायक) उन्हें सरोद के रागों पर बजाते और गाते हैं। इनमें से कुछ तो पीर दस्तगीर की प्रशंसा में है, कुछ उनके रौज़े (मज़ार) की विशेषता में और कुछ अपनी जन्मभूमि गुजरात की प्रशंसा में हैं। और कुछ में मेरे अपने उद्देश्य का वर्णन है, और मुरीदों (शिष्य) और जिज्ञासुओं के अभीष्ट का और कुछ प्रेम के विषय पर हैं।[12]

'ख़ज़ाइने-रहमत उल्ला' में शैख़ ने दीर्घकाल के लिए उर्दू भाषा और साहित्य की चौहद्दी बयान कर दिया : इसकी भाषा हिन्दवी है। इसके छन्द (बह्र) हिन्दुस्तानी भी हैं और फ़ारसी भी। इसके विषय धार्मिक/सूफ़ियाना भी हैं और लौकिक भी। इस कविता की जड़ें जनता में गहरी हैं, और सर्वप्रिय बन जाने की विशेषता इसमें पूरी तरह विद्यमान है। इसके प्रसंग में आध्यात्मिक और सूफ़ियाना निर्मलता ज़ाहिर है। मातृभूमि का प्रेम भी इसकी एक प्रमुख विशेषता है।

शैख़ बाजन की रचना असमान है। कभी उनका भाव उन्माद के शिखर को छू लेता है, लेकिन उनकी सामान्य प्रकृति नैतिक शिक्षादायक है। निम्नलिखित नज़्म बीच की जगह पर रखी जा सकती है। अल्लाताला की दूरी और उसको पाना प्रायः असम्भव होना, इस विषय का एक अद्भुत गर्व के साथ वर्णन किया है कि हमारे प्रिय का मिलना कितना कठिन है लेकिन कविता में एक हल्की-सी बेचारगी और निराशा का आभास है। सफलता का विश्वास नहीं, और असफलता की सम्भावना बलिष्ठ है। ऐसे प्रिय का चाहनेवाला होने में एक प्रकार की विशेषता भी है—

कविता है :

तेरे पंथ कोई चल न सके
चेरी चले सो चल चल थके
पढ़ पंडित पोथीं धोयाँ
सब्ह जाना सुधबुध खोयाँ
सब्ह जोगियों जोग बिसारे
यह तपई तप बिकारे
इक दरशनी दर्शन भूले

चेरी = जो भी, सब्ह = सब, तपई = तपस्वी, बिकारे = बिगाड़े, दरशनी = दार्शनिक।

सर नागे पाँव न खोले
इक सेवरी हुई कर सेव करना
हुए बर तपई क्या सुख धरना
इक दर्वेश हुई कर आए
हुई कलन्दर रूप भराए
एक अबदाल हुए अबिद हुए
इक हाँढे हा-हा हुए
एक खुले हुए दीवाने
इक बावल हिन्दा राने
इक माते हुए अर्रावें
बहुती बेसुध हो हो जावें
इक जंगम जटाधारी
होर बन्दा निस अँधियारी
इक काबरी हुई कर कंपा
मंढ सेव तुजकी चंपा
एक मुंद कंकल कल करनां
इक फूँक-फूँक बावले भवें धरना
एक रहें उपासी रातन जागना
एक हुए भिकमारी तुझ भी माँगना
यूँ टोली-टोली हुई करे
सब्ह रल-रल घुल-घुल खोई करे[13]

सरल वर्णन और एक प्रकार की तल्लीनता और आत्मसमर्पण के कारण यह ईश-प्रार्थना (मुनाजात) दिल को छूती है। परन्तु अचानक एक ज़ोरदार रूपक (ईश्वर के चाहनेवालों की वह दशा होती है जैसे रस निकाला हुआ गन्ना) कविता के स्तर को उन्नत कर देता है। ईश्वरीय-प्रेम में डूबनेवालों में न रस रह जाता है न जस (यश)। वे गन्ने की सूखी हुई खोई की तरह बस जलाने योग्य रह जाते हैं। एक ख़ास बात यह है कि शब्द सामान्यतया सरल हैं, लेकिन इनमें अर्थ बहुलता है। यहाँ एडवर्ड टेरी (Edward Terry) का कथन याद आता है कि 'इन्दोस्तानी' ऐसी भाषा है जो कम शब्दों में बहुत कह देती है।[14] यद्यपि भाषा ने अभी रूपक, बिम्ब और मुहावरों का वह

नागे = नंगे, खोले = खुले, सेवरी = भीरु या डरपोक, हुई कर = होकर, सेव = सेवा, बर तपई = कठिन तपस्या करने वाला, अबिद = आबिद, हाँढे = आवारा गर्द, बावल = बावला, हिन्दा राने = आवारगी, अर्राना = चीख़ना, चिल्लाना, बहुती = बहुत ही, जंगम = जोगी, अंधियारी = स्याह, काबरी = गजनू, कंपा = काँपे, सेव = मुंड़ाए, तुजकी = तुझे ही, चंपा = जपता है, मुंद = चुपके, कंकल कल करना = क़ाबू में करना, धरना = पकड़ें, उपासी = रोज़ादार, भिकमारी = भिकारी (भूक से मरता हुआ), रल-रल = मिट्टी में मिलकर, खोई = रस निकाला हुआ गन्ना।

विशाल भंडार प्राप्त नहीं किया था जो आगे उसके भाग्य में है और जिसके आधार पर उर्दू/फ़ारसी कविता संसार में अद्वितीय है, लेकिन फिर भी शैख़ के यहाँ शब्द-न्यूनता का आनन्द मौजूद है।

यहाँ एक बात यह भी उल्लेखनीय है कि हाफ़िज़ महमूद शीरानी के यहाँ इस कविता का शीर्षक "वायें मुनाजात बज़ुबान हिन्दवी गुफ़्ता शुदा अस्त" है और ज़हीरउद्दीन मदनी के यहाँ कोई शीर्षक नहीं है। किन्तु यह और दूसरी बहुत-सी कविताएँ केवल 'गुजरी' शीर्षक के अन्तर्गत दी गई हैं। अर्थात् ये दोनों नाम समान अर्थ में प्रयुक्त हैं।[15]

भारतीय भाषाओं में सूफ़ी परम्परा की लगभग तमाम शाइरी की तरह शैख़ बाजन की शाइरी में भी इस्लामी तसव्वुरे-कायनात (World View) को हिन्दुस्तानी आइने में देखा गया है। आरम्भ के सूफ़ी कवियों के यहाँ हिन्दू बिम्ब-विधान, परम्पराएँ, और रूपक का होना सामान्य-सी बात है। किसी समय तो इसका प्रभाव उनके नाम पर भी दिखाई देता है। क़ाज़ी महमूद दरियाई (1419-1534), जो गुजरी/हिन्दवी के दूसरे महत्त्वपूर्ण कवि हैं, कभी-कभी स्वयं को महमूद दास लिखते हैं। सम्भव है कि सन्त कबीर (मृत्यु 1518) और शैख़ अब्दुल क़ुद्दूस गंगोही (1455-1538) ने अपने नाम कबीरदास और अलखदास इसी कारण से रखे हों।[16]

इन्हीं महापुरुषों से कुछ मिलता-जुलता मामला राजा राम का है। राजाराम और बेनी प्रसाद के नाम गुजरात में दीर्घकाल से प्रसिद्ध हैं कि वह गुजरी के कवि थे। ज़हीरउद्दीन मदनी कहते हैं कि एक रिवायत (परम्परा) यह भी थी कि राजाराम ने इस्लाम धर्म स्वीकर कर लिया था। वह यह भी कहते हैं कि एक मुद्दत तक उन्हें ख़याल था कि यह दोनों नाम मनगढ़न्त मात्र हैं। लेकिन एक दिन बिलकुल संयोग से उन्हें राजाराम का दीवान (काव्य-संग्रह) मिल गया। यद्यपि यह हस्तलिखित ग्रन्थ-प्रति त्रुटिपूर्ण है, लेकिन इस बात को साबित करने के लिए काफ़ी है कि राजाराम वाक़ई एक कवि का नाम था। मदनी का ख़याल है कि राजाराम की मातृभूमि सूरत थी, उनका रचनाकाल सत्रहवीं शताब्दी का अन्तिम चतुर्थांश मालूम होता है, और सम्भवतः वो इस्लाम को माननेवाले थे। लेकिन इस आख़िरी सम्भावना के बारे में सुबूत सिर्फ़ शाइरी का है, और यह दलील (तर्क) दोनों तरफ़ जा सकती है। यानी या तो राजाराम हिन्दू थे, लेकिन तमाम उर्दू शाइरों की तरह वो ऐसे विषयों और भाषा का इस्तेमाल कर रहे थे जिन पर इस्लाम की छाप थी। या फिर वो थे मुसलमान, लेकिन उन्होंने हिन्दुआना तख़ल्लुस (उपनाम) रख लिया था, ताकि बहुसंख्यक वर्ग के साथ अपने दोस्ताना मेल-मिलाप की अभिव्यक्ति करें, या फिर इसलिए कि उनकी नज़र में सच्चाई नाम और पते से परे थी।[17]

पन्द्रहवीं शताब्दी के प्रारम्भ तक गुजरात में हिन्दवी की स्वीकार्यता की यह स्थिति थी कि इसके शब्द फ़ारसी में भी आने लगे। परिणामस्वरूप फ़ज़्लुद्दीन मुहम्मद बिन क़िवाम बिन रुस्तम बलख़ी (अफ़गानिस्तान का एक प्राचीन नगर) ने अपने शब्दकोश 'बह्र अल्फ़ज़ाइल' का निर्माण किया (1433/1434) तो उसमें जगह-जगह हिन्दी शब्द

दर्ज करने के अलावा एक अध्याय अलग से जोड़ा। इसमें वो 'अल्फ़ाज़े-हिन्दी' (हिन्दी के शब्द) दर्ज किए जो 'नज़्म में बकार आते हैं।''[18]

क़ाज़ी महमूद दरियाई और शैख़ अली मुहम्मद जीवगाम धनी (मृत्यु 1565) का जमाना आते-आते भाषा के नाम के रूप में 'हिन्दवी/हिन्दी' की जगह 'गुजरी' का प्रयोग अधिक से अधिक होने लगा। शैख़ अली मुहम्मद के पोते और ख़लीफ़ा सैयद इब्राहिम ने शैख़ के हिन्दवी काव्य-संग्रह 'जवाहिर-ए-अस्रार-ए-अल्लाह' की भूमिका में लिखा : ''शेख़-उल-आलम, मेरे हज़रत और शैख़ अली मुहम्मद ने सत्य और अर्थ के समुद्र में डुबकी लगाई, और अपने दिल को सच्चाई के जवाहिर, हीरे और मोतियों से भर डाला। फिर इनको कविता की डोर में पिरोया, इसके तथ्यों और रहस्यों का वर्णन किया। फिर उनको अपनी गौहरयाब और जवाहिर-निसार ज़बान पर बतरीक़ (तरीक़े से) नज़्म लाये, और अल्फ़ाज़े-गूजरी में...जमा किया और उन्हें 'जवाहिर-ए-अस्रार-ए-अल्लाह' नाम दिया।''

'जवाहिरे-अस्रारे अल्लाह' में 'हिन्दी/हिन्दवी' का भाषा के नाम के रूप में सम्भवतः बिल्कुल प्रयोग नहीं हुआ है। परन्तु ऐसा भी नहीं कि यह नाम गुजरात से बिल्कुल ग़ायब ही हो गया हो (यह भी हो सकता है कि इसका प्रयोग सोलहवीं शताब्दी के आरम्भ में घट गया हो, और बाद में फिर प्रचलित हो गया हो)। अतएव 'तारीख़े-ग़रीबी' नाम की एक मसनवी गुजरात में 1751 और 1757 के बीच लिखी गई, इसमें ये पद मिलते हैं :

हिन्दी पर न मारो ताना
सभी बतावें हिन्दी माने
ये जो है क़ुर्आन .ख़ुदा का
हिन्दी करे ब्यान सदा का
लोगों को जब खोल बतावें
हिन्दी में कहकर समझावें[20]

दक्षिण के इस भाग में, जिसे आज दकन कहा जाता है, हिन्दी/हिन्दवी का साहित्यिक जीवन अगर और पहले नहीं तो पन्द्रहवीं शताब्दी में अवश्य प्रारम्भ हो गया होगा। दो-एक पदों और कथनों को छोड़कर इसकी पहली कृति जिससे हम अवगत हैं, फख़्रदीन निज़ामी की है। उनकी मसनवी 'कदम राव पदम राव' की रचना-तिथि (1421-1434) निश्चित की गई है। सम्भव है 1023 शेर (2064 लाइन) की इस मसनवी के पहले भी दकन में थोड़ा-बहुत किसी लम्बी साहित्यिक कृति का सृजन हुआ हो। सैयदा जाफ़र का कहना है कि स्वयं इस मसनवी 'कदम राव पदम राव' में इस बात के अन्तःसाक्ष्य मौजूद हैं।[21] बहरहाल यह सत्य है कि 'कदम राव' की एक मात्र विद्यमान प्रति अपूर्ण है, और यह मसनवी और भी दीर्घ रही होगी।

'कदम राव पदम राव' की भाषा गूढ़तर और कठिन है। इसकी तुलना में शैख़ बाजन की रचना अधिक सरल मालूम होती है। इसका कारण यह है कि निज़ामी ने फ़ारसी के बजाय तेलुगू, कन्नड़ कुछ मराठी, और फिर संस्कृत के तत्सम शब्दों का सर्वाधिक

प्रयोग किया है। दूसरी ओर यह भी है कि शैख़ बाजन के विपरीत, जिनके यहाँ फ़ारसी और हिन्दुस्तानी दोनों छन्दों का प्रयोग हुआ है, 'कदम राव पदम राव' में फ़ारसी छन्दों (मुतक़ारिब, मुसम्मन, महज़ूफ़) को अत्यन्त ध्यानपूर्वक बरता गया है। काव्यात्मक श्रेणी को दृष्टि से निजामी को शैख़ बाजन पर श्रेष्ठता नहीं, परन्तु वे (निज़ामी) कथानक कला में निपुण हैं। इससे सैयदा जाफ़र के विचार को समर्थन मिलता है, क्योंकि 'कदम राव पदम राव' के पूर्ववर्ती नमूनों की अनुपस्थिति में सफल कथात्मक कविता की रचना बहुत कठिन थी :

कदम राव आखे ज़न दिना, आ धर ?
कि धन पात सुन बात यक चितधर
सुन्या था कि नारी धरे बहुत छन्द,
सो मैं आज देठा तेरे छन्द पन्द
वही छन्द जब मैं देठा जग में
उसी वेल (थे) हूँ पड़या दल में
सुन्या था जो कन पर देठा आज अंक
ना राहा तन्हीं देखते नैन बंक ?
सुजात एक नागिन कुजात एक साँप
असंगत देटे खेलतें लाँप-झाँप
जो कर्तार मुज कूँ क्या हुए राव
असंगत के क्यों देख सकूँ अन्याव
खड़क काड़ दोखा तहाया तिखार
उसी ठार खोरस किया सव तिहार ?
गई निहास नागिन परान आप ले
परान आप लेकर गई पूँच दे[22]

मसनवी की एक ही पांडुलिपि उपलब्ध होने के कारण पढ़ने में कठिनाई होती है। यद्यपि कि जमील जालिबी ने पांडुलिपि की फोटो कॉपी भी अपने संकलित मूल पाठ के साथ छाप दी है, लेकिन ग़लतियों के कारण इसको पढ़ना आसान नहीं। फिर अधिकांश शब्दों का अर्थ न किसी शब्दकोश में है न उर्दू लुग़त बोर्ड कराची के वृहद शब्दकोश "उर्दू लुग़त, तारीख़ी उसूलों पर" में। 'कदम राव पदम राव' साहित्यिक से अधिक ऐतिहासिक अभिरुचि की कविता है। परन्तु इसकी लय (Rhythm) में एक प्रवाह है, जो कविता को ऊँचे स्वर में पढ़े जाने की अपेक्षा करती है।

आखे = कहे, दिना आ धर = ? (पता नहीं), धन = बेगम, चित धर = दिल लगाकर, छन्द = फ़रेब, देठा = देखा, पन्द = फ़न्द, वेल = समय, थे = से, दग = हैरत, कन = कान, अँक = आँख, तन्हीं = इसी समय, नैन बंक = ??, असंगत = जिसमें मेल नहीं, अन्याव = ज़ुल्म, काड़ = निकालकर, दोखा = दौड़ाया, तिखार = घोड़ा, ठार = जगह, खोरस = घोड़ा, सव तिहार = हमला ?, निहास = तेज़ी से, पूँच = दुम।

सन्दर्भ

1. मुहम्मद औफ़ी : 'लुबाब-उल-लुबाब', सम्पादक–ई.जी. बरावन और मिर्ज़ा मुहम्मद बिन अब्दुल वहाब क़ज़्वीनी, तेहरान, 1333 शम्सी (सौर वर्ष) (= 1954), पृष्ठ 423। विस्तार के लिए देखें–बरावन ही का सम्पादित लायडन/लन्दन एडीशन, भाग-एक, 1903, पृष्ठ 252 से 264।
2. अमीर ख़ुसरो, 'नोह सिपहर' सम्पादक डॉ. वहीद मिर्ज़ा, ऑक्सफोर्ड यूनिवर्सिटी प्रेस, वास्ते इस्लामिक रिसर्च एसोसिएशन, कलकत्ता 1948, पृष्ठ 179-180। विद्वानों को यह निर्णय लेने में बहुत कठिनाई हुई है कि ख़ुसरो द्वारा नामांकित भाषाओं के आधुनिक नाम क्या हैं। डॉ. वहीद मिर्ज़ा जिनके सम्पादित मूल पाठ से मैंने शेर लिखे हैं, उन्होंने उन शब्दों के आधुनिक अर्थ नहीं लिखे। इसके अतिरिक्त इस मसनवी (एक तरह की कविता) की जितनी प्रतियाँ मैंने देखी हैं ग़लतियों से ख़ाली नहीं। स्वयं वहीद मिर्ज़ा का भी पाठ पूरी तरह सन्तुष्ट नहीं करता, और मुझे कहीं-कहीं संशोधन करना पड़ा है। ग्रियर्सन ने Linguistic Survey of India, भाग-1, पृष्ठ 1 पर इलियट के अनुवाद पर विश्वास करते हुए निम्नानुसार नाम लिखे हैं : सिन्धी=सिन्धी, लाहौरी=पंजाबी, कश्मीरी=डोगरी, धोर समुन्दरी=मैसूरी कन्नड़, तलन्गी=तेलुगू, गुजर=गुजराती, माबरी=साहिलकारो मंडल की तमिल, गौरी=उत्तरी बंगाली, बंगाल अवध=पूर्वी हिन्दी, दिल्ली और उसके आसपास=पश्चिमी हिन्दी। इस सूची में कई कठिनाइयाँ हैं :

   i. यह कि कश्मीरी को डोगरी क्यों बताया गया ?

   ii. 'किबर' का अर्थ नहीं बताया गया।

   iii. अगर 'गौरी' कोई भाषा है (ग्रियर्सन के कथनानुसार उत्तरी बंगाली) तो स्वयं ग्रियर्सन ने भारतीय भाषाओं की अपनी विशाल सूची में (जो इसी भाग में शामिल है) इसका उल्लेख क्यों न किया ?

   iv. 'बंगाल अवद(ध)' नाम की कोई भाषा नहीं है, और पूर्वी हिन्दी भी अंग्रेजों का बनाया हुआ सन्दिग्ध नाम है।

   v. बंगाल और अवध को इकट्ठा करने का कोई औचित्य नहीं, और न ही बंगाली को 'पूर्वी हिन्दी' कह सकते हैं (अगर पूर्वी हिन्दी नाम की कोई चीज़ वास्तव में हो भी)। मैं इन नामों को जहाँ तक समझता हूँ, उसे नीचे लिखता हूँ :

   सिन्धी = सिन्धी, लाहौरी = पंजाबी, कश्मीर = कश्मीरी, किबर = ? धोर समुन्दरी = यह सम्भवतः 'द्वार समुद्री' है। प्रो. नईमुर्रहमान फ़ारूक़ी ने मुझे बताया कि 'द्वार समुद्री' उस ज़माने में एक हुकूमत थी। यह आज के कर्नाटक क्षेत्र में थी। इसकी राजधानी आधुनिक कर्नाटक का हासन था। लिहाज़ा धोर समुन्दरी का आशय कन्नड़ है। तलन्गी = तेलुगु, गुजर = गुजराती, माबिरी = तमिल, क्योंकि आधुनिक तमिलनाडु के दक्षिणी किनारे से अरब के जहाज सरांद्वीप के लिए रवाना होते थे (माबिर-घाट या बन्दरगाह)। गौरी = मराठी?/गौड़ (जो आज पश्चिमी बंगाल के ज़िला मालदा का हिस्सा है) की बंगाली? अगर ऐसी कोई ज़ुबान थी, तो वह बंगाली से भिन्न होगी, क्योंकि ख़ुसरों ने बंगाली को अलग से दर्ज किया है। लेकिन मुझे एक शक यह है कि 'गौड़ी/गौरी' दरअसल मराठी की कोई शक्ल रही होगी। आबिद पेशावरी ने 'क़ामूस-उल-अग़लात' के लेखकों का एक कथन उद्धृत किया है कि मराठी 'गोठ (गाँव) ज़बानों में से है'। (आबिद पेशावरी, ''गाहे-गाहे बाज़ख़्वाँ'', नयी दिल्ली सीमान्त प्रकाशन, 1994, पृष्ठ 14)। प्रो. गोपीचंद नारंग, जो ख़ुद आला दरजे के माहिर भाषाविद् हैं, अपनी किताब ''अमीर ख़ुसरों का हिन्दवी कलाम'' (शिकागो, 1987, पृष्ठ 29) में 'किबर' को डोगरी, 'धोर समुन्दरी' को तमिल, 'माबिरी' को कन्नड़ और 'गौरी' को आसामी बताते हैं। तमिल और कन्नड़ के नामों को उलट देना शायद अनजाने में हुई भूल-चूक हो, लेकिन 'गौरी' को आसामी बताने की वजह उन्होंने नहीं बयान की, न ही 'किबर' को डोगरी क़रार देने के बारे

में उन्होंने कुछ गुफ़्तगू की है। वो इस बात को भी स्पष्ट नहीं करते कि आसाम की ज़ुबान का नाम बंगाल के एक ज़िले गौड़ के नाम पर क्यों रखा गया होगा।

ज्ञानचन्द (तारीख़, भाग-1, पृष्ठ 23) ने पूर्वी हिन्दी (Eastern Hindi) की ग्रामर पर रुडोल्फ ए.एफ. हरनल (Rudolf A.F. Hoernle) की एक पुस्तक का उल्लेख किया है। यह पुस्तक 1880 में प्रकाशित हुई, और हरनल ने इसका नाम निम्नानुसार रखा था :

A Comparative Grammar of the Gaudian languages with special Reference to the Eastern Hindi, Accompanied by a language map and a table of Alphabets.

ग्रियर्सन ने (Survey, Vol. I, Part 1, Page 27) इस पुस्तक को हरनल की सर्वश्रेष्ठ कृति कहा है। लेकिन उसने Gaudian को स्पष्ट नहीं किया, बहरहाल सम्भव है कि 'क़ामूस-उल-अग़लत' के लेखक हरनल की देखादेखी मराठी को 'गौड़' भाषा कह दिया हो। मैंने इलाहाबाद के कुछ संस्कृत के विद्वानों से पूछा तो वह भी 'गौड़ी' भाषा के बारे में कुछ न बता सके।

ग्रियर्सन ने 'गौड़' नाम की किसी भाषा का उल्लेख नहीं किया है, लेकिन उसकी सूची पर (भाग-1, अंक-1, पृष्ठ 450) 'गोली' नाम की भाषा लिखी है, और लिखा है कि यह मराठी का एक रूप है और 1911 की जनगणना के कथनानुसार यह ज़िला नासिक में बोली जाती थी। चूँकि मराठी 'ल' अंग्रेजी L और उर्दू/हिन्दी 'ड़' के बीच का सा सुनाई देता है, और .खुसरो ने फ़ारसी में 'ड़' को 'र' ही लिखा होगा, इसलिए सम्भव है कि उनकी मुराद मराठी से ही हो। बंगाल के ज़िला गौड़ की कोई भाषा अगर हो भी तो सम्भवतः इतनी महत्त्वपूर्ण न रही होगी कि .खुसरो अपनी संक्षिप्त सूची में इसका उल्लेख करते।

3. काश कि .खुसरो ने कुछ नमूने दे दिए होते। इस समय तो उनके हिन्दवी कलाम के बस कुछ शेर और कहावतें ही हैं। .खुसरो ने हिन्दी/हिन्दवी बहुत ही कम कहा, और जो कुछ कहा उसमें से (कुछ पंक्तियों के सिवा) अब कुछ नहीं मिलता।

ध्यान रहे कि .खुसरो ने अपनी सूची में तमाम ज़बानों को 'हिन्दवी' कहा है। अर्थात् यहाँ वो उन ज़बानों का नाम नहीं, बल्कि जन्म-स्थान बता रहे हैं। यह ग़लतफ़हमी न होना चाहिए कि उन सभी ज़बानों का नाम 'हिन्दवी' था। सुनीति कुमार चटर्जी लिखते हैं : "दिल्ली और उसके आसपास जो ज़बान बोली जाती थी, उसकी नयी शैली, या नयी शक्ल, जो हिन्दुस्तानी या उर्दू कहलाती थी...वो, और उत्तर भारत की बहुत-सी दूसरी भारतीय मूल की बोलियाँ सहअस्तित्व की हैसियत से पश्चिम के ग़ैरहिन्दुस्तानियों (ग़ैर भारतीयों) के यहाँ केवल 'हिन्दू' या 'हिन्दुस्तानी' (हिन्दवी, हिन्दूई या हिन्दुवी) के नाम से जानी गईं। और 'हिन्दुस्तानी' (या हिन्दवी, हिन्दी) शब्द भी किसी विशेष पारिभाषिक अर्थ का द्योतक न था।" लेकिन प्रो. चटर्जी आगे कहते हैं कि—"एक ढले-ढलाये नाम के इस ग़लत और अज्ञानता पर आधारित विस्तार ने ख़ासकर पिछले पचास बरस में, और उससे भी ज़्यादा ख़ासतौर पर मुल्क की आज़ादी के पचीस-तीस बरसों में, इस विचार को स्थापित करने में मदद किया कि 'हिन्दी' किसी एक ही ज़बान का नाम था।" (चटर्जी, 1973, पृष्ठ 36-37)।

4. अमीर .खुसरो : 'ग़ुर्रतुल क़माल' की भूमिका, सम्पादक : वज़ीर उल हसन आबिदी, लाहौर, नेशनल बुक फ़ाउंडेशन, 1975, पृष्ठ 63-64।
5. इस कथन के प्रकाश में देखें तो अमीर .खुसरो की आशु-कविता के जो क़िस्से मौलाना मुहम्मद हुसैन आज़ाद ने 'आबे हयात' में लिखे हैं, कुछ अधिक विश्वसनीय हो जाते हैं।
6. अल्लामा (महाकवि) शिबली नोमानी : 'शोअरा उल अजम', भाग-2, अलीगढ़, 1910, पृष्ठ 133-138।
7. .खुसरो : 'नोह सिपहर', पृष्ठ 181।
8. Franklin Lewis : 'Reading, Writing and Recitation : Sana'i and the Origins of the

Persian Ghazal,' Unpublished Ph. D. Dissertation, UMI Dissertation Services, Ann Arbor, Mich, 1996, PP. 130-137

9. हाफ़िज़ महमूद शीरानी : 'मक़ालात', भाग—एक, पृष्ठ 166-168।
इसके अतिरिक्त देखें : (i) अली जव्वाद ज़ैदी : 'History of Urdu Literature', प्रकाशक—साहित्य अकादमी, नयी दिल्ली 1993, पृष्ठ 47। (ii) ज़हीरूद्दीन मदनी : 'सुख़नवराने गुजरात', नयी दिल्ली, हुकूमते हिन्द, तरक़्क़ी उर्दू ब्यूरो (भारत सरकार उर्दू विकास ब्यूरो), 1981, पृष्ठ 50, 65-68। (iii) ज्ञानचन्द और सैयदा जाफ़री : 'तारीख़ अदब उर्दू, 1700 तक' भाग-2, नयी दिल्ली, क़ौमी काउंसिल बराए तरक़्क़ी ज़बान उर्दू, 1998, पृष्ठ 204-211।

10. ज़हीरूद्दीन मदनी ('सुख़नवराने गुजरात' पृष्ठ 49-50) ने किताब का नाम 'ख़ज़ाना-ए-रहमत' लिखा है, तो कहीं 'ख़ज़ाना-ए-रहमत अल्लाह'। उन्होंने जामा मस्जिद बुरहानपुर में सुरक्षित प्रति का सन्दर्भ दिया है। जमील जालिबी ने अंजुमन तरक़्क़ी उर्दू कराची में सुरक्षित एक और पांडुलिपि का सन्दर्भ दिया है, उन्होंने 'ख़ज़ाइने रहमत अल्लाह' लिखा है, और वही दुरुस्त है। (जालिबी, भाग-1, पृष्ठ 106-107)।

11. शीरानी, भाग—एक, पृष्ठ 176।

12. जमील जालिबी द्वारा सन्दर्भित, भाग—एक, पृष्ठ 107। इसके अतिरिक्त देखें : ज्ञानचन्द और सैयदा जाफ़री, भाग—दो, पृष्ठ 204-211।

13. मदनी : 'सुख़नवराने गुजरात,' पृष्ठ 22-67, और शीरानी : भाग—एक, पृष्ठ 169। दोनों ही विद्वानों का पाठ पूरी तरह सन्तुष्ट नहीं करता। मदनी का पाठ बेहतर है, लेकिन मुझे कहीं-कहीं अनुमान से विवेचना करनी पड़ी है।

14. अध्याय दो देखें।

15. शीरानी, भाग—एक, पृष्ठ 169।

16. जमील जालिबी, भाग—एक, पृष्ठ 113।

17. मदनी, 'सुख़नवराने गुजरात,' पृष्ठ 93-94।

18. शीरानी, भाग—एक, पृष्ठ 102-131, 161। लेकिन स्वर्गीय हाफ़िज़ साहब ने पृष्ठ 115 पर ज़रा भिन्न लेख लिखा है। यहाँ लिखा है—"अल्फ़ाज़ हिन्दवी कि दर नज़्म बकार आयद।" इससे यह बात साफ़ नहीं होती कि 'नज़्म' से आशय फ़ारसी नज़्म से है या हिन्दवी। सम्भवतः फ़ारसी ही आशय हो, क्योंकि शब्दकोश ही फ़ारसी का है।

19. शीरानी, भाग—एक, पृष्ठ 181।

20. शीरानी, भाग—दो, पृष्ठ 249।

21. ज्ञानचन्द और सैयदा जाफ़री : 'तारीख़' भाग—दो, पृष्ठ 14।

22. फ़ख़रुद्दीन निज़ामी : 'कदम राव पदम राव,' सम्पादक—जमील जालिबी, दिल्ली, एजूकेशनल पब्लिशिंग हाउस, 1979 (1973), पृष्ठ 91-93। मुझे इन शेरों को हल करने में प्रो. मग़्नी तबस्सुम से बहुत मदद मिली। फिर भी अगर कोई त्रुटियाँ रह गई हों तो उसकी जिम्मेदारी मेरी है।

सैद्धान्तिक आलोचना और काव्यशास्त्र का उदय

'कदम राव पदम राव' की प्रमुख विशेषता उसकी इहलौकिकता है। उससे कुछ नैतिक (Moral) शिक्षा भी शायद मिल जाए, लेकिन बुनियादी तौर पर यह कविता राज्य व्यवस्था, बेजोड़-अनमेल यौन-सम्बन्ध या विवाह, सांसारिक ज्ञान, माया और रहस्यों पर आधारित है। और उतनी ही महत्त्वपूर्ण बात यह है कि यह कविता विवेकपूर्वक 'साहित्यिक' है। अर्थात् इसके लेखक को सम्भवतः इस बात का अच्छी तरह आभास है कि वह कोई साहित्यिक (न कि सुधारक, आध्यात्मिक या नैतिक) काम अंजाम दे रहा है। निज़ामी की नज़र में ईहाम या द्विअर्थी शब्दों का प्रयोग (श्लेष) काव्यरचना का प्रमुख तत्त्व है :

दो आरत सब्द जिस कवित में न होए
दो आरत सब्द बाज रीझे न कोए[1]

यह बात यहाँ ध्यान में रखने की है कि ख़ुसरो ने 'गुर्रतुलकमाल' की भूमिका में अपने बारे में दावा किया था कि मैं एक नयी तरह के 'ईहाम' (श्लेष) का आविष्कारक हूँ।[2] यह बात भी ध्यान में रखने की है कि फ़ख़रुद्दीन निज़ामी का आगमन, शैख़ बाजन के बिलकुल समान्तर और असंगत है। सैद्धान्तिक आलोचना का हल्का-सा यह भाव जो हम फ़ख़रूद्दीन निज़ामी के यहाँ देखते हैं, इस बात की ओर इशारा करता है कि सृजनात्मक अभिव्यक्ति के माध्यम के रूप में हिन्दी/हिन्दवी अब परिपक्वता की सीमा को छू चुकी थी। इसी तरह यह बात भी माननीय है कि उर्दू में सैद्धान्तिक आलोचना और काव्यशास्त्र के प्राचीनतम संकेतों का सिलसिला ईरान या अरब नहीं बल्कि हिन्दुस्तान के एक महान साहित्यिक विचारक से स्थापित होता है।

यहाँ पर यह उचित मालूम होता है कि थोड़ा ठहरकर अमीर ख़ुसरो के साहित्यिक सिद्धान्तों और काव्यशास्त्र का संक्षिप्त अध्ययन कर लिया जाए। उनके विचारों ने उर्दू और सब्क हिन्दी (भारतीय शैली) की कविता का ख़ामोशी से लेकिन बहुत दूर तक समावेश किया है। यह संचार इस अर्थ में तो नहीं है कि हम ख़ुसरो के मूल शब्दों की पुनरावृत्ति हर जगह देख सकें, लेकिन इस अर्थ में अवश्य है कि ख़ुसरो का काव्यशास्त्र और उनकी काव्य-प्रणाली, दोनों ने उर्दू और सब्क-हिन्दी की साहित्यिक सर्जना को प्रायः समर्थन और शक्ति प्रदान की। निज़ामी ने 'ईहाम' पर जो ज़ोर दिया उसकी वजह ख़ुसरो के सिद्धान्त और उदाहरण अवश्य रहे होंगे। उर्दू काव्यशास्त्र पर ख़ुसरो का प्रभाव

हम इस बात में भी देख सकते हैं कि हमारे यहाँ 'रवानी' (प्रवाह) पर जो असाधारण आग्रह है, इसका मूल अमीर .ख़ुसरो के यहाँ नज़र आता है। हर उस संस्कृति में जहाँ कविता को जनसमूह में पढ़कर सुनाया जाता है, इस बात का विशेष प्रबन्ध अवश्य रहता होगा कि कलाम में रवानी हो और वह ध्वन्यात्मक दृष्टि से ऐसा हो कि उसे जनसमूह आसानी से सुन और समझ सके। आधुनिक अरब कवि और आलोचक अदोनिस (Adonis), जिसका अस्ल नाम अली अहमद सईद है, प्राचीन अरब की कविता की ध्वनि और गायकीयता पर बहस करते हुए जाहिज़ का कथन लिखता है :

''शब्दों के वर्णों और पंक्ति के शब्दों में संगत सरलता और लचक होनी चाहिए ताकि उन्हें अदा करने में आसानी हो...शब्दों को नर्म, रुचिकर, उनके प्रयोग में लचक और उनकी अदाइगी आसान होनी चाहिए ताकि पूरा शेर एक शब्द की अनुभूति कराए और पूरा शब्द एक वर्ण की अनुभूति कराए।''[3]

ज़ाहिर है कि उपर्युक्त कथन को हम 'रवानी' की एक उपयोगी और मूलभूत परिभाषा कह सकते हैं। ख़ासकर यह बात बहुत ध्यान देने योग्य है कि कविता जब पढ़ी जाए तो उसमें इतनी सरलता हो कि पूरा शब्द एक वर्ण लगे और पूरा शेर (दो लाइन) मात्र एक शब्द के बराबर लगे। लेकिन जाहिज़ या किसी और अरब आलोचक ने 'रवानी' का भाव रखनेवाला कोई शब्द सम्भवतः प्रयोग नहीं किया है। अरब सैद्धान्तिकों के यहाँ हम 'बदाहत' (प्राकृतिक भाव) और 'फ़साहत' (सुवाक्य) आदि का वर्णन अवश्य देखते हैं। उनके यहाँ 'रवानी' की कल्पना को सम्भवतः 'बदाहत' के अन्तर्गत समझा जाता था। ऐसा लगता है .ख़ुसरो पहले सिद्धान्तकार हैं जिन्होंने 'रवानी' को पद के अर्थ में प्रयोग किया। और इस बात में तो बेशक वे पहले हैं कि उन्होंने 'रवानी' पर एक ख़ासी पेचीदा और सूक्ष्म विश्लेषण पर आधारित बहस लिखी। यह बहस सूक्ष्म विश्लेषणकारी प्रभाव पर इस प्रकार आधारित है कि हमें यह ख़याल गुज़रता है कि इस पर 'हृदय' के सिद्धान्त का प्रभाव पड़ा होगा। .ख़ुसरो के बारे में हम जानते हैं कि वे संस्कृत से परिचित थे।

.ख़ुसरो ने अपना कुल्लियात (काव्य-संकलन) अपने दीवान ''बक़ीया-ए-नक़ीया'' (लगभग 1315) के संकलन के बाद सम्पादित किया। कुल्लियात की भूमिका में उन्होंने 'रवानी' की बुनियाद अपने उन चार दीवानों की रोशनी में क़ायम की जो उस समय तक पूर्ण हो चुके थे। उन्होंने लिखा :

''पाठकों के स्वभाव में यह बात रहे कि प्रथम श्रेणी में जो ग़ज़लें हैं, वे ज़मीन की तरह शीत, शुष्क और घनी, नाज़ुक व ओजहीन हैं और यह भी कि ये ग़ज़लें शिल्पविहीन और नवीनताविहीन, और पुरानी परम्पराओं, और गाढ़ी-घनी औपचारिकताओं से पूर्ण हैं। वे मलिनता (गाढ़ेपन और घनेपन) की ओर रुचि रखती हैं। और जब वे ग़ज़लें मेरी इच्छानुसार पूर्ण हुईं तो मेरे दीवान 'तुहफ़तुल-सिग़र' में आई हैं।

द्वितीय श्रेणी में जो ग़ज़लें हैं वे पानी हैं, जैसे कि पानी कल्पना की तरह कोमल है, और मिट्टी से ऊँचा या श्रेष्ठ है। ग़ज़लें क्लिष्ट शब्दों की धूल से मुक्त हैं। वो

'वस्तुल-हयात' उष्ण व आर्द्र है। गोया वह ऐसा पानी है जो अपने अग्नि स्वभाव के कारण ख़ूब जोश पर है। और इस प्रकार से वह जल-स्थल से वायु-स्थल पर पहुँचा हुआ है। लेकिन वे ग़ज़लें तरी में ही रही हैं।

तृतीय श्रेणी में जो ग़ज़लें हैं, पकी हैं, ख़ूब पकी हुई अर्थात् परिपक्व और मज़ेदार। हवा चूँकि पानी के गुणवाली और उष्ण व आर्द्र है, ये ग़ज़लें अतिकोमल और अति गतिशील, और उत्तम हैं। और चूँकि कोमलता अवरोधक नहीं होती, ये ग़ज़लें भी हवा की तरह उष्ण व आर्द्र हैं। और वे ग़ज़लें जो कोमल पानी की तरह अधिक रवाँ (गतिशील) हैं और जिन्हें अग्नि जैसे स्वभाव की ऊँची उड़ान से शक्ति मिली है, और जो कि वायु-स्थल से जल-स्थल तक पहुँच गई हैं, वे 'गुर्रतुल-कमाल' से हैं। इस दीवान की तमाम ग़ज़लें इसी प्रकार की हैं। उचित होगा कि पढ़नेवाले स्वाभाविक साहित्यिक समझ के द्वारा उनका अर्थ निकालें।

चतुर्थ श्रेणी में ग़ज़लें अग्नि की तरह हैं। अग्नि की प्रवृत्ति ऊँचाई की ओर होती है, और वह कदापि अपना सर नीचे की ओर नहीं लाती, पतन की ओर नहीं जाती, और कोई प्रकृति उससे उच्चतर नहीं होती, बल्कि उस तक पहुँचती भी नहीं। इस प्रकार ताप अग्नि की विशेषता है, तो ये ग़ज़लें नर्म दिल में यूँ गुज़र करती हैं जैसे रूई आग में और लौह दिल को थोड़ा नर्म कर देती हैं। पर अगर कोई दिल ऐसा है जो इश्क़ के दर्द को नहीं रखता, तो वे उसे ख़ूब ही जलाती हैं, और धूल में मिला देती हैं। "बक़ीया-ए-नक़ीया' और उसके बाद की इन अग्नि शिखा दीप्त ग़ज़लों में और अग्नि ज्वाला जो शेर में होती है (के कारण), मैं चाहता हूँ कि इन जलती हुई ग़ज़लों से इस गोल आकाश को पूरी तरह अशान्त कर डालूँ, गोया कि इस भूमंडल से उठनेवाली ज्वाला तारा-मंडल में बुध ग्रह तक जा पहुँचे, यहाँ तक कि उसका प्रकाश सम्पूर्ण आकाश पर गिरे और अलौकिक सूर्य को पानी कर डाले।"[4]

इस असाधारण उद्धरण में जो बारीकियाँ, सन्दर्भ, संकेत और सिद्धान्त निहित हैं उनका सम्पूर्ण विश्लेषण इस समय आवश्यक नहीं, और शायद सम्भव भी नहीं। लेकिन कुछ मूल बातों की ओर संकेत आवश्यक है : पहली बात तो यह कि ख़ुसरो की नज़र में 'रवानी' विशेषता है आग और पानी की। या यूँ कहें कि 'रवानी' की प्रकृति आग और पानी जैसी है। और सबसे उत्तम रवानी है उस पानी की जो गर्मी से वाष्प में परिवर्तित होकर फिर पानी में, और फिर पानी से वाष्प में परिवर्तित होकर अन्त में पानी में परिवर्तित हो गया हो। इस प्रकार एक तत्त्व (मन्द उष्णता, आर्द्रता, पानी) की ऊर्जा, दूसरे तत्त्व की ऊर्जा (अतिउष्णता, आर्द्रता, हवा) की ओर मुक्तभाव से बहती रहती है, और एक की ऊर्जा दूसरे की ऊर्जा में बदलती जाती है। तदोपरान्त वह एक और तत्त्व (सख़्त गर्म आग) में ढलकर फिर एक और तत्त्व (पानी) में परिवर्तित हो जाती है। शेर की 'रवानी' संगीत के स्वरों के उतार-चढ़ाव की तरह है, लेकिन और भी आज़ादी के साथ, क्योंकि हवा, पानी और आग मूल रूप से अपनी ही भौतिक प्रवृत्ति के अनुसार उठते और बहते हैं, जबकि संगीत मूल रूप से ताल और

अन्तराल की पाबन्द है। शेर की रवानी ताल और अन्तराल के बन्धनों से परे है। वह विभिन्न, बल्कि विरोधी तत्त्वों को एकत्र करती और उनको एक हालत से दूसरी हालत में परिवर्तित करती है।

दूसरी बात यह कि .ख़ुसरो की नज़र में, काव्य-रचना और काव्य-मर्मज्ञता दोनों ही के लिए अनुकूल स्वभाव और उचित प्रकृति का समानुपातिक होना आवश्यक है। 'रवानी' के बारे में आरम्भ ही में वे उन लोगों को सम्बोधित करते हैं जो 'प्रतिभावान पाठक' हैं, अर्थात् वे लोग जो उचित प्रकृति और विवेक दोनों के मालिक हैं। कवि और पाठक दोनों के बारे में अरबी-फ़ारसी के एक महत्त्वपूर्ण शब्द 'तब्अ' (स्वभाव) का प्रयोग वे आज़ादी के अर्थ में करते हैं। उदाहरणार्थ, तब्अ-ए-रवाँ (योग्यता, स्वभाव) तब्अ-ए-वक़्क़ाद (प्रतिभाशाली, प्रफुल्ल, तीव्र बुद्धि) आदि। 'तब्अ' के अस्ल मानी हैं, किसी चीज़ पर किसी चीज़ का नक़्श बिठाना जैसे अँगूठी की मुहर करना आदि। अतः 'तब्अ' में शिक्षा, प्रशिक्षण ख़ासकर बचपन में प्राप्त की हुई योग्यताओं का अर्थ भी शामिल है।

.ख़ुसरो ने 'तब्अ-ए-वक़्क़ाद' का पद एक बार अपने लिए और एक बार अपने पाठक के लिए प्रयोग किया है। 'वक़्क़ाद' के बहुत-से अर्थ हैं। उनमें निम्नलिखित हमारे लिए उपयोगी हैं : रोशन, अग्निमय, तेज़, गर्म, फुर्तीला, बुद्धिमान, प्रतिभाशाली, प्रफुल्ल आदि। यह भी याद रहे कि जो रोशन करे वह भी वक़्क़ाद और जो रोशन हो वह भी वक़्क़ाद है। कवि की 'तब्अ-ए-वक़्क़ाद' उससे कविता कराती है और पाठक की तब्अ-ए-वक़्क़ाद उसे इस विषय में सूचित करती है कि कवि क्या कर रहा है और किस तरह कर रहा है। कविता के क्षेत्र में कवि और पाठक एक ही तल पर हैं। इस कल्पना और अभिनवगुप्त के 'सहृदय' सिद्धान्त में समानता जाहिर है। 'सहृदय' की परिभाषा अभिनवगुप्त ने यूँ की है कि वह "ऐसा हृदय रखता है जिसकी ज्ञान-शक्ति तीव्र हो।"[5]

'रवानी' के मूल तत्त्व की हैसियत से आग और पानी के एकत्व की धारणा के चलते हमारा ध्यान काव्य-ऊर्जा की ओर जाता है। किसी शेर में उसके रचयिता की ऊर्जा अगर इस तरह, और इस रंग में मौजूद न हो जिस तरह वह उसकी सृजनात्मक कल्पना में प्रकट होती है, तो वह रचना रवाँ न होगी। इसके विपरीत वह आसानी से टूटनेवाला (नाज़ुक) और घना-गाढ़ा (कसीफ़) होगा। 'कसीफ़' शब्द में मैल-कुचैल, तरी और चिकनाई से चिकटे होने का अर्थ है, लेकिन इसमें अधिक और बाह्य, भीड़-भाड़, आदि का अर्थ भी है।

हांस वेर (Hans Wehr) के अरबी/अंग्रेजी शब्दकोश में 'कसीफ़' के निम्नलिखित अर्थ हैं।[6]

dense; compact; heavy ; coarse; viscous,

'मिसबाहुल-लुग़ात' में है गाढ़ा, मोटा और 'मुंतख़बुल-लुग़ात' में 'कसीफ़', 'सितब्र' (बहुत भारी, गाढ़ा ग़लीज़) के अर्थ में अंकित है। अतः कसीफ़ वस्तुएँ वे हैं जो गाढ़ी

और घनी हैं, इसलिए वे अन्य वस्तुओं से भरी हुई हैं। इसका विलोम 'लतीफ़' है, और 'लतीफ़' में अधिकता का सन्देह नहीं है। अतः 'कसीफ़' रचना वह है जिसमें शब्दों की अधिकता हो, ख़ासकर ऐसे शब्दों की जो भारी-भरकम कठिन और गुठ्ठल हों। ऐसी रचना में ऊर्जा कम होगी। इसीलिए ख़ुसरो इसे 'नाज़ुक' कहते हैं। 'नाज़ुक' शब्द के भी अच्छे-बुरे दोनों अर्थ हैं। बुरे अर्थ हैं—आसानी से टूट जानेवाला, आसानी से क्षतिग्रस्त हो जानेवाला अतः वह जिसमें अनुकूल शक्ति और ऊर्जा की कमी हो।

उपर्युक्त कथन से थोड़ा पहले ख़ुसरो ने स्वभाव के 'कसाफ़त' (अशुद्धता) को आग के द्वारा पानी में परिवर्तित होता हुआ बताया है।[7] अतः यह सृजनात्मक बुद्धि के अन्दर भड़कती रहनेवाली आग की ऊर्जा ही है जो रचना को 'कम रवाँ' से 'ज़्यादा रवाँ' में बदल देती है। इस मत को ख़ुसरो ने दीबाचाए-कुल्लियात (जिसका हवाला ऊपर आया है) में विभिन्न प्रकार से स्थापित किया है : दूसरे दीवान की ग़ज़लें उस पानी की तरह हैं जो "अपने अग्नि-स्वभाव की बदौलत ख़ूब जोश पर है।" तीसरे दीवान की ग़ज़लें ख़ूब भुनी (परिपक्व) हुई ठोस और मज़ेदार हैं।[8] इनमें 'अग्निमय स्वभाववाली शक्ति' तो है लेकिन ऊँची उड़ान नहीं है।

चौथे दीवान की ग़ज़लें प्रत्यक्षतः अग्नि की विशेषता रखती हैं। ये ग़ज़लें 'नर्म दिल में यूँ गुज़र जाती हैं जैसे रूई में आग,' और यह 'लौ' दिल को थोड़ा नर्म कर देती है। लेकिन वे कठोर दिल जिनमें इश्क़ पैदा करनेवाला दर्द ही नहीं होता, उन्हें ये जलाकर राख कर देती हैं। इन ग़ज़लों में वह शक्ति और ऊर्जा है कि ये सारे आकाश को वशीभूत कर लें, उसके मन की शान्ति भंग कर दें, और सूर्य की ज्वाला को पानी में बदल दें। ये ग़ज़लें वस्तुओं को शक्ति प्रदान करती हैं। लेकिन इनकी ऊर्जा इश्क़ के काम में ख़र्च होती है, समाजी और कल्याणकारी कामों में नहीं।

'रवानी' के बारे में अपनी चर्चा के अन्त तक आते-आते (और वास्तव में इस भूमिका में और कुछ बहुत है भी नहीं) ख़ुसरो ऐसे रूपक अपनी रचना में दाख़िल करते हैं जिनकी सार्थकता ज्योतिष विज्ञान से भी है। ये रूपक इनके सारे तर्क को लपेटकर एक बिन्दु पर केन्द्रित भी कर देते हैं। सबसे पहले तो वे बुध राशि समूह का उल्लेख करते हैं। उसका शासक बुध (Mercury) है, इसका सम्बन्ध शिक्षा और बुद्धि से है। और कन्याराशि में उसे सम्मान प्राप्त है। बुध की दो पहचान हैं, मिथुन राशि (Gemini) और कन्या राशि (Virgo)। स्वयं मिथुन राशि संकेत है परिवर्तनशील वायु (Mutable air) का। अरबी में 'अल जौज़ा' का अर्थ है 'काली भेड़' जिसके शरीर का आधा भाग काला हो। चूँकि ऐसी भेड़ किसी ऐसे रेवड़ में अधिक ज़ाहिर होगी जिसमें बाक़ी सब भेड़ें काली ही काली हों और चूँकि इस तारा-मंडल में जो सितारे हैं वो और मंडल के सितारों की तुलना में अधिक चमकीले हैं, इसलिए इसे 'जौज़ा' कहते हैं।[9] हिन्दुस्तान में इसे मिथुन कहते हैं, जिसका अर्थ है सम्भोग करना (Sexual inter course)[10] अतः यहाँ सृजनात्मक ऊर्जा, और काव्यात्मक प्रकृति के अग्निमय और ज्वलनशील होने की ओर अधिक संकेत पाए जाते हैं।

बुध (Mercury) का दूसरा अर्थ हिन्दुस्तान में 'कन्या राशि', अरबी में 'ग़ल्ले (गेहूँ) की बाली'। अरबी में इसका एक नाम 'अल-अज़रा' भी है, जिसका अर्थ है 'कुँवारी लड़की' (हज़रत मरियम को भी अज़रा कहते हैं)। ख़ुसरो ने यहाँ नक्षत्र के लिए शब्द 'राशि' प्रयोग किया है, जो बिलकुल ठीक है। लेकिन ज़ाहिर है कि इसका अर्थ ''ग़ल्ले (गेहूँ) की बाली, फलों या दानों का गुच्छा'' भी है। इस प्रकार सुम्बुला/कन्या/ग़ल्ले की बाली/कुँवारी लड़की। हज़रत मरियम की उपमा से भी सृजन और प्रजनन का अर्थ निकलता है। फिर Virgo या कन्या संकेत है ''परिवर्तनशील भूमि (Mutable earth) की, और ख़ुसरो ने अपनी शुरू की ग़ज़लों को 'भूमि' की तरह कहा था। दूसरे दीवान तोहफ़तुल सिग़र की ग़ज़लों की 'भूमि' परिवर्तन के ज़ोर से बदली या उसके अशुद्ध तत्त्वों का कायाकल्प हो गया, या उनका विरेचन हुआ, तो दूसरा दीवान अस्तित्व में आया।

जैसा कि अभी मैंने बताया, Virgo को हमारे यहाँ 'कन्या' कहते हैं, और इसकी शक्ल हमेशा नवजवान लड़की-सी बनती है। फ़ारसी कवियों का प्रमुख विषय है कि वह अपनी प्रकृति या काल्पनिक हृदय को गर्भवती मानते हैं, बल्कि ऐसी गर्भवती जो कुँवारी भी है, और अपनी रचना को इस कुँवारी प्रकृति की सन्तान मानते हैं। सम्भव है ख़ुसरो के मन में ख़ाक़ानी (1126 से 1198-99) का वह क़सीदा रहा हो जहाँ इसके साथ हज़रत मरियम का विषय भी लाया गया है :

रोज़ा कर्दम नज़्र चूँ मरियम कि हम मरियम सफ़ास्त
ख़ातिरे रूहुलक़ुदस पैवन्दे ईसा ज़ाय मन
दस्ते मन जौज़ा-ओ-किलकम हूत-ओ-मानी सुम्बुला
सुम्बुला ज़ायद ज़े हूत अज़ जुम्बिशे जौज़ाए मन
गरचे अज़ जनसीरताँ कारम चू खंसा मुश्किलस्त
हामिला अस्त अज़ जाने मर्दां ख़ातिरे अज़राए मन ॥

अतः सृजनात्मक ऊर्जा कवि के दिल पर क़ब्ज़ा कर लेती है। जैसा कि आपने देखा ख़ाक़ानी और ख़ुसरो दोनों ख़ातिर 'प्रकृति' (तब्अ), 'दिल' जैसे शब्दों का प्रयोग बार-बार करते हैं। और कवि की प्रकृति अर्थ से भर जाती है। भूमि (Earth) (कुँवारी लड़की [कन्या] ग़ल्ले की बाली अज़रा) गर्भवती हो जाती है। उसका गर्भ विकसित होता है 'कल्पना की ज्वाला' (Fire of the Imagination) विचार-शक्ति से, जिसका गुण 'रवानी' है। ख़ाक़ानी के दूसरे शेर में सारा सृजनात्मक कर्म ही हरकत और रवानी के रूपों में बयान हुआ है।

जैसा कि मैंने अभी कहा कन्या का शासक बुध (Mercury) है, जो बुद्धि, तर्क, लेख, भाषण का स्वामी है। अतः उसे साहित्य और कल्पना के भी सभी पहलुओं पर अधिकार प्राप्त है। लेकिन उसका कार्य भी 'भूमि-तत्त्व' बेरंग (Neutral) है। इसका अभिप्राय यह हुआ कि कवि अपनी सृजनात्मक बुद्धि को अपनी इच्छानुसार काम में लाता है। बुध के अधीनों में मिथुन की समानता वायु से है। और कन्या का सम्बन्ध भूमि से। ख़ुसरो के काव्यशास्त्र में भूमि और वायु एक-दूसरे में मिल जाते हैं, फिर अग्नि उन्हें ज्वाला

और प्रकाश में बदल देती है। कवि की गर्भवती प्रकृति वह खलियान बन जाती है जहाँ से आग की फ़सल उगाई जाती है। फिर यह आग बुध राशि में लगती है और इस अग्नि दहन से जो शक्ति और ऊर्जा उत्पन्न होती है वह सूर्य के प्रकाश को पानी कर देती है।

एक नज़र अलंकार पर भी डालें :

ख़ोशा = Constellation, ग़ल्ले की बाली, फलों या दानों का गुच्छा

तब्अ शाइर (कवि प्रकृति) = ख़िरमन (खलियान)

ख़िरमन = कन्या-राशि का ढेर

कन्या-राशि = कन्या, अल-अज़रा (हज़रत मरियम)

आब = पानी, चमक—अतः रोशनी = पानी और पानी = रोशनी

आफ़ताब (सूर्य) = ज्योतिष विज्ञान में स्थायी या चिरस्थायी अग्नि (Fixed fire) = बेरंग (Neutral)

आब = बेरंग अतः आब = आफ़ताब

ज्योतिष शास्त्र के अनुसार मुख्य रूप से सूर्य का विशेष सम्बन्ध हृदय, सिर और आँखों से है। सूर्य जीवन देता है और वह ऊर्जा पैदा करता है जिससे वस्तुओं में जान आती है। अब देखें कि ख़ुसरो के ज्योतिष-सम्बन्धी काव्यशास्त्र में उनकी रचना सूर्य को पानी कर देती है। और पानी भी (जैसा कि हमने ऊपर देखा) प्रकाश है और दोनों में 'रवानी' की विशेषता है। अतः उच्चतम रचना वह होगी जिसमें प्रकाश की तरंगों और पानी की लहरों की ऊर्जा और रवानी दोनों हों।[12]

ख़ुसरों ने 'रवानी' को जो असाधारण और केन्द्रीय महत्त्व प्रदान किया इसकी प्रतिध्वनि उर्दू फ़ारसी के शाइरों में हर जगह मिलती है। यहाँ तक कि अठारहवीं सदी के दिल्ली के उर्दू शाइरों ने 'रवानी' को अपने काव्यशास्त्र में प्रथम स्थान दिया। ख़ुसरो के बाद सबसे पहले जिस व्यक्ति ने 'रवानी' को केन्द्रीय महत्त्व प्रदान करके 'शाइर' और 'सनअतगर' (शिल्पकार) में 'रवानी' के आधार पर अन्तर किया, वह हाफ़िज़ (1325-1398) हैं।

आँरा कि ख़्वानी उस्ताद गर बिनगरी बतहक़ीक़
सनअत गर अस्त अम्मा शेरे रवाँ नदारद[13]

और पास आइए तो दकनी कवियों ने 'रवानी' के विषय को क्षैतिज (Syntagmatic) फैलाव देते हुए उसमें समुद्र और मोती के बिम्ब दाख़िल किए। शेख़ अहमद गुजराती ने अपनी मसनवी 'यूसुफ़ ज़ुलेख़ा' (1580/1585) में अपनी कविता की विशेषता में कहा :

किता फिर जोश मुन्ज मन समुद आपार
नवा अम्बर हुआ मोती सुटन हार[14]

मुल्ला वज्ही (देहान्त 1659) 'क़ुतुब मुशतरी' (1609/10) में इन्हीं बिम्बों को बढ़ाकर कहते हैं :

मनज = मेरा; मन समुद्र = दिल का समुद्र, निवा = झुककर; सटनहार = बिखेरनेवाला,

गुहर यू मेरे यूँ लगे झमकने
कि पानी हो गए मोती सेन्सरमने
अगर ग़ोते लक बरस ग़व्वास खाये
तो यक गौहर इस धात अमोलक न पाये
यू मोती नहीं वो जो गव्वास पायें
यू मोती नहीं जो वो किस हाथ आयें
गव्वासाँ किते ग़ोते खा खाएकर
मोए हैं सो इस समुद में आएकर[15]

मुल्ला नुसरती बीजापुरी (1600-1674) अपने कवि बादशाह अली आदिल शाह (शासनकाल—1656-1676) की प्रशंसा में कहते हैं (अली नामा 1666) :

तेरा ज़ेह्न निर्मल तेरा तब्अ साफ़
सुख़न संज बारीकबीं मू शिगाफ़
तेरे दिल के दरिया का शेर इक है मौज
फ़लक़ पस्त जाँ तुझ ख़यालाँ कि फ़ौज[16]

इसके कुछ पहले, नुसरती जब अपने लिए ख़ुदा की मेहरबानी माँगते हैं तो और चीज़ों के साथ अपनी तबीयत और कल्पना के लिए 'रवानी' भी माँगते हैं :

ख़यालाँ को मुझ बाव के औज़ दे
तबीयत को दरिया के नित मौज दे
मेरी जीब को सैफ़ कर आबदार
इनायत की रख दम सूँ नित तेज़ धार[17]

इस मसनवी में नुसरती में 'मज़्मून' (विषय-वस्तु Theme) का पद भी प्रयोग भी किया है। इसे हम उर्दू में 'मज़्मून' को पद के रूप में प्रयोग का प्राचीनतम उदाहरण कह सकते हैं। 'मज़्मून' (अर्थात् रचना किस वस्तु के बारे में है) और 'मानी' (अर्थात् उस रचना का अर्थ क्या है) का अन्तर हमारे यहाँ सबसे पहले शायद सब्के-हिन्दी (भारतीय शैली) के कवियों ने किया। दकन के उर्दू कवियों ने इसे उर्दू में परिचित कराया। सम्भव है इस अन्तर का आधार संस्कृत के सिद्धान्त रहे हों। अठारहवीं सदी के दिल्ली के कवियों ने इस अन्तर को अपने काव्यशास्त्र का महत्त्वपूर्ण भाग बनाया। इस पर चर्चा आगे होगी।

नुसरती के बाद वली (1665/67—1707/1708) के यहाँ हम 'रवानी' को रचना की विशेषता के साथ-साथ माशूक़ के बालों की विशेषता के रूप में भी देखते हैं :

दरिया सूँ मेरी तब्अ के जोशाँ है हर इक शब
तुझ ज़ुल्फ़ की तारीफ़ में अम्वाज मानी
दरियासती निस्बत है बजा तब्अ कूँ मेरी
इस मर्तबा अम्वाज सुख़न की है रवानी[18]

यू = यह, सेन्सर = सीप, लक = लाख, धात = तरह, अमोलक = अनमोल, गव्वासाँ = गोताख़ोर का बहु., किते = कितने, समुद = समन्दर।

अठारहवीं सदी के दिल्ली के कवियों ने 'रवानी' को उस नवीन काव्यशास्त्र की नींव का पत्थर माना जो उस सदी के आरम्भ में विकसित हो रही थी। मैंने इसे 'नवीन काव्यशास्त्र' इसलिए कहा कि इस काव्यशास्त्र ने चेतन या अचेतन रूप से कविता के स्वरूप और मूल तत्त्व के बारे में उस चिन्तन-पूँजी को इकट्ठा किया जिसे बहुत पहले से उर्दू के कवि सैद्धान्तिक चिन्तन या उच्चतर संवेदनाओं के फलस्वरूप अपनी रचना में दाख़िल करते आए थे। कविता की सराहना के लिए 'रवानी' उस समय एक प्रसिद्ध पद के रूप में प्रचलित हो गई। मैं यहाँ केवल एक उदाहरण शाकिर नाज़ी (1690-1744) से पेश करता हूँ, कुछ तो इसलिए कि इसमें अलंकार है, और कुछ इसलिए कि इसमें वली की प्रतिध्वनि है :

रवानी तब्अ की दरिया सती कुछ कम नहीं नाजी
भरें पानी हम ऐसी जो कोई लावे ग़ज़ल कहके[19]

मुसलमानों के साहित्यिक विचारों और व्यवहारों पर सबसे प्रभावपूर्ण वस्तु क़ुरान-पाक रही है। क़ुरान दैवी अर्थात् मनुष्येतर रचना भी है, और इसके साथ ही (मानवीय अर्थ में) मौलिक सृजनात्मक लेखन का बड़ा चमत्कार भी। इस्लाम के उदय के बाद की अरबी कविता ने, और फिर तमाम मुसलमानों की कविता ने, सृजनात्मक लेखन का यही चमत्कार प्राप्त करने, अर्थात् शक्ति और प्रभाव में क़ुरान के समीप पहुँचने की कोशिश की। अरबी में आलोचना साहित्य का आरम्भ क़ुरानी टीकाओं से होता है (व्याख्या) इब्नुल मुअत्तिज़ ने अपनी जगतप्रसिद्ध पुस्तक 'किताबुल-बदीअ' (887) में लिखा कि 'धार्मिक प्रवचन' (जो उस समय का, और थोड़ा कृत्रिम शिल्प था) के सिवा तमाम अरब के रचनात्मक सौन्दर्य की विशेषता क़ुरान में मौजूद है।

सूज़ेन पिंकनी स्टेट्कीविच (Suzanne Pinckney Stetkevych) ने बिलकुल सही तौर पर इस्लाम के पहले के क़सीदे और क़ुरान को 'अरब-इस्लामी साहित्यिक संस्कृति का जुड़वाँ आधार' माना है। आगे चलकर वह कहती है कि जिस प्रकार क़ुरानी पाठ के बारे में आस्था थी कि कोई इसकी नक़ल नहीं कर सकता, उसी प्रकार दौरे जाहिलया (इस्लाम के पहले समय को कहते हैं) की कविता के बारे में यह विचार था कि इस्लामी काल के कवि इसके स्तर को नहीं पहुँचते।[20]

मुसलमान कवि के लिए क़ुरान न केवल तमाम ज्ञान का ख़ज़ाना है बल्कि 'बलाग़त' (साहित्यिक पराकाष्ठा) का भी उच्चतम उदाहरण है। 'बलाग़त' को पश्चिमी विद्वान कभी-कभी Eloquence (वाक्पटुता) का पर्याय माना है। इससे यह विचार पैदा होता है कि 'बलाग़त' वास्तव में वही वस्तु है जिसे यूनानी रितोरिका का नाम देते हैं। लेकिन अरबों और उनसे प्रभावित तमाम साहित्यिक संस्कृति में 'बलाग़त' काव्यशास्त्र के विद्वानों की विषय-वस्तु है। 'बलाग़त' एक सूरते-हाल है जिसमें निम्नलिखित वस्तुएँ या उनमें से अधिकांश वस्तुएँ उपस्थित होती हैं : पाठ में जिन शब्दों का प्रयोग हुआ हो वो कथन के अनुकूल हों। वो पाठ की विषय वस्तु, या विषय का ठीक-ठीक वर्णन करें, इस प्रकार कि पाठ पर अधिकता या कमी का आरोप न आ सके, अतः पाठ में

कोई शब्द ऐसा न होना चाहिए जो कथन के उद्देश्य को स्थापित करने में व्यवहारतः कोई भाग न ले। भाषा की पूरी अभिव्यक्ति-सम्भावना लेखक की मुट्ठी में होनी चाहिए, लेकिन साथ ही साथ पाठ-निर्माता के आशय को समझ लेना पाठक के लिए सम्भव होना चाहिए, क्योंकि पाठ की भाषा हज़ार असाधारण या रूपक-लाक्षणिक हो लेकिन वो किसी-न-किसी प्रकार से स्तरीय मुहाविरे के अन्दर ही होगी।[21]

मुस्लिम साहित्यिक संस्कृति में क़ुरान-पाक़ अपनी विशेषता के कारण तमाम ज्ञान-विज्ञान के सिद्धान्तों और रहस्यों का ख़ज़ाना है। 'गुर्रतुल कमाल' की भूमिका में .ख़ुसरो कहते हैं, "चूँकि समस्त ज्ञान जो जल और थल में है क़ुरान के समुन्दर में हैं अतः जो कोई यह कहे कि उच्चतम पुस्तक अर्थात् क़ुरान में कविता नहीं तो वो क़ुरान के कथन का विरोधी हो गया।[22] और चूँकि क़ुरान सुन्दरतम पाठ है अतः यह उचित था कि कविता के दिल और दिमाग़ दोनों को ही क़ुरानी सन्दर्भ में रखा जाए, यह महान सैद्धान्तिक छलाँग .ख़ुसरो ने ही लगाई। इसी भूमिका में .ख़ुसरो कहते हैं :

"मूल कविता और मूल ज्ञान दोनों में शब्द और अर्थ के विचार से पूरी तरह अनुरूपता है। जहाँ तक प्रश्न शब्द का है तो क़ुरान मजीद इसकी ख़बर देता है कि 'वहुम-ला यशउरून,' अर्थात् 'वाहुम-ला-यालमून'।[23] यानी 'उन्हें पता नहीं' अर्थात् 'वे जानते नहीं'। और अर्थ के लिहाज़ से तो हमारे पास रसूल अलैह उल इस्लाम से यह लिखा हुआ (मुक़र्ररी; नियत किया हुआ है) पहुँचा है कि 'बेशक शेर में से हिक्मत है और बेशक बयान में से जादू है'।

और 'हिक्मत' (बुद्धि) का अर्थ 'इल्म' (ज्ञान) है। यह क़ुरान मतीन और बयान की गई आयतों में है कि 'जिसको हिक्मत मिल गई उसको बेशक बहुत सी भलाई मिल गई'।

यहाँ 'हिक्मत' का अर्थ 'इल्म' है। इस तरह 'शाइर' का अर्थ है 'आलिम' (विद्वान/ज्ञानी)। और अगर कोई शाइर, आलिम भी हो तो वल्लाह वो तो बहुत बड़ा विद्वान/ज्ञानी होगा। और दोबारा इस हदीस (को देखें) कि 'बेशक शेर में से हिक्मत है' और 'बेशक बयान में से जादू है'।

शाइरी के जादूगरों के लिए पेड़ का एक सिलसिला निकलता है और वो ऊँचाई में अर्श और जन्नत के पेड़ों से ऊँचा निकलता है। इस तरह कि वो बुलबुले-गुलिस्तान-माज़ग़[26] शेर को अस्ल (जड़/मूल) फ़रमाता है और हिक्मत को उसकी फ़र्अ (शाख़/डाल)। उस आदर और सत्कार का क़यास (अनुमान) भला क्या हो कि पवित्र आयतों में यूँ बयान है कि जिसको हिक्मत दी गई उसको बहुत उत्तम वस्तु प्रदान की गई। और ख़ैरुल बशर अलैह उल इस्लाम (मुहम्मद साहब) ने हदीस में हिक्मत को शेर की एक क़िस्म (प्रजाति) कहा है। न कि शेर को हिक्मत की एक क़िस्म। क्योंकि (कहा गया है) 'बेशक शेर में से हिक्मत है' न कि 'बेशक हिक्मत में से शेर है'।

लिहाज़ा इस सूरत में शेर, हिक्मत से श्रेष्ठ है, और हिक्मत शेर की तह (गहराई) में दाख़िल है। और शाइर को हकीम कह सकते हैं, मगर हकीम को शाइर नहीं कह सकते। आप (सल्लै.) ने सिहर (जादू) को बयान (के अन्तर्गत) से फ़रमाया है, न कि

बयान को सिहर (के अन्तर्गत) से। इस तरह शाइर को सांहिर (जादूगर) कह सकते हैं, साहिर को शाइर नहीं गिन सकते।[27]

.खुसरो की प्रतिभा यहाँ इस बात में न थी कि उन्होंने कोई नवीन सैद्धान्तिक आधार स्थापित किया; बल्कि इस बात में थी कि दो दुनियाओं को मिलाने का निर्णय किया और इस मिलाप के समर्थन में वो एक नया तर्क लाए। जो सामान्य सिद्धान्त उनके लेख में निहित है वो ये है : कविता स्वयं अपनी हैसियत में ज्ञान का भंडार और उसका घर है, और उसके सरोकार महानतम और बड़े विषयों से हैं न कि 'यथार्थ' को किसी 'व्यक्तिगत' या 'वस्तुपरक' दृष्टि से देखने से। यह सिद्धान्त सारे अरबी काव्यशास्त्र में निहित है। और संस्कृत काव्यशास्त्र में जो स्थिति अपनाई गई है, उनसे भी यह बहुत दूर नहीं है। दोनों की दृष्टि में कविता (Poems) ऐसा पाठ है जो अर्थपूर्ण है, लेकिन इसका काम सूचना एकत्र करना नहीं। उर्दू की साहित्यिक अभिरुचि या रस का निर्धारण करने के सन्दर्भ में .खुसरो का यह कारनामा देखा जाना चाहिए।

हिन्दू-मुस्लिम साहित्यिक संस्कृति में 'मानीआफ़रीनी' (अर्थविस्तार) पर जो ख़ास ध्यान दिया गया है उसका एक सरसरी अन्दाज़ा इस बात से ही लग सकता है कि .खुसरो ने अपनी 'प्राथमिकता' में जिस वस्तु पर सबसे अधिक गर्व किया है, वो एक ख़ास प्रकार का ईहाम (अर्थालंकार) है, और .खुसरो ईहाम को प्रत्यक्ष रूप से 'मानीआफ़रीनी' से सम्बद्ध क़रार देते हैं। 'गुर्रतुल-क़लाम' की भूमिका में वे कहते हैं :

''अब से पहले भाषा के कवियों ने, जो कि कविता को सजाते हैं (अर्थात् प्रसाधिका का काम करते हैं) 'ईहाम' में यूँ सूक्ष्मालोचना की थी कि दो बारीकियाँ मिल जाती थीं। बंदे ने सिर के बाल के अर्थ को अपने तेज़ कलम से यूँ चीरा है कि एक बाल से सात बारीकियाँ प्राप्त होती हैं...संक्षेप यूँ कि अगर अबसे पहले 'ईहाम' का प्रतिबिम्ब दो चेहरों में दिखाते (अर्थात्, किसी भी शब्द का दो अर्थ बताते या लगाते) तो जो भी देखता आश्चर्यचकित होता।

''.ख़ुसरो के स्वभाव ने ऐसा 'ईहाम' पैदा किया है जो सूरत दिखाने में दर्पण से भी बढ़कर है। क्योंकि दर्पण में एक चित्र का एक ही बिम्ब (विचार) नज़र आता है। लेकिन मेरा दर्पण ऐसा है कि अगर इसके सामने एक चित्र रखिए तो सात प्रकाशमान विचारों का चित्र दिखाई देता है। मैंने इस ईहाम को 'ईहाम-ए-जिवी उल वुजूह' नाम दिया है। देखनेवाले को चाहिए कि इन पंक्तियों के रसास्वादन में निमग्न हो जाए। और अगर इस प्रकरण में उसको मुश्किलें और ताले लगे हुए दरवाज़े मिलें तो उनकी चाबी मिलने का भी रास्ता है। ये दरवाज़े उद्देश्यपूर्ण ढंग से मज़बूती से बन्द किए गए हैं। और जो शख़्स इन दरवाज़ों के पटों को खोलकर अन्दर-बाहर निकलना समझ गया उसके लिए ये उद्देश्य विस्तृत या व्यापक हैं।''

इसके बाद .खुसरो ने अपना शेर लिखा है :

बाज़े सर बाज़े तू बा सीमुर्ग़ बाज़ी मी कुनद
गर तू ऐ शेरे गराँ सर बाज़दारी दर शिकार[28]

फिर वो विश्लेषण करके प्रमाणित करते हैं कि पाठ में तीन शब्दों की अनेकार्थकता (Polysemy) और एक शब्द पर विराम चिह्न (Punctuation) बदल देने के कारण छह अर्थ प्राप्त होते हैं। (.ख़ुसरो का दावा तो यह था कि सात अर्थ प्राप्त होंगे, अतः जिस पाठ से मैं ये पंक्ति लिख रहा हूँ वो त्रुटिपूर्ण होगा। यूँ भी इसमें टाइप और सम्पादन की अत्यधिक ग़लतियाँ हैं। वर्ना अगर कोशिश की जाए तो शेर से सात क्या आठ अर्थ निकल सकते हैं।) इसके बाद .ख़ुसरो अपने कलाम का एक और उदाहरण देते हैं, लेकिन अफ़सोस कि पाठ यहाँ इस प्रकार त्रुटिपूर्ण है कि मेरे लिए शेर ही ठीक से पढ़ना कठिन है, कहाँ कि सात अर्थ निकालना। लेकिन उनका विचार तो बहरहाल प्रमाणित और स्पष्ट हो गया है।

फ़ख़रुद्दीन निज़ामी और दूसरे कवियों से जो उदाहरण मैंने ऊपर पेश किये और उनमें काव्यशास्त्र के बारे में जो सोच और सरोकार नज़र आते हैं, उनकी रोशनी में यह कहना कदापि बेजा न होगा कि .ख़ुसरो के काव्यशास्त्र ने किसी-न-किसी रूप में उर्दू काव्यशास्त्र और उसके प्रयोग को अधिक समय तक प्रभावित किया।

दूसरी महत्त्वपूर्ण बात यह है कि पन्द्रहवीं और सोलहवीं सदी की जिस भाषा में गुजरात, और दकन के लोग साहित्य सृजन कर रहे थे, उसकी विशेषता के बारे में कभी कोई मतभेद न था। सब जानते थे कि ये जनता की भाषा है, और जो भाषाएँ प्राचीनकाल से इन क्षेत्रों में चली आ रही थी (गुजराती, तेलगू, कन्नड़, मराठी आदि) उनसे ये भिन्न हैं। लेकिन नाम का मामला ये था कि इस भाषा के दो आरम्भिक क्षेत्र (देहली और गुजरात) थे। अतः दोनों क्षेत्रों में इसके कई नाम रहे।

उत्तर और दक्षिण के मध्य लोगों का बहुलता से आना-जाना मुहम्मद तुग़लक के समय से ही आरम्भ हो गया था। ख़ासकर जब उसने राजधानी दिल्ली से दूर दकन में दौलताबाद स्थानान्तरित किया (1327)। उसने ये फ़ैसला यद्यपि जल्दी ही बदल दिया (1335) लेकिन उत्तर और दक्षिण के मध्य यात्रियों के द्वारा मेल-जोल जारी रहा। बल्कि सम्भव है कि बढ़ने भी लगा हो क्योंकि वापस जानेवाले लोग तो अधिकतर समाज के उच्च वर्ग के थे, और हर एक के बीसों (कुछ के सैकड़ों) दरबारी, अर्दली और आश्रित जन थे वो सबके सब वापस न गए। फिर शादी-विवाह और पीरी-मुरीदी (गुरु-शिष्य) के जो सम्बन्ध उत्तर-दक्षिण के उन लोगों में बन गए थे वो सबके सब तो टूट न गए होंगे। बाहर से आनेवाले और दकन में बस जानेवाले ये लोग अपनी भाषा को अपनी मूल जन्म-भूमि के अनुसार हिन्दी/हिन्दवी/देहलवी या गुजरी कहते होंगे। लेकिन कुछ दकन में जन्मे लोगों ने भी अपनी भाषा को गुजरी कहा है। उदाहरण के तौर पर शाह बुर्हानुद्दीन जानम (देहान्त 1582) का कलाम पेश किया जा सकता है।[29]

डॉक्टर मुहीउद्दीन क़ादिरी ज़ोर देकर कहते हैं :

"हो सकता है गुजरात के प्रभाव से दकन की साहित्यिक भाषा बड़ी हद तक बदल गई हो और जो लोग इस बदली हुई भाषा में लिखते थे वो अपनी भाषा को गुजरी कहने लगे हों।"[30]

लेकिन मेरा ख़याल है कि यह केवल भ्रम पर आधारित बात है। शाह बुर्हानुद्दीन जानम गद्य और पद्य दोनों में उल्लेखनीय लेखक हैं। वे यह ज़रूर जानते होंगे कि क्या कर रहे हैं। अगर उन्होंने अपनी भाषा को गुज़री कहा तो इसका अर्थ यह है कि (1) वे अपनी भाषा को गुजरी समझते थे, या (2) वे दकनी और गुजरी को दो अलग-अलग भाषा समझते थे, या (3) वे गुजरी और दकनी में कोई अन्तर न करते थे। फ़ख़रुद्दीन निज़ामी नहीं तो शाह बुर्हानुद्दीन जानम के पिता और मुर्शिद (धर्म-गुरु), शाह मीराँजी शम्सुलउश्शाक (मृत्यु-1496) का ज़माना आते-आते हिन्दवी कविता दकन में पूरी तरह क़ायम हो चुकी थी। शाह बुर्हानुद्दीन जानम ने अपनी भाषा को कभी-कभी 'हिन्दी' भी कहा है।[31] इससे मेरे ख़याल को ताक़त मिलती है कि वे 'हिन्दी और 'गुजरी' को एक ही भाषा मानते हैं, और 'दकनी' नाम उस ज़माने में जन-साधारण में प्रसिद्ध न हुआ था। लेकिन यह भी सम्भव है कि अपनी भाषा को 'हिन्दी'/'गुजरी' कहकर शाह बुर्हानुद्दीन जानम सैद्धान्तिक दृष्टिकोण स्थापित कर रहे थे। अर्थात् वे स्वयं को उस सूफ़ियाना, असांसारिक रचनात्मक अभिव्यक्ति से जोड़ रहे थे, जो गुजरी के कवियों और उत्तर के सूफ़ियों का था। अतः वे स्वयं को उस सांसारिक (यद्यपि नैतिक) रचनात्मक शैली से दूर साबित करना चाहते थे, जो फ़ख़रुद्दीन निज़ामी जैसे (और शायद दूसरे गुमनाम), कवियों की दकनी कविता की शैली थी।

गुजराती सूफ़ी कवि शैख़ ख़ूब मोहम्मद चिश्ती (1539-1614) गुजरात के सबसे बड़े सूफ़ी कवि थे, और जिस स्तर से मूल्यांकन किया जाए, वे बड़े कवि साबित होंगे। उन्होंने एक दीर्घ कविता (या संक्षिप्त, लेकिन आपस में कथ्य एवं शिल्प की दृष्टि से क्रमबद्ध कविताओं का संग्रह) 'ख़ूब तरंग' नाम की 1578 में लिखी। इस बात के अतिरिक्त कि 'ख़ूब तरंग' रहस्यवादी-सूफ़ी परम्परा की कविताओं में महत्त्वपूर्ण स्थान रखती है और कथ्य एवं शिल्प की दृष्टि से शैख़ मुहीउद्दीन इब्न अरबी की रचनाओं की याद दिलाती है, इस कविता में हिन्दी/गुजरी कविता की प्रकृति के बारे में जगह-जगह बड़ी बारीक और चिन्तनमय बातें कही गई हैं। उदाहरणार्थ शैख़ ख़ूब मुहम्मद चिश्ती उन कारणों को जानते हैं जिनके फलस्वरूप गुजरी/हिन्दी, और दूसरी स्थानीय और बाह्य भाषाओं के लेन-देन के द्वारा हिन्दी/गुजरी कविता का एक बड़ा भंडार तैयार हो रहा था। इन कारणों में अरब और ईरान, दूरी पर खड़े हुए बड़े और शक्तिशाली दिखाई देनेवाले विरोधी ध्रुव नहीं हैं। उनकी भाषाएँ (अरबी/फ़ारसी) इस नयी साहित्यिक परम्परा को क़ायम करने में सक्रिय सहयोग दे रही हैं। यही हाल संस्कृत का है। और इस लेन-देन के परिणामस्वरूप जो साहित्यिक परम्परा पैदा हो रही है, वह स्थानीय परम्परा से भिन्न लेकिन फिर भी स्थानीय है। 'ख़ूब तरंग' में शैख़ कहते हैं :

ज्यूँ मेरी बोली मुँह बात
अरब अजम मिल एक सँघात
ज्यूँ दिल अरब अजम की बात
सुन बोले बोली गुजरात

इन शेरों की व्याख्या हज़रत शैख़ ने अपनी पुस्तक 'अमूवाज ख़ूबी' में की है।[32]

उस व्याख्या से दो बातें साबित होती हैं : एक यह कि शैख़ की भाषा 'गुजरात की भाषा' है, और वह अरबी-फ़ारसी मिश्रित है। लेकिन दूसरी बात यह भी है कि इसी भाषा का नाम हिन्दी है। आध्यात्मिक घटनाएँ शैख़ के दिल पर फ़ारसी-अरबी में उतरती हैं, और उन्हें सुनकर उनका दिल गुजराती बोली बोलता है।

शैख़ ख़ूब मुहम्मद चिश्ती ने पद्य में एक पुस्तक 'छन्द छन्दाँ' भी लिखी है। इसमें उन्होंने फ़ारसी छन्द शास्त्र (Prosody) और संस्कृत के नियम लिखे हैं और दोनों में कुछ समानता भी पैदा करने की कोशिश की। 'छन्द छन्दाँ' का पहला शेर है :

बिसमिल्ला कर नानों धर छन्द छन्दाँ
पिंगल और अरूज़ ताल अध्या और तीना आँ[33]

ख़ूब मुहम्मद चिश्ती को कविता के 'कवितापन' से अधिक दिलचस्पी थी। काव्य शिल्प, कविता के व्याकरण और शब्द-विधान में उनकी यह दिलचस्पी ख़ुसरो की याद दिलाती है। शीरानी का मत है कि 'छन्द छन्दाँ' ने उर्दू कविता में इंक़िलाब पैदा कर दिया। यह इंक़िलाब सत्रहवीं सदी ई. के प्रारम्भ में शुरू होता है और इसका पहला फल मुहम्मद क़ुली क़ुतुब शाह (1580-1611) का कुल्लियात (ग्रन्थावली) है।[34]

उर्दू के पितामह मौलवी अब्दुल हक़ ने ख़ूब मुहम्मद चिश्ती की एक और पुस्तक का उल्लेख किया है। यह पुस्तक अलंकार और छन्द के बारे में है जिसका नाम 'भावभेद' है जो गुजरात की भाषा गुजरी में है।[35]

अतः अमीर ख़ुसरो और शैख़ ख़ूब मुहम्मद चिश्ती, उर्दू काव्यशास्त्र के प्रथम सिद्धान्तकार ठहरते हैं। और जैसा कि हम देखेंगे, आगामी सदी में शैख़ ख़ूब मुहम्मद के विचारों का प्रभाव दूर तक फैला। शैख़ अहमद गुजराती (जन्म सम्भवतः 1539) ने अपनी मसनवी 'युसुफ़ ज़ुलेख़ा' 1580-1585 के मध्य लिखी। उन्होंने कवि के रूप में अपनी शिक्षा और स्वभाव के बारे में लिखा :

सो था जब शेर के तीं मंज कूँ भी
कुच इस्तिदाद तबीई होर कसबी
कि कई दिन था मंज अहले इल्म का संग
जो भेदा ज़ात में कुच उन करा रंग
कतीक दिन सर्फ़ करके सर्फ़ लेता
दिल इस आवाज़ तीं मीज़ान केता
कतीक दिन महव कर कर नह्व केता
जो वो मंज कूँ इबारत फ़तह केता
मानी का बयाँ भी कुच सुनया हूँ
जो इस लग दुर्रतुल मुंतिक़ चुनया हूँ
कहया इल्म क़लाम उस्ताद मंज कूँ

अल हियात आमोज आमए सूँ
हिदायत इल्म (होर) हिकमत भी पाया
वसूल ओ फ़न सूँ कई दिन गँवाया
अरूज़ ओ क़ाफ़िया के भी रिसाले
रहिया हूँ देख सीने में समाए
नजमों तिब सतीं भी आश्ना हूँ
भूतेक रस रसा बिन रस क्या हूँ
अनूँ गुन होर केते इल्म राखूँ
नबी होए बाब जब मुरसिल आखूँ
तिलंगी सोंस्कृत अच्छी ज़बाँ सूँ
कवित विद्वानो साँ थे भी सुनया हूँ
देखिया हूँ फ़ारसी भी शेर भूतेक
रहिया हूँ कुच अरब का शेर (भी) देक[36]

योग्यता और दक्षता की इस दंग कर देनेवाली सूची के बारे में यह न गुमान करना चाहिए कि यह सब कवियों के लिए ठीक होगी। लेकिन निःसन्देह ये बातें शैख़ अहमद पर बिलकुल फिट होती हैं। उनकी ख्याति उनके युवाकाल में ही गुजरात से बहुत आगे निकल गई थी। मुहम्मद कुली कुतब शाह ने उन्हें गोलकुंडा बुलवाया, जहाँ वह 1580/1581 में पहुँचे। उपर्युक्त योग्यताएँ सब कवियों में न होंगी, लेकिन इसमें भी कोई शंका नहीं कि शैख़ अहमद सब कवियों से यह आशा ज़रूर करते होंगे कि वो अभिव्यक्ति पर अधिकार के योग्य और स्थानीय व बाहरी साहित्यिक क्रिया-कलाप से भली-भाँति परिचित हों। लेकिन शैख़ अहमद की इस सूची का एक और महत्त्वपूर्ण अर्थ है। इसका अर्थ यह भी है कि उस समय तक हिन्दी/गुजरी/दकनी का साहित्य विकास की इतनी मंज़िलें तय कर चुका था कि अब आशा की जाने लगी थी कि उसके कवि ईश्वर-प्रदत्त योग्यता के अतिरिक्त अपनी दूसरी योग्यताओं को भी काम में लायें। कवियों से अब यह अपेक्षा थी कि वो अपने ज्ञान को क्षैतिज और ऊर्ध्वाधर (horizantal and vertical) दिशाओं में व्यापक और विस्तृत करें। अब कविता केवल दिल बहलाव के लिए नहीं, कि अपनी भावनाओं और वारदात के तक़ाजों से मजबूर होकर इंसान बिना सोचे-समझे राग अलापे। कविता अब एक गम्भीर कला भी है और ज्ञान भी। कवि को कौन-सी शक्ति प्राप्त है शैख़ अहमद की ज़बान से सुनें :

जते असनाफ़ होंगे शेर केरे
कहन मुश्किल नहीं नज़दीक मेरे
ख़याल ओ ख़ास तर्ज़ां ख़ास लिआऊँ
गराइब होर बदाए लिया दिखाऊँ
सबा मानी मेरे भी ऊँच उचकल
जो नूर आकास देसें नीच उस तल

मेरे बोलाँ करे परवाज़ के सात
सबद जग मिल के यक ज़रे करे धात
पताल आकास कूँ चौड़ा ई चीरा
करें जूँ सूत का यकतार बिखेरा[37]

अब वे रूपक-कथाओं (Allegory), मानवीकरण, कल्पना और सूक्ष्म चिन्तन को अपनी कविता का गुण-धर्म मानते हैं। न अन्धे अनुकरण को मानते हैं, न केवल प्रयोग के लिए प्रयोग को।

अगर मैं तमसील के आलम में आऊँ
बिन इस आलम नवा आलम दिखाऊँ
कभीं निरजीव कूँ जीव दे छुड़ाऊँ
कभी जीव जीवते का जीव उड़ाऊँ
कभी धरती कूँ अम्बर का उँचाऊँ
कभी अम्बर कूँ धरती कर बिछाऊँ
ख़याल ऐसे करूँ बारीक-बारीक
जो दीसे धनकरा जूँ उसके नज़दीक
जे कोई मिलिकोत में अरवाह देखे
ख़यालों को मेरे देखन न सक्के

अगर .खुसरो निज़ामी क्या किताबाँ
जो हात आवें करूँ हिन्दवी शताबाँ
सो कई दिन बाद मंज कूँ इक बिरादर
देना यूसुफ़ जुलेख़ाँ आरियत कर
सो केता इब्तिदा हिन्दवी ज़बाँ सूँ
बहो छन्द बन्द उपम होर सनअताँ सूँ
ना ताबे हूँ जो जामी का किधीं मीं
रिवायत बिन कहीं ताबे कहीं नीं
जे कुच उसका शेर होए सो लियाऊँ
ज़ियादत शाइरी का फ़न दिखाऊँ

अरब अल्फ़ाज़ कम क़िस्से में लियाऊँ
ना अरबी फ़ारसी भूतेक मिलाऊँ
ना भूतेक वज़्न तीं बोलाँ को तोड़ूँ
इबारत कूँ न तिल सर पाँव जोड़ूँ[38]

यह बात साफ़ ज़ाहिर है कि इस कवि की दृष्टि में अरबी, फ़ारसी या संस्कृत, कोई डरावनी या प्रभुत्वशाली (hegemonic) शक्तियाँ नहीं हैं। यह कवि .ख़ुद को इस बात

पर मजबूर नहीं पाता कि वह इन सबके साथ, या उनमें से एक के साथ ख़राजदही (टैक्स या नज़राना देना) का मामिला रखे और उनके अनुकरण को ज़रूरी समझे। संस्कृत हो या तेलगू, अरबी हो या फ़ारसी वह सबको अपने काम में लाता है, लेकिन उनमें किसी से प्रभावित नहीं है, और न किसी को वह कोई ख़ास महत्त्व देना चाहता है। वह ख़ुसरो और निज़ामी और जामी को अपना पथप्रदर्शक मानता है, लेकिन जामी से आगे बढ़ जाने में उसे कोई चीज़ नहीं रोकती। वह जामी से अपने मतलब का माल लेकर बाक़ी को छोड़ देता है। जिस भाषा में वह लिख रहा है, उसका साहित्यिक और भाषायी माहौल उसे पर्याप्त और उपयुक्त प्रतीत होता है, और उसे किसी दूसरी भाषा के सहारे की ज़रूरत नहीं।

शैख़ अहमद गुजराती की नज़र में कविता का काम है : नयी दुनियाएँ सृजित करना, वस्तुओं के क्रम को बदल डालना, ऊँच को नीच और नीच को ऊँच साबित करना, ताकि वस्तुओं को फिर से नया किया जा सके। इस काव्यशास्त्र पर संस्कृत और अरबी का प्रभाव स्पष्ट है, लेकिन यह प्रभाव दासतापूर्ण नहीं, अतः हम किसी ख़ास बिन्दु पर उँगली रखकर नहीं कह सकते कि यह बात फ़लाँ जगह से आई है, बल्कि इस पूरी कविता में प्रभावों के आकर्षण की ताज़ा हवा है, सम्बन्ध और क्रम की ओर अप्रत्यक्ष संकेत हैं। ख़ुसरो की तरह शैख़ अहमद भी भूतकाल पर निर्भर करने के बजाय वर्तमान और भविष्य के लिए अपनी बात कह रहे हैं। सब्के हिन्दी (भारतीय शैली) का आगमन यहाँ साफ़ दिखाई देता है। इसके चिह्न अभी स्पष्ट नहीं हुए हैं, लेकिन अगर शैख़ अहमद को किसी एक काव्यशास्त्र से जोड़ सकते हैं तो वह भारतीय शैली का ही काव्यशास्त्र होगा।

उदाहरण के तौर पर, शैख़ अहमद के यहाँ शिल्प-सौन्दर्य, अलंकार की केन्द्रीयता, विचारों की कोमलता, कल्पना की व्यूह-रचना, व्याकरण का महत्त्व आदि तत्त्व उनका सम्बन्ध सीधे-सीधे भारतीय शैली के काव्यशास्त्र से जोड़ते हैं। फिर क्या आश्चर्य कि तीन सौ वर्ष बाद के 'सुधारवादी' और 'आधुनिक यथार्थवादी' साहित्य के विचारकों ने इन बातों को सख़्ती से अस्वीकृत कर दिया।

फिर शैख़ अहमद के भाषायी सरोकारों पर ग़ौर कीजिए। वे अनावश्यक अरबी फ़ारसी के ख़िलाफ़ हैं। छन्द के लिए शब्दों के उच्चारण या माला (वर्तनी) बदलने के विरोधी हैं, अक्षर को दबाने या घटाने के विरुद्ध हैं। ये सब बातें कविता में भाषा-व्यवहार की परिपक्वता और स्थायीकरण को दर्शाती हैं। यह और बात है कि तमाम प्राचीन कवियों की तरह शैख़ अहमद भी स्वयं को भाषा के अधीन नहीं समझते, बल्कि भाषा के साथ स्वतन्त्र रवैया अपनाते हैं। लेकिन यह सिद्धान्त वे ज़रूर बताते हैं कि छन्द के लिए शब्दों को क़ुर्बान न किया जाए।

हम इस समय यह नहीं कह सकते कि प्राचीन कवियों के यहाँ उच्चारण और मात्रा में जो स्वतन्त्रता है उसमें सामान्य बोलचाल का कितना हस्तक्षेप है। सम्भव है शैख़ अहमद का आशय यह हो कि शब्दों को उसी प्रकार छन्द में प्रयोग किया जाए जिस

तरह वो बोले जाते हैं। हम आज प्राचीन उर्दू के उच्चारण के बारे में कुछ नहीं कह सकते। सम्भव है कि कुछ रूपों में एक शब्द के दो-तीन बल्कि इससे भी अधिक उच्चारण प्रचलित रहे हों। कुछ, उदाहरण 'से/सें/सूँ/सेती/सेतीं, या ताईं/तीं/तेईं', के बारे में हम जानते हैं कि इनके कई उच्चारण प्रचलित थे। सम्भवतः यही हाल, उदाहरण के लिए 'हिन्दवी' फ़िक्र, शेर, फ़हम का भी रहा हो। लेकिन इसमें कोई शक नहीं कि 'यूसुफ़ जुलेख़ा' में भाषा की 'शुद्धता' पर दिया गया ज़ोर उस सिद्धान्त की याद दिलाता है जो उन्नीसवीं सदी के अन्त में हमारे यहाँ अपनाया जा रहा था, कि अरबी-फ़ारसी शब्दों को प्रचलित प्रथा के मुताबिक़ नहीं, बल्कि मूल भाषा के उच्चारण के अनुसार लिखना चाहिए।

'युसुफ़ ज़ुलेख़ा' के कोई पचीस वर्ष बाद वजही ने अपनी मसनवी 'क़ुत्ब मुश्तरी' (1609-10) लिखी तो उसने भाषा की 'शुद्धता और मापदंड' को अधिक खुलकर वर्णित किया :

जिसे बात के रब्त का फ़ाम नईं
उसे शेर कहने सूँ कुच काम नईं
नको कर तू लई बोलने का हवस
अगर ख़ूब बोले तो यक बैत बस
हुनर है तो कुच नाजुकी बरत याँ
कि मोटाँ नईं बाँदते रंग कियाँ

वो कुच शेर के फ़न में मुश्किल अछे
कि लफ़्ज़ होर माने यू सब मिल अछे
उसी लफ़्ज़ को शेर में लियाएँ तूँ
कि लिआया है उस्ताद जिस लफ़्ज़ कूँ
अगर फ़ाम है शेर का तुज कूँ छन्द
चुने लफ़्ज़ लिया होर मानी बुलन्द
रखिया एक मानी अगर ज़ोर है
वले भी मज़ा बात का होर है
अगर ख़ूब महबूब जूँ सोर है
सँवारे तो नूर अली नूर है
अगर लाक अैबाँ अछे नार में
हुनर हो दिसे ख़ूब सिंगार में[39]

यहाँ कई नयी बातें नज़र आ रही हैं। शैख़ अहमद को शब्दों से दिलचस्पी थी और इस बात का ध्यान था कि उन्हें 'सुधार' के साथ प्रयोग किया जाए। मुल्ला वजही को इसके अतिरिक्त उस्ताद की रचनात्मक प्रतिश्रुति, अर्थात् उसके Parole का भी ध्यान था। उस्ताद जो शब्द प्रयोग करे वह सही, और जिसे वह ग़लत कहे वो ग़लत। इस

प्रकार वजही सामान्य प्रचलन से अधिक उस्ताद की बात को महत्त्व देते हैं। दूसरी बात यह कि वजही के यहाँ शैली और शब्दों के गुण को भी महत्त्वपूर्ण कहा गया है। यहाँ तक कि अगर विषय मामूली भी हो, तो उसे सुन्दर शैली के द्वारा आकर्षक बनाया जा सकता है, जिस तरह बदसूरत लड़की भी अगर कुशलता से सिंगार करे तो अच्छी मालूम होगी। अन्तिम महत्त्वपूर्ण बात यह है कि वजही ने संस्कृत-साहित्य के अनुरूप सिद्धान्त पेश किया है कि शब्द और अर्थ में पूरी समानता और सामंजस्य होना चाहिए। संस्कृत में 'साहित्य' का पद इसी अर्थ में है। अतः वजही की दृष्टि में शेर में शब्दों का बुनियादी महत्त्व है।

जब 1660 के आसपास वजही का देहान्त हुआ तो गुजरी/हिन्दवी/दकनी में गद्य और पद्य दोनों का अत्यधिक साहित्य लिखा जा चुका था। उधर गुजरी साहित्य का भी महत्त्वपूर्ण नाम शैख़ ख़ूब मुहम्मद चिश्ती (1539-1614) हैं, जिनकी रचना में बड़ी कविता के गुण विद्यमान हैं। वह काव्यशास्त्र और वह साहित्यिक सिद्धान्त जिसने पिछले ढाई सौ वर्षों के साहित्य को अर्थ एवं औचित्य प्रदान किया, उसका सनअती बीजापुरी ने अपनी मसनवी 'क़िस्सए-बेनज़ीर' (1644-45) में संक्षेप में बयान कर दिया है। सनअती ने अपनी ओर से कोई नयी बात तो नहीं कही, लेकिन उसने स्वयं अपनी भाषा के बारे में कुछ ध्यान देने योग्य बातें अवश्य कहीं :

रखिया कम सहंसकृत के इस में बोल
अदिक बोलने से रखिया हूँ अमोल
जिसे फ़ारसी का न कुछ ज्ञान है
सो दखनी ज़ुबान उसको आसान है
सो इसमें सहंसकृत का है मुराद
किया उसने आसानगीं का सवाद
किया उसने दखनी में आसान कर
जो ज़ाहिर दसीं उसमें कई कई हुनर
हुनर मंदगी उसमें है बेहिसाब
कि ता पन्द गीराँ कूँ होवे सवाब[40]

इस प्रकार सनअती यह सिद्धान्त बताते हैं कि कविता में देशी हवा और रंग होना चाहिए। न बहुत अधिक संस्कृत, न बहुत अधिक फ़ारसी। लेकिन छन्द-अलंकार कलात्मक गूढ़ता, और शिल्प की जगह फिर भी है। सनअती की नज़र में कविता, मनुष्य के तमाम कामों में बढ़कर है। इसमें 'बेहिसाब' हुनरमन्दी है, और यह किसी बाहरी सत्ता के सामने नहीं झुकती। यह न संस्कृत के आगे घुटने टेकती है, न फ़ारसी-अरबी के आगे। प्राचीन उर्दू साहित्यिक काव्यशास्त्र के बारे में सम्भवतः सबसे अधिक ध्यान देने योग्य और महत्त्वपूर्ण बात यह है कि इसमें हर जगह आज़ादी और आत्मनिर्भरता का वातावरण पाया जाता है। सैद्धान्तिक स्वतन्त्रता की यह परम्परा दकन में उसके अन्तिम बड़े क्लासिकी साहित्यकार मौलाना बाक़र आग़ा (1745-1806) तक लगातार बनी रही।

'गुलज़ार-इश्क़' की भूमिका में मौलाना बाक़र आग़ा ने कहा कि सौदा की ख्याति दिल्ली से कर्नाटक तक है, और अफ़सोस कि कुछ लोग नुसरती को सौदा से छोटा समझते हैं, जबकि वास्तव में नुसरती को सौदा ही नहीं, बड़े-बड़े फ़ारसी कवियों से अधिक श्रेष्ठता प्राप्त है :

"सभी रेख़्ता कवियों में सौदा को अधिक सम्मान मिला...हिन्द (उत्तर) से कर्नाटक तक उसकी पहचान है...कुछ लोग सौदा के बारे इतनी अतिशयोक्ति करते हैं कि सभी रेख़्ता कवियों, बल्कि तमाम फ़ारसी कवियों में सर्वश्रेष्ठ कहते हैं, और क्या अक्खड़पन है, कैसा आश्चर्य है कि कवि सम्राट नुसरती को नहीं मानते; और इतने बड़े कविता के जादूगर को नहीं जानते। सबसे बड़ा प्रमाण यह है कि भाषा उसकी टेढ़ी-मेढ़ी है...लेकिन नहीं जानते कि...अर्थ ही जान है और शब्द उसका वस्त्र है।

"...जिसे कविता की समझ और मूल्यांकन में निपुणता प्राप्त हो...उस पर ज़रूरी है कि सौदा की रचनाओं का संकलन करके ठीक ढंग से मूल्यांकन करे तो नुसरती (गुलशने-इश्क़ या अलीनामा में) की कविता के आगे सौदा को छोड़ देगा। बल्कि फ़ारसी कवियों से मसनवी या क़सीदा में तुलना करे।"[41]

बाक़र आगा का यह सोचना शायद ठीक न हो, कि 'अर्थ' अस्ल में 'कविता की जान' है, और शब्द कुछ नहीं, केवल उसका वस्त्र है। अनुवाद के सिद्धान्त और भाषा-विचार से ये बात सिद्ध भी होती है। शैख़ जुर्जानी ने भी इस पर विचार प्रकट किए हैं, कि क्या किसी पाठ का अनुवाद उसके अर्थ को ठीक ढंग से अदा कर पाता है। अगर ऐसा है तो शब्द का मूल्य क्या रह जाता है। यानी क्या अर्थ ही आनन्ददायक है, और शब्दों की हैसियत एक ख़ाली बरतन से अधिक नहीं जिसमें अर्थ रूपी पदार्थ भरा जाता है। अगर यह सही है तो शैली और पद्धति, द्वितीयक और गौण बातें हो जाती हैं। ज़ाहिर है इस मसले पर खोजबीन के लिए बहुत कुछ है। लेकिन यहाँ अभीष्ट केवल यह दिखाना है कि बाक़र आग़ा को शब्द और अर्थ के सैद्धान्तिक नियमों पर पूरी पकड़ थी। उनकी प्रवृत्ति दासता की नहीं थी। वे उत्तर के लोगों के सामने अपना मतभेद प्रकट करते थे, और अपने कवियों को प्रमाणित करने के लिए उत्तर की सूची के मुहताज न थे।

बाक़र आग़ा के विरोध के बावजूद दिल्ली वालों का पक्षपात, जिसका आरम्भ मीर ने किया था, बढ़ता ही गया। उत्तर में आज भी ऐसे लोग कम होंगे जो नुसरती को उर्दू के बड़े कवियों में उसका स्थान दिलाने की कोशिश करें।

सन्दर्भ

1. फ़ख़रूद्दीन निज़ामी "कदम राव पदम राव", पृष्ठ 133।
2. अमीर ख़ुसरो 'गुर्रतुल क़माल' की भूमिका, सम्पादक—वज़ीर उल हसन आबिदी, लाहौर, नेशनल बुक फाउंडेशन, 1975, पृष्ठ 63-64।

3. अदोनिस (अली अहमद सईद) 'An introduction to Arab Poeties' Translated From the Arabic by Cathrine Cobham, Austin. University of Texas Press, 1990, P. 29.
4. अमीर ख़ुसरो : कुल्लियात, सम्पादक अनवारुल हसन, नवल किशोर प्रेस 1967, पृष्ठ 39-40। मेरे सामने 1916 का कुल्लियात, प्रकाशक–नवल किशोर प्रेस भी है। इसे हामिद शाहबादी ने शुद्ध (वर्तनी आदि) किया था। अफ़सोस कि दोनों संस्करणों के पाठ संदेहास्पद हैं। मैंने कहीं-कहीं अनुमान से काम लिया है।
5. R.S. Tewary : A Critical Approach to Classical Indian Poetics, Varansi. Chaukhamba Orientalia, 1984, P. 33।
6. Hans Wehr : The Hans Wehr Dictionary of Modern Written Arabic, Ed., J.M. Cowan Ithaca, New York, Spoken Language Services, gnc., 1976, P. 816।
7. अमीर ख़ुसरो : कुल्लियात, पृष्ठ 39 (1967) और पृष्ठ 3 (1916)
8. मुहम्मद पादशाह शाद, मीर मुंशी : 'फ़रहंग आनन्दराज,' भाग-1, (लखनऊ, 1889-1894), पृष्ठ 671।
9. मुल्ला ग़यासुद्दीन : 'ग़यासुल लुग़ात,' कानपुर, 1893 (1826), पृष्ठ 146।
10. R.S. Mc Gregor : The oxford Hindi, OUP, New Dehli, 1995 (1993), p. 834।
11. "अमोज़ुल-मानी, संकलन क़साएद अनवरी एवं ख़ाक़ानी," जैद बर्क़ी प्रेस, तारीख़ उपलब्ध नहीं, दिल्ली, पृष्ठ 99 एवं 102।
12. ज्योतिष से सम्बन्धित जानकारियाँ (termlogy) निम्नलिखित पुस्तकों से ली गई हैं–'The Book of Fate and Fortune' London Cavendish House, 1981 (1974); J.E. Cirlot : A Dictionary of Symbols, New York, Barnes & Noble, 1995 (1971).
13. ख़्वाजा हाफ़िज़ शीराजी : 'दीवाने-हाफ़िज़,' उर्दू अनुवाद–क़ाज़ी सज्जाद हुसैन दिल्ली, सबरंग किताब घर, तारीख़ उपलब्ध नहीं, पृष्ठ 135। इस बात में शक है कि यह शेर हाफ़िज़ का है भी कि नहीं। मेरे पास दीवाने-हाफ़िज़ की जो प्रतियाँ एवं कृतियाँ हैं उनमें से कुछ में ये शेर नहीं है। लेकिन हमारे विमर्श के लिए इस बात की अधिक महत्ता नहीं है कि वास्तव में ये शेर किसका है। बुनियादी बात यह है कि हमारे यहाँ 'रवानी' को इतना अधिक महत्त्वपूर्ण समझा गया कि इसके बारे में एक शेर हाफ़िज़ के नाम से मशहूर हुआ।
14. शैख़ अहमद गुजराती : 'युसुफ़ जुलेख़ा', सम्पादक–सैयदा जाफ़र, हैदराबाद, नेशनल फाइन प्रिंटिंग प्रेस, 1983, पृष्ठ 215।
15. मुल्ला वजही : 'क़ुत्ब मुश्तरी,' सम्पादक–तय्यिब अंसारी, गुलबर्गा, मक्तबा-ए-रफ़ाह आम, 1991, पृष्ठ 56।
16. मुल्ला नुसरती बीजापुरी : 'अलीनामा,' सम्पादक–अब्दुल मजीद सिद्दीक़ी, हैदराबाद, सालारजंग दकनी पब्लिशिंग कमेटी, 1959, पृष्ठ 27।
17. नुसरती : 'अलीनामा,' पृष्ठ 10।
18. वली दकनी : कुल्लियात, सम्पादक–नुरुल हसन हाशमी, लाहौर, अलवक़ार पब्लिकेशन, 1996 (1945), पृष्ठ 239।
19. मुहम्मद शाकिर नाजी : दीवान, सम्पादक इफ़्तिख़ार बेग़म सिद्दीक़ी, नयी दिल्ली, अंजुमन तरक़्क़ी उर्दू (हिन्द), 1989, पृष्ठ 342।

20. Suzanne Pinckney Stetkevych : The Mute Immortals Speak; Ithaca, Cornell University Press, 1993, P.xi.
21. अरब काव्यशास्त्र की बहुत-सी गूढ़ और सूक्ष्म बातों, चमत्कारयुक्त तर्कों को इमाम अब्दुल क़ाहिर जुर्जानी ने या तो पहली बार बताया, या इनके बारे में अपने पूर्ववर्ती विद्वानों के कथनों की विवेचना की। जुर्जानी के विचारों को विस्तारपूर्वक जानने के लिए देखें : कमाल अबू दीब (Kamal Abu Deeb) की किताब ''Al-Jurjani's theory of poetic Imagery, ''Warminster, Aris & Phillips, 1979, और कमाल का ही लिखा हुआ अध्याय जिसका शीर्षक–'Literary Criticism' है, जो कि ''The Cambridge History of Arabic Literature : Abbasid Belles Letters," Ed. Julia Ashtiani, Cambridge University Press, 1990 में सम्मिलित है।
22. अमीर .ख़ुसरो : 'गुर्रतुल क़माल' की भूमिका, पृष्ठ 20।
23. 'वहुम ला यशउरून,' अर्थात् 'उन्हें ख़बर नहीं'। और वहुम ला यालमून,' अर्थात् 'वो जानते नहीं।' शेर शब्द के निर्माण में मूलतः 'शीन' (श), 'अइन' (ए), 'रे' (र) हैं, जिनसे 'शअर' हासिल होता है, ''जानना, किसी बात का शऊर रखना।'' और इसी तरह से शुऊर भी है जिसका अर्थ है ''आम सत्ह (सामान्य स्तर) से आगे की होशमन्दी और एहसास।'' देखें, प्रो. फ़ज़्लुर्रहमान की किताब Major Themes of Quar'an,' शिकागो, शिकागो युनिवर्सिटी प्रेस, 1980, पृष्ठ 80। और 'मिस्बा-हुल-लुग़ात,' अल्लामा अब्दुल हफ़ीज़ बलियावी, दिल्ली, मक्तबा-ए-बुर्हान, 1950, पृष्ठ 44। .ख़ुसरो ने इस बात का फ़ायदा उठाया है कि शेर/शऊर/शअर एक ही मूल से निर्मित हैं। इनका दावा है कि जब 'यशउरून' और 'यालाउमून' का एक ही अर्थ है तो 'शेर' और 'इल्म' शब्द समानार्थी हुए।
24. सूरा-ए-बक़र, आयत-269, अनुवाद हज़रत मौलाना शाह अशरफ़ अली साहब थानवी : ''जिसको दीन (धर्म) का फ़हम (समझ या बुद्धि-विवेक) मिल जाए उसको बड़ी ख़ैर (कल्याणकारी) की चीज़ मिल गई।'' अनुवाद–अल्लामा अब्दुल्ला युसुफ़ अली : And he to whom wisdom/Is granted receiveth/Indeed a benefit overflowing.
25. इमाम बुख़ारी ने इस हदीस का पहला ही हिस्सा दर्ज किया है। इमाम अहमद इब्न हम्बल ने दोनों हिस्से लिखे हैं, लेकिन इनके यहाँ 'हिक्मत' और 'सिहर' के पहले लाम तआरीफ़ नहीं है जैसा कि .ख़ुसरो ने लिखा है। देखें, 'मस्नद,' इमाम अहमद इब्न हम्बल, बैरूत, तिथि उपलब्ध नहीं, भाग–एक, पृष्ठ 309, मैं इस सूचना (जानकारी) के लिए डॉ. ज़फ़र अहमद सिद्दीक़ी, अलीगढ़ मुस्लिम युनिवर्सिटी का आभारी हूँ। ज़ाहिर है कि इस हदीस का निर्वचन कई प्रकार से हुआ है। लेकिन मैं यहाँ इस हदीस के बारे में अमीर .ख़ुसरो का बयान उल्लिखित कर रहा हूँ, जो काव्यशास्त्र से सम्बन्धित है, हदीस के ज्ञान से नहीं।

नवाब सिद्दीक़ हसन ख़ाँ (1828-1895) ने अपने लेख 'शम्मए अंजुमन' में इस हदीस पर विस्तारपूर्वक चर्चा की है। इन्होंने ज़रा सावधानीपूर्वक परिणाम निकाला है। जबकि .ख़ुसरो ने जो व्याख्या की है वो शेर की ज्ञान-शास्त्रीय (epistemological) विशेषता को बड़े जोश-ओ-ख़रोश से हदीस-ओ-क़ुरान की रौशनी में साबित करने का इरादा रखती है। लेकिन नवाब सिद्दीक़ हसन ख़ाँ को भी इस बात में शक नहीं कि इस हदीस से यह साबित होता है कि ''कुछ हिक्मतें ऐसी हैं जिनकी बुनियाद शेर से है। लिहाजा लाजिम है कि अनेकानेक हिक्मतों में से कुछ ऐसी होंगी जो शेर से हैं। इब्ने माज्जा ने रसूल से ये रिवायत की है कि ''हिक्मत की बात मोमिन

का खोया हुआ माल है। वो जहाँ उसे पाए, उस पर उसका हक़ है कि उसे अपना ले।'' हिक्मत की बात में पद्य और गद्य दोनों शामिल हैं। कुछ शेर हिक्मत की बात है और हिक्मत की बात मोमिन का खोया हुआ माल है, लिहाज़ा कुछ शेर मोमिन (इस्लाम के अनुयायी) का खोया हुआ माल है। ('शम्मए अंजुमन', भोपाल, शाहजहानी प्रेस, 1876 पृष्ठ 17-18) हजरत इब्ने माज्जा की बयान की हुई हदीस् के अनुवाद की शुद्धता के लिए मैं प्रो. निसार अहमद फ़ारूक़ी का आभारी हूँ।

26. 'बुलबुले गुलिस्तान माज़ाग से आशय रसूल मक़्बूल (सल्लै.) से है। क़ुरान की आयत है, 'निगाह न तो हटी और न बढ़ी'। (अनुवाद–हजरत मौलाना शाह अशरफ़ अली साहब थानवी। अनुवाद अल्लामा युसुफ़ अली : His sight never swerved/Nor did it go wrong.

यह कलमात अल्लाह तआला ने पैग़म्बर (सल्लै.) की प्रशंसा में फ़रमाए हैं, जब आप (सल्लै.) मेराज की रात 'सिद्रातुल मुंतहा' पर तशरीफ़ रखते थे।

ख़ुसरो ने कमाले-शाइराना (काव्य-चातुर्य) से काम लेकर इस पूरी आयत को एक गुलशन, और हज़रत (सल्लै.) को उसका बुलबुल क़रार दिया। लुत्फ़ यह है कि फ़ारसी में 'माज़ाग़' का अर्थ 'हम कूए' (We, the crows) है, इस तरह शाइर .ख़ुसरो और पैग़म्बर अलैह उल इस्लाम में वही सम्बन्ध है जो कूए और बुलबुल में है। इसके अतिरिक्त, लेखों में दरख़्त (पेड़) और परिन्दे (पक्षी) की परस्परता पर आधारित व्यंजनाएँ भरी पड़ी हैं। [कुछ देखें–शजरा, सिद्रा, तूबा, बुलबुल, ज़ाग़, अस्ल (जड़ के अर्थ में), फ़र्अ (डाल के अर्थ में), बाला, तह (ज़मीन की तह), बयान (बुलबुल को वाक्-चतुर भी कहते हैं)], इन नज़ाकतों के कारण यह पूरा प्रसंग आला दर्जे का गद्य और सृजनात्मक बाहुल्य का उदाहरण कहा जाए तो ग़लत न होगा।

27. अमीर .ख़ुसरो : 'दीबाचा' पृष्ठ 18-19। .ख़ुसरो के काव्यशास्त्र के कुछ पहलुओं पर उम्दा बहस के लिए देखें, क़ाज़ी जमाल हुसैन 'दीबाचाए गुर्रतुल कमाल की मउनूयत,' प्रकाशक-'शबख़ून,' अंक–168, मार्च-मई, 1993।

28. अमीर .ख़ुसरो : 'ग़ुर्रतुल कमाल' की भूमिका, पृष्ठ 56

29. जमील जालिबी : 'तारीख़,' भाग-1, पृष्ठ 129 और ज्ञानचन्द एवं सैयदा जाफ़र, 'तारीख़,' भाग-2, पृष्ठ 306।

30. जमील जालिबी : 'तारीख़, भाग-1, पृष्ठ 69।

31. वही, पृष्ठ 202।

32. शैख़ ख़ूब मुहम्मद चिश्ती : 'ख़ूब तरंग,' सम्पादक–आली जाफ़री, गांधीनगर, गुजरात उर्दू एकेडमी, 1993, पहला शेर, पृष्ठ 247, दूसरा शेर, पृष्ठ 246, व्याख्या पृष्ठ 183।

33. विस्तार के लिए देखें : शीरानी, 'मक़ालात,' भाग-1, पृष्ठ 197 से 200।

34. वही, पृष्ठ 199 से 200।

35. बाबा-ए-उर्दू मौलवी अब्दुल हक़ : ''उर्दू की इब्तिदाई नशोनुमा में सूफ़िया-ए-इकराम का काम,' (उर्दू के आरम्भिक विकास में सूफ़ियों का योगदान), अलीगढ़, अंजुमन तरक़्क़ी उर्दू (हिन्द), 1968, पृष्ठ 67-68।

36. शैख़ अहमद गुजराती : 'युसुफ़ जुलेख़ा,' सम्पादक–सैयदा ज़ाफ़री, हैदराबाद, 1968, पृष्ठ 234।

37. वही, पृष्ठ 235।

38. वही, पृष्ठ 237।

39. मुल्ला वजही : 'क़ुत्ब मुश्तरी,' सम्पादक—तय्यिब अंसारी, गुलबर्गा, मक्तबा-ए-रिफ़ाह आम, 1991, पृष्ठ 53-54।

40. सन्दर्भित, जमील जालिबी, 'तारीख़', भाग-1, पृष्ठ 273। ध्यान रहे कि वजही ने अपनी ज़बान को 'हिन्दी' कहा है तो सनअती उसे 'दकनी' कहते हैं। और जिस तरह शैख़ ख़ूब मुहम्मद चिश्ती ने 'गुजरी' और 'फ़ारसी' को आमने-सामने किया था, उसी तरह सनअती ने 'दकनी' और 'फ़ारसी' को आमने-सामने किया है।

41. अलीम सबा नवेदी ने बाक़र आग़ा के कुछ लेख 'मौलाना बाक़र आग़ा वेल्लूरी के अदबी नवादिर' (प्रकाशक—तमिलनाडु उर्दू पब्लिकेशंस, 1994) के नाम से प्रकाशित किया है। पृष्ठ 144-146।

उत्तर भारत में साहित्य का वास्तविक आरम्भ

सत्रहवीं और अठारहवीं सदी में भी गुजरी में साहित्यिक गतिविधियाँ नियमित रूप से विकासशील रहीं। ये दकन से अलग, परन्तु दकन से बिलकुल असम्बद्ध नहीं थीं। पिछले अध्याय में हम 'तारीख़े-ग़रीबी' (1751-57) के बारे में पढ़ चुके हैं कि 'हिन्दी' के प्रयोग का समर्थन इस मसनवी में बड़े ज़ोर-शोर से किया गया है। अठारहवीं सदी के मध्य तक अब्दुल वली उज़लत (1692/93-1775) का व्यक्तित्व शारीरिक और बौद्धिक, दोनों प्रकार से सारे उपमहाद्वीप पर अपना प्रभाव डाल चुका था। शारीरिक मैंने इसलिए कहा कि उज़लत पहले तो सूरत से दिल्ली आए, वहाँ से वे जंग के डर से आश्रय लेने मुर्शिदाबाद और फिर ख़ास दकन को चले गए। मीर के कथनानुसार "वे मिस्ले-आब (पानी की तरह) हर रंग में शामिल थे।" बौद्धिक तौर से इसलिए कहा कि उनका कलाम वली से एक अनुक्रम बनाता है, और इस प्रकार दकनी और रेख़्ता को क़रीब लाता है। बाद के कवियों, यहाँ तक कि स्वयं मीर ने उनसे बहुत कुछ हासिल किया। अपने दीवान (1758-59) की भूमिका उज़लत ने उर्दू में लिखी, और यह अपने प्रकार की उर्दू नस्र (गद्य) में पहला लेख है।

इस ज़माने के आस-पास उत्तर में कई प्रकार का गद्य देखने को मिलता है। इनमें सबसे प्राचीन तो 'कर्बल-कथा' है, जो फ़ारसी से अनुवाद है, मगर बहुत स्वतन्त्र अनुवाद है। इसके लेखक/अनुवादक फ़ज़ल अली फज़ली के बारे में यही मालूम है कि वे दिल्ली के थे, और उन्होंने, 'कर्बल कथा' को 1732 के आस-पास लिखा, और सम्भव है अगले वर्षों में वे इसमें परिवर्तन भी करते गए हों। इसके बाद 'ईस्वी ख़ाँ बहादुर' की पुस्तक 'क़िस्सा-ए-मेहर अफरोज़-ओ-दिलबर' है। यह ईस्वी ख़ाँ बहादुर कौन और क्या थे, यह अभी तक मालूम नहीं हो सका है। लेकिन 'क़िस्सा-ए-मेहर अफरोज़-ओ-दिलबर' की तिथि 1731 और 1755 के मध्य निश्चित की गई है। इनके अतिरिक्त हरिहर प्रशाद संभली (काल, 1730 के आस-पास), और बृन्दाबन मथुरावी (देहान्त, 1757) हैं जिनकी एक दो ऐतिहासिक रचनाएँ ज्ञात हैं। सौदा (1706 से 1781) ने अपनी मसनवी 'सबीले-हिदायत' में कुछ पृष्ठ उर्दू लिखावट में लिखे हैं। हुसैन अता तहसीन की कथात्मक-कृति 'नौ तर्ज़ मुरस्सा' (1775) अठारहवीं सदी के उर्दू-गद्य का तीसरा सबसे बड़ा नमूना कही जा सकती है।

अब्दुल वली उज़लत के देहान्त के समय तक दिल्ली का मुहाविराए-रेख़्ता

थोड़ा-बहुत पूरी उर्दू दुनिया में प्रचलित हो चुका था, और गुजरी की अलग परम्परा का अन्त भी अठारहवीं सदी की अन्तिम चौथाई में माना जा सकता है। उज़लत यद्यपि सूरत के रहनेवाले थे, लेकिन उन्होंने अपनी भाषा को 'हिन्दी' बताया है।[1] हम देख चुके हैं कि 'तारीख़े-ग़रीबी' (जिसकी तिथि लगभग वही है जो उज़लत के दीवान की है) में भी भाषा का नाम 'हिन्दी' ही है।

ज़ाहिर है कि हमारा पुराना प्रश्न अब फिर उठता है कि अठारहवीं सदी की दिल्ली में उर्दू-साहित्य के समर्थन में क्या ख़ास बात पैदा हो गई जो पहले नहीं थी ? क्या कारण है कि मसऊद साद सलमान (1046-1121) से .ख़ुसरो (1253-1325) के बीच उर्दू में साहित्यिक जीवन शान्त रहा, और फिर .ख़ुसरो के तुरन्त बाद दूसरा 'शान्त काल' आरम्भ हुआ, जिसका अन्त डेढ़ दो सौ वर्ष बाद पन्द्रहवीं सदी के गुजरात में हुआ। और उर्दू साहित्य का गुजरात से दिल्ली वापस आना भी कोई दो सौ वर्ष बाद ही क्यों सम्भव हो सका ? मेरा ख़याल है कि अब हम इन प्रश्नों का उत्तर देने की स्थिति में हैं। हमारे उत्तरों को निम्नलिखित संक्षिप्त रूप में बयान किया जा सकता है :

1. गुजरात में, और फिर जल्दी ही दकन में, सूफ़ियों ने हमारी भाषा को अपनाया। इसके पहले इस भाषा की कोई साहित्यिक हैसियत न थी। (गुजरात के बारे में ऐतिहासिक परिस्थिति का और अधिक विवरण आगे है।)
2. मसऊद साद सलमान, और इसके बाद .ख़ुसरो ने 'हिन्दी/हिन्दवी' में जो लिखा, वह केवल तात्कालिक और प्रासंगिक (Casual) था। इसके पीछे कोई परम्परा न थी। और न ही कोई 'हिन्दवी/हिन्दी शैली' नियत थी।
3. चौदहवीं सदी की अवधी में साहित्यिक गतिविधियों (मुल्ला दाऊद की 'चन्दायन' 1379) का होना इस बात का प्रमाण है कि 'हिन्दी/हिन्दवी' उस समय तक साहित्यिक भाषा न बनी थी, वरना सम्भव है कि मुल्ला दाऊद उसे ही अपनाते। उनके समय में तो सूरत यह है कि वे अपनी अवधी को ही 'हिन्दी' (यानी नर्मदा के ऊपर वाले भाग की भाषा) कह रहे हैं। अतः उनकी नज़र में हमारी 'हिन्दवी/हिन्दी' का वजूद शायद न था।
4. उर्दू के प्राचीनतम साहित्यिक आलेख गुजरात और फिर ख़ास दकन में वजूद में आए, और एक के सिवा बाक़ी सब सूफ़ियाना हैं।
5. चूँकि सूफ़ी लोगों के श्रोताओं में उनके मानने वाले मुरीद (शिष्य) और श्रद्धालु अधिक संख्या में होते थे, अतः यह स्वाभाविक था कि सूफ़ियों के मुरीद अपने पीर (धर्म-गुरु) की बातों और मूल पाठ को विशेष प्रकार से सुरक्षित कर लेते थे।
6. शेख़ अब्दुल क़ुद्दूस गंगोही (1455-1538) और सन्त कबीर (देहान्त 1518) के पहले किसी सूफ़ी ने 'हिन्दी/हिन्दवी' को उत्तर भारत में साहित्यिक अभिव्यक्ति का माध्यम नहीं बनाया। लेकिन न तो शेख़ गंगोही और न ही सन्त कबीर ने उस ख़ालिस खड़ीबोली में रचना की जो विकास करके आज

की उर्दू बनी। शैख़ गंगोही की भाषा में ब्रज की बहुलता है। और कबीर की भाषा में अवधी और भोजपुरी के तत्त्व दिखाई पड़ते हैं। इससे महत्त्वपूर्ण बात यह है कि दोनों ही दिल्ली से दूर थे, और दिल्ली ही उनके समय में हिन्दू-मुस्लिम सभ्यता की राजधानी थी।

7. अतः उत्तर भारत के साहित्य में 'हिन्दी/हिन्दवी' के इतने देर से आने का कारण इस बात में छिपा है कि उत्तर भारत में सूफ़ियों ने इस भाषा को अपना अभिव्यक्ति-माध्यम बनाने में बहुत विलम्ब किया।

8. इस विलम्ब का एक कारण यह समझ में आता है कि उस ज़माने में दिल्ली, पंजाब, और निकटवर्ती क्षेत्रों में फ़ारसी की, जनसाधारण की भाषा नहीं तो लिंग्वाफ्रांका की स्थिति अवश्य थी। हम ईरान व तुर्किस्तान आदि के आने वाले विद्वानों के बारे में पढ़ते हैं कि उन्होंने अमुक़ नगर की जामा-मस्जिद में वक्तव्य दिया। ज़ाहिर है ये वक्तव्य फ़ारसी में ही होते होंगे। चूँकि फ़ारसी को समझने वाले स्थानीय लोग अधिक संख्या में उपस्थित थे, इसलिए उस समय के सूफ़ियों को दिल्ली और उत्तर भारत के अन्य क्षेत्रों में किसी और भाषा की आवश्यकता न थी। यह स्थिति न तो पन्द्रहवीं सदी के गुजरात में थी और न दकन में। अतः वहाँ पहुँचकर सूफ़ियों ने 'हिन्दी/हिन्दवी' अर्थात् उन लोगों की भाषा का प्रयोग किया, जो दिल्ली और अन्य क्षेत्रों से वहाँ आए थे, सामान्यतः कम पढ़े-लिखे और दिल्ली से दूर थे। समय गुजरने के साथ-साथ इस भाषा में भी परिवर्तन हुआ। और जैसा कि हम देख चुके हैं, समयानुसार इसे 'देहलवी', 'हिन्दी', 'हिन्दवी', 'गुजरी/गूजरी', 'दकनी' आदि के नाम से पुकारा गया।

महाराजा सियाजी राव विश्वविद्यालय, बड़ौदा, के इतिहास विभाग के प्रोफेसर सतीश चन्द्र मिश्रा ने मध्यकालीन गुजरात पर बहुत काम किया है, और गुजरी के कुछ साहित्यिक पाठों को उन्होंने संग्रहीत भी किया है। उनका कथन है कि बोली जानेवाली भाषा की हैसियत से गुजरी का अस्तित्व उत्तर भारत में 'उर्दू' के आरम्भ के पहले ही हो चुका था। यह दावा अधिक ठोस नहीं, क्योंकि 'गुजरी' के भाषा के नाम के रूप में आने से बहुत पहले 'हिन्दी/हिन्दवी'/'देहलवी' नाम अस्तित्व में आ चुके थे। परन्तु उनकी यह बात माननीय है कि :

"वे प्रवासी जो अधिकतर सिन्ध, पंजाब और गंगा की वादी से आकर गुजरात में बस गए थे, उनके कारण (वह भाषा अस्तित्व में आई जिसे) पहले गुजरी कहा गया। इसमें कोई छः सात भाषाओं के शब्दों का समावेश है—इस भाषा को अहमदाबाद में सुलतान और उसके दरबारी (न्यायालय में ?) प्रयोग करते थे। यह खम्बात, वीरावल और रांदीर के तटवर्ती दुकानों और बाज़ारों में बोली जाती थी। इसे सूफ़ियों और अन्य मुस्लिम उपदेशक प्रयोग करते थे... और अन्ततः यह प्रवासियों की भाषा बनी जो अलाउद्दीन ख़िलजी के साथ (1297), और उसके बाद गुजरात आए...

"इस प्रकार, जहाँ फ़ारसी काम-काज और सरकारी बातचीत के लिए प्रसिद्ध थी, वहीं गैरसरकारी काम-काज के लिए गुजरी लोकप्रिय भाषा बन गई...सोलहवीं सदी का अन्त होते-होते गुजरी पूरे गुजरात में समझी जानेवाली लिंग्वाफ्रांका बन चुकी थी। और ऐसा मालूम होता है कि जनता का एक बड़ा वर्ग इसे पहली भाषा के तौर पर बोलता था।"[2]

1297 से पहले के गुजरात की उपर्युक्त भाषिक और ऐतिहासिक स्थिति को देखते हुए इस बात पर हमें कुछ आश्चर्य न होना चाहिए कि जहाँ उत्तर भारत के सूफ़ियों ने अभी अपने साहित्यिक और धार्मिक कार्यों के लिए फ़ारसी को ही अपनाया था। वहीं गुजरात के सूफ़ियों ने सोलहवीं सदी के आते-आते 'हिन्दी/गुजरी' को साहित्यिक भाषा का दर्जा दे दिया था।

उत्तर भारत में हिन्दी/हिन्दवी का प्राचीनतम मूलपाठ जो हम तक पहुँचा है, मुहम्मद अफ़ज़ल की मसनवी 'बिकट कहानी' (1625) है। तीन सौ पच्चीस शे'र की यह मसनवी हर प्रकार से एक बड़ी कृति है। यहाँ विस्तार में जाने का अवसर नहीं। इतना अवश्य कहा जाना चाहिए कि मुहम्मद अफ़ज़ल (जिन्हें अफ़ज़ल गोपाल भी कहा गया है), यद्यपि सम्भवतः सूफ़ी न थे, लेकिन उनकी प्रेम कहानी, अगर वह सही नहीं काल्पनिक है, तो भी वह अपने भाव, उल्लास और परिणाम हर प्रकार से वही विस्तार रखती है जो सूफ़ियाना/इश्क़िया मसनवियों में नज़र आती है। (उदाहरणतः शैख़ अहमद की 'युसुफ़ ज़ुलेख़ा' और मुल्ला दाऊद की 'चन्दायन')

सम्भव है 'बिकट कहानी' 1625 के पहले की हो, लेकिन हमारे पास इसके बारे में यही तिथि है, और यही मुहम्मद अफ़ज़ल की तिथि भी है। 'बिकट कहानी' धार्मिक या सूफ़ियाना कलाम नहीं, और यह स्वयं में बड़ी रोचक बात है कि उत्तर भारत में उर्दू का पहला कारनामा जो हम तक पहुँचा है, वह धार्मिक/सूफ़ियाना नहीं है, यद्यपि इसमें 'कैफ़ियत' सूफ़ियाना कलाम की है। उत्तर भारत में हम आगे भी देखेंगे कि अठारहवीं सदी से उर्दू के साहित्यिक उत्पादन पर ग़ैर मज़हबी/ग़ैर सूफ़ियाना रंग हावी है।

'बिकट कहानी' के बहुत बाद, लेकिन सत्रहवीं सदी में ही उत्तर भारत में भी 'हिन्दी/हिन्दवी/रेख़्ता' के कुछ कारनामे नज़र आते हैं। इनकी साहित्यिक स्थिति सामान्य है, लेकिन इनकी प्रकृति धार्मिक है। ये सभी रचनाएँ सत्रहवीं सदी की अन्तिम चौथाई की हैं। उनका धार्मिक स्वभाव (यद्यपि ग़ैर सूफ़ियाना) इस विचार को प्रमाणित करता हुआ मालूम होता है कि इस भाषा में साहित्य रचना आरम्भ होने के लिए किसी प्रकार की धार्मिक भावना की प्रेरणा शायद हमेशा ही आवश्यक रही है। अगर सूफ़ियों ने उत्तर भारत की भाषा को तेरहवीं सदी में ही अपने उपदेश आदि के लिए बरतना शुरू कर दिया होता तो उर्दू के साहित्यिक इतिहास का क्षितिज जहाँ आज है उससे बहुत पीछे होता।

रोशन अली ने अपनी दीर्घ कविता 'जंगनामा' या 'आशूरानामा' 1688-89 में लिखा। इस्माइल अमरोहवी ने अपनी मसनवी 'वफ़ातनामाए-बीबी फ़ातिमा' की रचना

1693-1694 में की। इन दोनों रचनाओं में 'लोक धार्मिक' रंग विद्यमान हैं। यहाँ दिलचस्प बात यह है कि रोशन अली का 'जंगनामा' गुजरी के एक जंगनामे 'जंगनामाए-मुहम्मद हनीफ़' लेखक मिसकीन से बहुत मिलता-जुलता है। मिसकीन के जंगनामे की तिथि ज़हीरउद्दीन मदनी ने 1681 मानी है।[3] इन दोनों रचनाओं में जो समय का अन्तराल इतना कम है इससे इस विचार को और शक्ति मिलती है कि रोशन अली ने मिसकीन का प्रभाव स्वीकार किया। (याद रहे कि 'जंगनामा मुहम्मद हनीफ़' नाम की एक कविता नज़्म आज भी उत्तर भारत में प्रसिद्ध है।) अगर मिसकीन की कविता रोशन अली के जंगनामे पर अपना प्रभाव छोड़ती है, (जिसकी ठोस सम्भावना है), तो यह अनिवार्य है कि उस काल में उत्तर भारत और गुजरात में साहित्यिक सतह पर सम्पर्क मौजूद था, और वह एक प्रकार से तात्कालिक था। अर्थात् ऐसा नहीं था कि गुजरात या उत्तर भारत की रचनाओं की सूचना द्वितीय पक्ष को बहुत देर में मिलती हो।

मिसकीन ने अपनी भाषा को 'गुजरी' कहा है। रोशन अली अपनी भाषा को विभिन्न अवसरों पर 'हिन्दी', 'हिन्दुस्तानी' और 'हिन्दवी' बताते हैं।[4] अगर रोशन अली ने मिसकीन का अनुकरण किया, और इसके बावजूद अपनी भाषा को 'हिन्दी', 'हिन्दुस्तानी', 'हिन्दवी' कहा, तो हम यह निष्कर्ष भी निकालने में सही होंगे कि रोशन अली की नज़र में उनकी भाषायी परम्परा गुजरी से भिन्न थी।

उत्तर भारत के उर्दू साहित्य में पहला ग़ैर सूफ़ी नाम मुहम्मद अफ़ज़ल का है। और वही उत्तर भारत में उर्दू साहित्य का भी पहला नाम है। लेकिन अफ़ज़ल (मृत्यु 1625) और जाफ़र ज़टल्ली (1659 ?-1713) के मध्य हमारी आज की सूचना के अनुसार और कोई भी नहीं है। और जाफ़र ज़टल्ली के साहित्यिक व्यक्तित्व को दिल्ली के परिदृश्य में स्थापित होते-होते समय की धारा सत्रहवीं सदी से बहकर अठारहवीं सदी में विलीन होने के निकट आ चुकी थी। इस प्रकार उनके मध्य लगभग एक पूरी सदी है, लेकिन न तो अफ़ज़ल, और न जाफ़र के कलाम से उस असाधारण विकास का अनुमान होता है जो कुछ ही वर्षों में दिल्ली की सम्पूर्ण सभ्यता में होनेवाला था। और फिर यह बहार और यह विकास अगली डेढ़ सदियों तक बिना रोक-टोक क़ायम रहा। युद्ध, विदेशी आक्रमण, राजनीतिक अव्यवस्था, विदेशी अधिकार, किसी का इस विकास शक्ति पर कुछ प्रभाव न पड़ा। इसके बावजूद उर्दू साहित्य और संस्कृति के 'सरकारी' इतिहासकारों की नज़र में यह सारा काल अवनति और नैतिक-सांस्कृतिक पतन से भरा पड़ा है। प्रोफ़ेसर मसऊद हुसैन रिज़वी अदीब (1893-1975) के पुस्तकालय में अठारहवीं सदी की एक पांडुलिपि की दो प्रतियाँ थीं। यह पांडुलिपि मर्सियों का संकलन और चूँकि दोनों प्रतियों में निकट समानता थी, अतः मसऊद हुसैन रिज़वी अदीब के कथनानुसार इस पांडुलिपि की "एक से अधिक प्रतियों के होने से यह पता चलता है कि यह किसी व्यक्ति की निजी नहीं है, बल्कि एक पुस्तक है जिसका कुछ नाम भी अवश्य होगा।" सम्भव है कि इस पांडुलिपि/पुस्तक की अनेक प्रतिलिपियाँ लोगों के पास रही होंगी, और

इसमें लिखित रचना उचित अवसरों पर पढ़ी या गाई जाती होगी। एक प्रति, जो पूर्ण है, की प्रकाशकीय विज्ञप्ति फ़ारसी में है। इसका अनुवाद निम्नलिखित है :

"यह संकलन दिन मंगलवार, तिथि 11, रबी उस्सानी सन् 20 जलूस मुहम्मद शाह बादशाह ग़ाज़ी, फक़ीर हक़ीर मुहम्मद मुराद द्वारा पूरा हुआ।[5] इस हिजरी तिथि से, ईस्वी तिथि 18 जुलाई 1727 प्राप्त होती है। मसऊद हुसैन रिजवी अदीब कहते हैं कि "इन मर्सियों की भाषा की मीर जाफ़र की भाषा से तुलना करें तो इसमें कोई शंका न रहेगी कि यह मर्सिया (कविता) लिखनेवाले मीर जाफ़र से प्राचीन हैं, और सम्भवतः ग्यारहवीं सदी हिजरी और सत्रहवीं सदी ईस्वी के उत्तरार्द्ध (पूर्वार्द्ध ?) में गुज़रे हैं। इनके मर्सिये उत्तर भारत की प्राचीनतम उर्दू कविताएँ हैं।"[6]

इस पांडुलपि की रचनाओं की साहित्यिक स्थिति तो कुछ ख़ास नहीं, लेकिन साहित्य के इतिहासकार के लिए ये अनमोल हैं। मेरा विचार है कि मसऊद हुसैन रिज़वी अदीब ने इस पांडुलिपि की तमाम रचनाओं की तिथि सत्रहवीं सदी के उत्तरार्द्ध का आरम्भ कहकर थोड़ा आशावाद दिखाया है, लेकिन इसमें कोई शक नहीं कि इस पांडुलिपि की बहुत-सी रचनाएँ निश्चय ही उस समय की हैं, और 'बिकट कहानी', रोशन अली, और मीर जाफ़र ज़टल्ली के मध्य क्रमबद्धता पैदा करने का काम करती हैं।

अगर यह बात मान ली जाए कि हिन्दी/हिन्दवी में साहित्यिक पैदावार की पहली फ़सल सूफ़ियों ने गुजरात और दकन दोनों क्षेत्रों में बोई, तो यह प्रश्न उठता है कि फिर उत्तर भारत में ऐसा क्यों न हुआ। ऊपर मैंने यह विचार पेश किया है कि उस काल में उत्तर भारत के सूफ़ियों के श्रोताओं के लिए फ़ारसी कोई अजनबी भाषा न थी, बल्कि सामान्य रूप से समझी जाती थी। अतः सूफ़ियों को फ़ारसी छोड़ने और हिन्दी अपनाने की कोई ख़ास आवश्यकता न थी। यह कहना काफ़ी न होगा कि सूफ़ियों ने हिन्दी/हिन्दवी को इसलिए न अपनाया होगा कि उस काल में यह भाषा समाज में कुछ प्रतिष्ठित नहीं थी। सूफ़ियों को सांसारिक सम्मान से कोई लगाव न था और न वो उसका सम्मान ही करते थे। अगर उन्हें अपनी बात कहने के लिए हिन्दी/हिन्दवी की ज़रूरत होती तो वह निःसंकोच उसे उसी प्रकार अपनाते जिस प्रकार उन्होंने अवध और पूरब में वहाँ की क्षेत्रीय भाषाओं को अपनाया था। फिर यह बात भी ध्यान में रखने की है कि अगर गुजरात और दकन में हिन्दी/हिन्दवी/गुजरी/दकनी को सम्मान प्राप्त हुआ तो इसका कारण भी सूफ़ियों का ही व्यवहार था कि उन्होंने इस भाषा को अपनी शिक्षा और विचार के लिए प्रयोग किया।

इस बात की पूरी-पूरी सम्भावना है कि चौदहवीं सदी के समाप्त होते-होते उत्तर भारत के बड़े भाग में फ़ारसी अगर धारा-प्रवाह बोली नहीं जा रही थी तो भी आसानी से समझी ज़रूर जा रही थी। और इसके बोलने/समझनेवाले, नगरों और क़स्बों के अधिकांश लोग रहे होंगे। इस परिस्थिति को बनाने में सेनाओं, सरकारी कर्मचारियों, और व्यावसायिक लोगों में फ़ारसी के चलन का हाथ निःसन्देह रहा होगा। जब सत्रहवीं

सदी के कोलकाता में पुर्तगाली जैसी भाषा कुछ समय के लिए बाज़ार की लिंग्वाफ्रांका बन सकती है, क्योंकि इस काल में कोलकाता और उसके चारों ओर का व्यापार बड़ी हद तक पुर्तगाली व्यापारियों और मिशनरियों के हाथ में था, तो फिर फ़ारसी के साथ यह मामिला क्यों नहीं हो सकता ? विशेषकर जब उत्तर भारत में फ़ारसी की मौजूदगी बंगाल में पुर्तगाली के मुक़ाबले कहीं अधिक प्राचीन थी, और उत्तर भारत की क्षेत्रीय भाषाओं और फ़ारसी में (संस्कृत के कारण) सम्बन्ध भी है। दूर क्यों जाइए, वर्तमान सदी के मध्य तक केवल दो-ढाई सौ वर्ष के सीमित सम्पर्क के कारण मद्रास नगर और इसके उपनगरों में सारे शिल्पकार, यहाँ तक कि बाज़ार के मोची और बोझा ढोनेवाले भी अंग्रेजी अच्छी तरह समझते और थोड़ी-बहुत बोल लेते थे। जैसा कि मैं ऊपर कह चुका हूँ, फ़ारसी और हिन्दुस्तानी भाषाओं में तो फिर भी एक सम्बन्ध है, तमिल और अंग्रेजी, पुर्तगाली और बंगाली में सम्बन्ध का पता दूर-दूर तक नहीं। और चौदहवीं सदी के उत्तर भारत में फ़ारसी का चलन कम-से-कम तीन सौ साल पुराना था। फिर उत्तर भारत में फ़ारसी का लिंग्वाफ्रांका बन जाना कौन-सी आश्चर्य की बात है ?

हिन्दी/हिन्दवी की आरम्भिक सदियों में इस भाषा और फ़ारसी के मध्य लेन-देन और पारस्परिक प्रभाव के विस्तार का अनुमान अभी हम लोगों ने पूरी तरह नहीं लगाया है। जहाँ इस बात में शंका नहीं कि फ़ारसी ने हमारी भाषा को बहुत कुछ दिया, वहीं यह भी है कि यह सारी प्रक्रिया एकपक्षीय कदापि नहीं थी। ऊपर हम फ़ज़लउद्दीन क़वाम बलख़ी के शब्दकोश 'बहरुल-फ़ज़ाइल' (1433/1434) का वर्णन देख चुके हैं कि इस फ़ारसी शब्दकोश में ऐसे हिन्दवी शब्द पाए जाते हैं जो फ़ारसी कविता में प्रयुक्त होते हैं। लेकिन भारत में फ़ारसी शब्दकोश लेखन का कार्य बहुत पहले आरम्भ हो चुका था। इस समय तक की खोज के अनुसार फ़ारसी का दूसरा प्राचीनतम शब्दकोश (फ़रहगे-क़व्वास) फख़रुद्दीन क़व्वास ग़ज़नवी ने दिल्ली में अलाउद्दीन ख़िलजी के काल (1296-1316) में तैयार किया था। इसके बाद भारतीय शब्दकोश में मुहम्मद बिन हिन्दूशाह का 'सिहाहुल फ़ुरुस' (1327) है। इनके पीछे-पीछे जल्द ही आनेवालों में हाजिबे ख़ैरात देहलवी का 'दस्तूरुल अफ़ाज़िल' (1342), क़ाज़ी बदरुद्दीन देहलवी का 'अदातुल-फ़ुज़ला' (1419), बद्र इब्राहीम की 'ज़ुबाने-गोया' (1433-1434) और इब्राहीम क़व्वाम फ़ारूकी की 'सरफ़नामए-मुनीरी' (1475) उल्लेखनीय है। ज़ाहिर है कि और भी शब्दकोश रहे होंगे। इन सब में जो बात उभयनिष्ठ है वह यह है कि इनमें हिन्दी/हिन्दवी शब्द कहीं-कहीं अर्थ के स्पष्टीकरण के लिए, और कहीं शब्दकोश के तौर पर भी आए हैं।[7]

असाधारण विस्तार और गहनतायुक्त फ़ारसी शब्दकोश भारत में उन्नीसवीं सदी के अन्त तक भी तैयार किए जाते रहे। इनके विस्तार में गए बिना इतना कहना काफ़ी है कि उपर्युक्त लिखित सारे शब्दकोश भारतीय पाठकों और विद्यार्थियों के लिए बनाए गए थे, लेकिन इनका स्तर ऐसा है कि ये अपने प्रयोग करने वालों से उच्चतम श्रेणी की भाषा-दक्षता का तक़ाज़ा करते हैं। यह स्थिति विशेषकर उन शब्दकोशों में नज़र

आती है, जो सोलहवीं सदी से संकलित होना शुरू हुए। उदाहरण के लिए केवल 'दस्तूरुल-अफ़ाज़िल' (1519), लेखक मोलवी लाद का उल्लेख काफ़ी है। इस शब्दकोश में शब्दों को अरबी, फ़ारसी, और तुर्की शीर्षकों के अन्तर्गत एकत्र किया गया है। शब्द के मूल के बारे में स्थान-स्थान पर संकेत हैं, और हिन्दी शब्द तो हैं ही।[8]

चौदहवीं और पन्द्रहवीं सदी के भारत में शब्दकोश रचना के इस फैलाव, लोकप्रियता और विशेषज्ञता की दृष्टि से दो परिणाम अवश्य निकल सकते हैं। एक तो यह कि उनमें 'हिन्दी/हिन्दवी' का समावेश फ़ारसी में हो रहा था। दूसरी बात यह कि शब्दकोश इसलिए लिखे जा रहे थे कि इनकी आवश्यकता थी। ज़ाहिर है कि आवश्यकता इसलिए थी कि बड़ी संख्या में लोग फ़ारसी सीख रहे थे। एक दिलचस्प बात यह है कि सोलहवीं सदी के मध्य के बाद से भारत में फ़ारसी-कोश रचना की गति मन्द पड़ जाती है। लेकिन जो कोश 1600 के बाद लिखे गए उनका स्तर पिछले कोश की तुलना में श्रेष्ठ है। इससे यह परिणाम निकल सकता है कि सत्रहवीं सदी में ऐसे भारतीयों की संख्या बढ़ने लगी जो फ़ारसी के 'निपुण' पढ़ने वाले थे। उनके लिए वे प्राचीन शब्दकोश अधिक उपयोगी न थे, जो अधिकतर उन लोगों के लिए बनाए गए थे जो वैसे तो सुसंस्कृत और उच्चतम योग्यता के मालिक थे, लेकिन फ़ारसी में अपेक्षाकृत नए थे।

सोलहवीं सदी में 'हिन्दी/फ़ारसी' शब्द-संग्रह पहली बार सामने आता है। हकीम यूसुफ़ी (काल 1490-1530) ने एक क़सीदा लिखा जिसमें उन्होंने हिन्दी शब्दों के अर्थ फ़ारसी में लिखे। अजय चन्द भटनागर ने 1551 में 'ख़ालिक़बारी' के नमूने पर एक शब्द-संग्रह कविता (पद्य) में तैयार किया और उसका नाम 'मिस्ल ख़ालिक़बारी' रखा। ये रचनाएँ इस बात का पता देती हैं कि जिस प्रकार पिछली सदियों में फ़ारसी न जानने वाले लोग फ़ारसी सीख रहे थे, उसी प्रकार सोलहवीं सदी से फ़ारसी वाले 'हिन्दी' की ओर झुकने लगे थे। अतः यह कहा जा सकता है कि लगभग सत्रहवीं सदी तक स्थिति यह थी कि जो लोग 'हिन्दी/हिन्दवी' साहित्य-सृजन करने या पढ़ने की क्षमता रखते थे, या सूफ़ियों के वचनों, उपदेशों या अन्य रचनाएँ पढ़ने के इच्छुक थे, उनमें अधिकतर को फ़ारसी अच्छी-ख़ासी आती थी। इसलिए वे अपनी साहित्यिक या सूफ़ियाना रुचि की ख़ातिर किसी क्षेत्रीय भाषा का सहारा लेने की ज़रूरत न समझते थे। और अगर दिल्ली के उत्तर-पश्चिम या दक्षिण-पूर्व में किसी को अवधी या ब्रज में रुचि थी, तो उसके लिए उन भाषाओं की सामग्री मौजूद थी।

यह बात, कि सोलहवीं सदी तक उत्तर भारत के अधिकतर पढ़े-लिखे लोग फ़ारसी को लगभग पहली भाषा के तौर पर प्रयोग करते होंगे, इस प्रकार भी प्रमाणित है कि यहाँ जब 'हिन्दी/हिन्दवी' में साहित्य लिखा जाने लगा तो सबसे पहले इसे 'रेख़्ता' का नाम मिला। (याद रहे कि गुजरात और आरम्भिक दकन में 'रेख़्ता' का पता नहीं। यह उत्तर भारत की चीज़ है।) पहले-पहल तो उस कलाम को 'रेख़्ता' कहा गया जो फ़ारसी/हिन्दी मिली-जुली भाषा में लिखा जाता था। इसके बाद वह भाषा भी रेख़्ता

कहलाई जिसमें वह कलाम बनाया जाता था। फिर हर वह कलाम जिसे रेख़्ता में लिखा जाए, 'रेख़्ता' कहलाने लगा। 'रेख़्ता' शब्द से 'जुबान रेख़्ता' में लिखी रचनाओं और कविता की एक विधा का आशय लेने के उदाहरण उन्नीसवीं सदी के मध्य में मिलते हैं। इसी प्रकार भाषा के नाम के तौर पर 'रेख़्ता' और 'हिन्दी' दोनों ही उन्नीसवीं सदी की चौथी दहाई तक प्रचलित रहे।

जैसा कि हम जानते हैं, 'रेख़्ता' के कई अर्थ हैं। उदाहरणार्थ (1) मिला-जुला, (2) गारे और चूने का मसाला जो भवनों में काम आता है, (3) पड़ा गिरा, (4) कोई चीज़ जो किसी और चीज़ में ढाली जाए, आदि। अतः 'रेख़्ता' वह भाषा ठहरी जिसमें फ़ारसी के तने पर 'हिन्दी' की शाख़ें लगाई जाएँ, या फिर जिसमें 'हिन्दी' के तने पर फ़ारसी की शाखें लगाई जाएँ। उत्तर भारत की प्राचीन उर्दू कविताएँ, यहाँ तक कि 'बिकट कहानी' जैसी उच्चतम साहित्यिक रचना भी, रेख़्ता की ही शैली में हैं। इसमें 325 शेर हैं। इकतालीस तो सीधे-सीधे फ़ारसी में हैं, और कम-से-कम बीस में आधे फ़ारसी और आधे उर्दू मिसरे हैं। प्रोफेसर मसऊद हुसैन रिज़वी अदीब के पास जो पांडुलिपि है उसका भी यही हाल है।

रेख़्ता की विशेषता स्पष्ट करने के लिए उदाहरणों की आवश्यकता शायद न हो, लेकिन दोनों दशाओं का अलग-अलग स्पष्टीकरण सम्भवतः उपयोगी होगा। निम्नलिखित में फ़ारसी के तने पर 'हिन्दी' की शाख़ें हैं। ये पंक्तियाँ अदीब के पास की पांडुलिपि की है :

शाह का अहवाल पुर्सीदंद सब अहले हरम
इस हक़ीक़त के बयाँ सूँ माँद हैराँ ज़ूउलजेनाह
ज़ेन ख़ाली दीदा ख़्वेशो-अक़रबा रोने लगे
मुत्तफ़िक़ था दर एज़ा बा आँ ग़रीबाँ ज़ूउलजेनाह
दम ब दम मी ज़द सर.ख़ुद इस अलम सूँ बर ज़मीं
ज़ाँकि था अज़ ज़िन्दगी ख़ुद पशेमाँ ज़ूउलजेनाह[9]

और निम्नलिखित में हिन्दी के तने पर फ़ारसी की शाख़ें हैं।

हैफ़ हलक़ तिश्न अय जो था नबी का बोसा गाह
तिस गले ऊपर चलाया शिम्र ख़ंजर या इमाम
दर हुज़ूर तो गए मारे ज़ जोर क़ूफ़ियाँ
दो पिसर तेरे अली अकबर व असग़र या इमाम
ज़ आतिश ग़म जल के ख़ाकस्तर हुआ है आसमाँ
कोकब ओ अंजुम हुए मानिन्द अख़गर या इमाम [10]

इस विषय में कुछ शंका अब सम्भवतः किसी को न हो कि 'रेख़्ता' की कवित्व कला की लोकप्रियता ने उत्तर भारत में 'हिन्दी/हिन्दवी' के विकास में रुकावट डाली। और उत्तर भारत में रेख़्ता की कवित्व कला की लोकप्रियता का कारण भी यहाँ फ़ारसी का उत्थान, और इस भाषा की ओर लोगों का स्वाभाविक झुकाव मालूम पड़ता है।

फ़ारसी की ओर इस झुकाव की वजह उपर्युक्त कारणों के अतिरिक्त उत्तर भारत वालों का सांस्कृतिक अभिमान और 'सब्के-हिन्दी' का कविता में असाधारण दबदबा और लोकप्रियता भी है। फ़ारसी की ओर झुकाव, और फ़ारसी (या सब्के-हिन्दी) की असाधारण प्रतिष्ठा और लोकप्रियता का एक प्रमाण इस बात में भी मिलता है कि दिल्ली वाले एक समय तक 'ग़ज़ल' और 'रेख़्ता' में अन्तर करते रहे। अर्थात् वह रेख़्ता में कही हुई ग़ज़ल को ग़ज़ल नहीं, केवल 'रेख़्ता' कहते थे। 'ग़ज़ल' शब्द केवल फ़ारसी ग़ज़ल के लिए था। क़ाइम का प्रसिद्ध शेर है :

क़ाइम मैं ग़ज़ल तौर किया रेख़्ता वर्ना
एक बात लचर-सी ब ज़बाने दकनी थी[11]

हम लोग इस शेर को कम-से-कम सौ-सवा सौ वर्षों से विभिन्न कथनों के प्रमाण में पेश करते आए हैं। लेकिन किसी ने ठहरकर यह न पूछा कि भाई, 'रेख़्ता' को 'ग़ज़ल तौर' करने से क्या आशय है। क्या क़ाइम के पहले रेख़्ता में ग़ज़ल न थी ? तो फिर इनके उस्ताद मिर्ज़ा रफ़ी सौदा, और उनके उस्ताद शाह हातिम (1699 से 1783), और क़ाइम के दूसरे उस्ताद जैसे शाह हिदायत देहलवी (मृत्यु 1805) और ख़्वाजा मीर दर्द (1720 से 1785) क्या लिख रहे थे ?[12] ज़ाहिर है कि 'ग़ज़ल' से क़ाइम की मुराद 'फ़ारसी ग़ज़ल' है। उनकी इस डींग को उनके अपने उस्ताद चाहे अरुचिकर कहें, लेकिन क़ाइम कह यही रहे हैं कि मुझसे पहले उर्दू में सच्ची, फ़ारसी-शैली की, ग़ज़ल किसी ने कही नहीं, सब लोग दकनी-शैली में कमज़ोर-सी शाइरी करते थे, इतनी कमज़ोर कि उसे ग़ज़ल का नाम भी देना उचित नहीं है। (स्पष्टतः क़ाइम के समय में 'लचर' शब्द से आशय था 'कमज़ोर, लचीली'।[13] इस शब्द को आज, लग़्व [व्यर्थ], मुह्मल [अर्थहीन], बेहूदा, बेतुकी बात, के अर्थ में प्रयोग करते हैं। 'नूरुललुग़ात' देखें।)[14]

यह अर्थ क़ाइम के समय में मौजूद न सही, लेकिन जो अर्थ था वह भी कम अपमानजनक न था। अतः इसमें कोई शंका नहीं कि क़ाइम की नज़र में 'ग़ज़ल' कोई ऊँचे दर्जे की चीज़ थी, और रेख़्ता में जो कविता थी उसके लिए 'ग़ज़ल' की सर्वोच्च उपाधि उचित न थी। 'ग़ज़ल' और 'रेख़्ता' के उपर्युक्त अन्तर में अगर कोई शक हो तो मुसहफ़ी का शेर सुनिए जो मामिले को बिलकुल साफ़ कर देता है। यह शेर आठवें दीवान का है; जो 1820 के आसपास सम्पूर्ण हुआ होगा :

मुसहफ़ी रेख़्ता कहता हूँ मैं बेहतर ज़ ग़ज़ल
मोतक़िद फिर कोई क्यों सादी व .ख़ुसरौ का हो[15]

दिल्ली वाले निरंकुशता और साम्राज्यवादी गौरव के साथ उर्दू की बादशाहत का दावा करते हैं, अपने शहर के लिए उर्दू की मूल और प्राचीन राजधानी की उपाधि का प्रयोग करते हैं, और अपनी भाषा को मानक (Normative) और प्रामाणिक मानते हैं। लेकिन इतिहास तो यह बताता है कि दिल्ली ने उर्दू को उसके अस्ल रूप (चाहे वह .ख़ुद देहलवी हो, या गुजरी, या दकनी) में मुँह न लगाया। अठारहवीं सदी की दिल्ली में उर्दू लोकप्रियता की सीढ़ियाँ चढ़ने लगी, लेकिन उसका नाम फिर भी 'रेख़्ता' ही रहा। उचित

तो यह था कि अब उसे केवल 'हिन्दी' के नाम से पुकारा जाता, जो उसका सही नाम था। लेकिन फ़ारसी के पक्ष की तरफ़दारी और प्राचीन उर्दू, अर्थात् 'दकनी/हिन्दी/हिन्दवी' के विरुद्ध पुराने पक्षपात के कारण, साहित्यिक भाषा के लिए 'रेख़्ता' (जिसका अर्थ हम ऊपर लिख चुके हैं) नाम ही प्रचलित हुआ। इस पक्षपात को देखते हुए अठारहवीं सदी के पहले की दिल्ली में 'हिन्दी/हिन्दवी' साहित्य की कमी कुछ भी आश्चर्यजनक नहीं। बल्कि आश्चर्य तो इस पर होना चाहिए कि फिर भी इतना सारा 'हिन्दी/हिन्दवी' साहित्य दिल्ली में लिखा गया।

अपने गुजरी/दकनी अतीत को भुलाने, या उसका प्रभाव कम करने हेतु, या फिर उसके विरुद्ध रक्षात्मक कार्यवाही के तौर पर, दिल्ली की साहित्यिक संस्कृति ने अपने अन्दर एक प्रकार का अहंकार और अभिमान पैदा किया, और गुजरी/दकनी को अपने से अलग, या कमतर और अयोग्य क़रार देने की रस्म आरम्भ से ही शुरू कर दी। बल्कि यह कहा जाए तो ग़लत न होगा कि अहंकार और बहिष्कारवाद अर्थात् exclusionism की नीति दिल्ली वालों ने तमाम ग़ैर देहलवी उर्दू साहित्य और भाषा के लिए भी आरम्भ ही में अपना लिया। इंशा के बारे में हम पढ़ चुके हैं कि वे मुर्शिदाबाद और अज़ीमाबाद वालों, बल्कि लखनऊ के भी मूल-निवासियों को उर्दू के मामले में गँवार समझते थे। इंशा से कुछ पहले (या कुछ बाद) अहद अली ख़ाँ यकता गैर दिल्ली वालों को यद्यपि गँवार नहीं कहते, लेकिन उनकी नज़र में भी उर्दू अगर मानक है तो केवल दिल्ली वालों की। और मीर ने इन दोनों से बहुत पहले कह दिया था कि रेख़्ता की कविता वही है जो शाहजहाँबाद की जुबान में हो।

अहंकार और बहिष्कार की नीति दिल्ली की साहित्यिक और भाषायी संस्कृति में बीसवीं सदी तक भी देखी जा सकती है। अठारहवीं सदी में तो यह हाल था कि ख़ुद दिल्ली का वह साहित्य, जो 'ग़ज़ल' होने की कसौटी पर खरा उतरता नहीं दिखाई देता है (जैसे रोशन अली और इस्माइल अमरोहवी के जंगनामे) उनका उल्लेख दिल्ली वालों ने अपनी चर्चाओं में न किया। हाफ़िज़ महमूद शीरानी का विचार है कि अपने पुराने सरमाए से उर्दू वालों के विरक्त होने का कारण अंग्रेजी शिक्षा और अंग्रेजी संस्कृति से उनका अनुराग है। शीरानी लिखते हैं :

"मैं यद्यपि उर्दू के क्षेत्र में दकन की साहित्यिक और रचनात्मक आरम्भिकता के दावे को स्वीकार करता हूँ, और यह भी कहता हूँ कि उर्दू कविता हिन्दुस्तान के हर प्रदेश में किसी-न-किसी रूप में ज़रूर मौजूद थी। यह और बहस है कि क्या वह भाषा की अनुगामी थी या फ़ारसी की...लेकिन देश के हर प्रदेश में उर्दू में पत्रिकाएँ निकालने का रिवाज था...लेकिन आज यह साहित्यिक हिस्सा हमारी नज़रों से क्यों नहीं गुज़रता ? इसका सबसे बड़ा कारण हमारी वही अक्षम्य बेपरवाही है...शेक्सपियर और मिल्टन, गोल्डस्मिथ और टेनीसन की आँधियों ने हमें अन्धा कर दिया है...अंग्रेजी और अंग्रेज-भक्ति की लहर हममें इस क़दर दौड़ गई है कि हम अपने देश की हर वस्तु से न केवल बचते हैं बल्कि नफ़रत करने लगे है।"[16]

हाफ़िज़ साहिब का यह कथन 'आबे-हयात' और उसके बाद की तमाम उन्नीसवीं सदी और बीसवीं सदी के पूर्वार्द्ध तक की अधिकांश आलोचनात्मक रचनाओं पर चरितार्थ होता है। लेकिन मामिला केवल अंग्रेज़-भक्ति का नहीं, दिल्ली-भक्ति (और फिर लखनऊ-भक्ति) का भी है। इसको दिल्ली/लखनऊ वालों ने स्वयं प्रचलित किया और मज़े कि बात यह है कि शेष बचे उर्दू वालों ने भी इसी दरगाह पर हँसी-ख़ुशी माथा टेकना उचित माना। (यह बात भी विचारणीय है कि अगर इंशा और अहद अली ख़ाँ यकता जैसे लेखक न होते, और लखनऊ का आरम्भिक साहित्य लगभग सारे का सारा दिल्ली वालों ने ही न पैदा किया होता, तो यार लोग लखनऊ की विधान-प्रणाली को स्वीकार करते भी कि नहीं। मुझे तो लगता है कि लखनऊ की भाषा इसलिए प्रामाणिक मानी गई कि वह मूलतः दिल्ली की ही थी—या अगर नहीं भी थी तो मान ली गई थी। यह और बात है कि बाद को लखनऊ वालों ने भी पर-पुर्ज़े निकाले और अपनी भाषा को दिल्ली से अलग स्थापित किया।)

अंग्रेजों के आधिपत्य के बहुत पहले हमारे यहाँ की साहित्यिक संस्कृति पर दिल्ली साम्राज्य स्थापित हो चुका था। और जैसा कि मैंने ऊपर कहा, स्वयं वो दिल्ली वाले, या उत्तर भारत वाले, जो 'ग़ज़ल' के स्तर पर पूरे न उतरते थे, साहित्य के क्षेत्र में प्रवेश पाने से वंचित रखे गए। बहुत ही कम तज़्किरे ऐसे हैं जिनमें, अफ़ज़ल या जाफ़र ज़टल्ली का उल्लेख भर भी हो, विस्तृत विवेचना और रचनाओं का उद्धरण तो बाद की बात है। उर्दू साहित्य के आधुनिक इतिहासकार मुश्किल से ही उनका नाम लेते हैं। जहाँ तक मुझे मालूम है, अफ़ज़ल को विश्वविद्यालयों और उच्च शिक्षा संस्थानों में स्थान नहीं मिला और मीर जाफ़र ज़टल्ली का नाम कभी-कभी लिया भी जाता है तो डरते-डरते, और नापसन्दीदगी के साथ, दबी ज़बान से।

उदाहरणस्वरूप, राम बाबू सक्सेना ने 1927 में अंग्रेजी में एक पुस्तक उर्दू साहित्य का इतिहास लिखा, जो बहुत प्रभादशाली साबित हुई और इसका उर्दू अनुवाद (अनुवादक मिर्ज़ा मुहम्मद अस्करी) और भी प्रसिद्ध हुआ। इसमें अफ़ज़ल का नाम तक नहीं आया, ज़टल्ली को 'मसख़रे' कवियों की सूची में रखा गया और कोई विस्तारपूर्वक उल्लेख भी नहीं हुआ।[17] हामिद हुसैन क़ादिरी ने अपनी विस्तृत ''दास्तान तारीख़ उर्दू'' में अफ़ज़ल पर एक संक्षिप्त लेख लिखा है, लेकिन इसमें कई ग़लतियाँ हैं। ज़टल्ली पर उन्होंने कोई एक पृष्ठ लिखा है, लेकिन उनकी भी नज़र में ज़टल्ली गौण एवं मसख़रानुमा कवि-व्यक्तित्व हैं।[18] मुहम्मद सादिक़ ने अपनी अंग्रेजी पुस्तक में इन दोनों का नाम तक नहीं लिया। एनमेरी शिमेल को अफ़ज़ल से कोई सरोकार नहीं, लेकिन उन्होंने समाजी व्यंग्यकार की हैसियत से ज़टल्ली को कुछ महत्त्व अवश्य दिया है।[19] जव्वाद ज़ैदी ने दोनों का उल्लेख किया है, यद्यपि संक्षिप्त। और इससे उन कवियों के साहित्यिक या भाषायी महत्त्व का कोई विशेष आभास नहीं होता। फिर भी अंग्रेजी भाषा में लिखे गए उर्दू साहित्य के इतिहासों में ज़ैदी की पुस्तक अफ़ज़ल और ज़टल्ली दोनों के बारे में अधिक विस्तार से बात करती है।[20] इन दिनों हर छोटे-बड़े साहित्यकार पर

शोध-निबन्ध लिखा जा रहा है। मामूली-मामूली लोगों पर अनेक पुस्तकें और निबन्ध लिखे जा रहे हैं, लेकिन जाफ़र ज़टल्ली पर अब तक केवल एक पी-एच.डी. शोधपत्र लिखा गया है। इनके बारे में कोई पुस्तक सम्भवतः नहीं है।[21] अफ़ज़ल के बारे में केवल दो पूर्ववर्तियों के लेख हैं, लेकिन वे दोनों दरअसल 'बिकट कहानी' के एडीशन (संस्करण) हैं।[22]

हमें जमील जालिबी और ज्ञानचन्द/सैदा जाफ़र का आभारी होना चाहिए कि उनकी 'तारीख़ उर्दू अदब' में अफ़ज़ल और जाफ़र ज़टल्ली को कई पृष्ठ दिए गए हैं, यद्यपि इन दोनों के बारे में आलोचनात्मक विश्लेषण काफ़ी नहीं है। जमील जालिबी ने 'बिकट कहानी' को प्रशंसात्मक दृष्टि से देखा है, लेकिन उर्दू साहित्य में उसके लिए कोई स्थान नियत नहीं किया। ज़टल्ली के बारे में उनका रवैया बुनियादी तौर पर वही है जो एनमेरी शिमेल का है। ज्ञानचन्द ने अपना पूरा ध्यान अफ़जल के 'मूल' व्यक्तित्व को खोजने में लगाया है, और उनके साहित्यिक अवदान के बारे में वे न्यूनाधिक चुप हैं। ज़टल्ली का जीवन और उनकी भाषा पर उन्होंने एक संक्षिप्त निबन्ध-सा लिख डाला है, लेकिन ज़टल्ली के कवि-रूप पर उन्होंने कुछ अधिक नहीं कहा है। वे उनकी 'अश्लीलता' को अनुचित समझते हैं।[23]

सच है कि अफ़ज़ल और ज़टल्ली दोनों ही बड़े कवि हैं। इसके अतिरिक्त, अफ़ज़ल उर्दू में बारामासा के भी आविष्कारक हैं। सबसे पहला बारामासा मसऊद साद सलमान ने लिखा, और उनके बाद सम्भवतः अफ़ज़ल ने। उर्दू में बहरहाल वे पहले हैं। अफ़ज़ल की कविता को मीर हसन ने मान्यता दी है, लेकिन बहुत संक्षेप में। मीर हसन लिखते हैं :

"मुहम्मद अफ़ज़ल, अफ़ज़ल तख़ल्लुस, प्राचीनकाल के हैं। गोपाल नाम का कोई हिन्दू बच्चा था, उस पर आशिक़ होकर अपनी यथास्थिति एक बारामासा उर्फ़ 'बिकट कहानी' लिखा। अक्सर खत्री, और गानेवालियाँ इसके शौक़ीन हैं। (कविता में) आधा फ़ारसी और आधा हिन्दी लिखा, लेकिन लोकप्रियता ईश्वरीय है। (उनकी कविता) दिलों पर असर करती है।"[24]

मीर हसन के कथन में नापसन्दीदगी की झलक साफ़ नज़र आती है। इसका एक कारण तो यह है कि अफ़ज़ल की शैली रेख़्ता थी, और वह मीर हसन के काल में परित्यक्त और अस्वीकार्य हो चुकी थी। एक और कारण यह भी हो सकता है कि मीर हसन के विचार में 'बिकट कहानी' में आत्मकथा या व्यक्तिगत जीवन-चरित था, और यह कुछ अच्छी बात शायद न थी। इस पर तुर्रा यह कि मीर हसन ने कह दिया कि इस कविता के शौकीन लोग 'खत्री और गानेवालियाँ' हैं, जो किसी उच्चतर साहित्यिक रुचि के मालिक शायद नहीं हो सकते थे। इन कारणों के आधार पर मीर हसन के विमर्श या उल्लेख में अफ़ज़ल का शामिल होना कोई ख़ास लाभदायक न हुआ। यद्यपि सत्य यह है कि इनकी कविता में आत्मकथा का कोई तत्त्व नहीं है। इसमें प्रथमपुरुष (वक्ता) एक स्त्री है और वह एकवचन प्रथमपुरुष में अपने वियोग और विरह की

कहानी मौसमों की पृष्ठभूमि में बयान करती है। 'बिकट कहानी' में रूपकीय पेचीदगी बहुत नहीं है, लेकिन इसमें विभिन्न प्रकार के बिम्बों और ऐन्द्रिक उपमाओं की अधिकता है। कविता बेहद प्रवाहपूर्ण है और इसमें इस प्रकार का उबलता हुआ लेकिन नियन्त्रित आवेश है जिसे उच्च श्रेणी की प्रेम-कविता की विशेषता कहा जा सकता है।

जाफ़र ज़टल्ली को आसानी से उर्दू का सबसे बड़ा व्यंग्यकार कहा जा सकता है। और यह कोई सामान्य बात नहीं, क्योंकि उर्दू में उच्च श्रेणी के व्यंग्यात्मक गद्य और पद्य की कमी नहीं है। लेकिन ज़टल्ली केवल व्यंग्यकार नहीं हैं। वे शब्दों के पारखी और प्रेमी भी हैं। उनकी संक्षिप्त रचना में जितने ताज़ा शब्द हैं (अश्लील शब्दों को छोड़ दें तब भी) उतनी संख्या में ताज़ा शब्द उनसे दुगुनी रचना वाले कवि के कलाम में भी न होंगे। उन्हें 'सख़्त' और 'नरम' दोनों प्रकार की अश्लीलता में रुचि है, लेकिन वे उस प्रकार के अश्लील लेखक नहीं जिस प्रकार के साहिब क़िराँ या उरयाँ अश्लील लेखक थे। साहिब क़िराँ की रचना में (और उरयाँ के यहाँ और भी अधिक) अश्लीलता का अभिप्राय सस्ते क़िस्म का यौनरस और लोलुपता का आनन्द पैदा करना है। इसके विपरीत ज़टल्ली की अधिकतर अश्लील रचनाएँ क्रोध, नापसन्दगी और अप्रसन्नता को प्रकट करने का तरीक़ा हैं। कुछ अश्लीलता उनकी अपनी दबी भावनाओं को व्यक्त करने का काम करती है। कुछ ऐसी है जहाँ वे अपनी प्रफुल्लता दिखाते हैं। इन सारी अश्लील रचनाओं में यौन-चटखारा नाम मात्र को है। बल्कि कभी तो यह लगता है कि उन्हें यौनाचार से घृणा है। कुल मिलाकर वे अपने लगभग समकालीन अंग्रेज़ अश्लील लेखक व्यंग्यकार जॉन विलमट (John Wilmot, Earl of Rochester 1647-1680) की याद दिलाते हैं। विलमट ही की तरह ज़टल्ली को बयान के अन्दाज़ और तकनीकों पर आश्चर्यजनक दक्षता है, और वे जीवन और राजनीति दोनों के बहुत गम्भीर व्याख्याकार हैं। वे अपने गद्य में औरंगज़ेब पर भीषण चोट पहुँचाने वाले व्यंग्य करते हैं तो उसका मर्सिया और जंगनामा भी लिखते हैं, और वह भी ऐसा कि जिसमें औरंगज़ेब के देहान्त के बाद आने वाले बिखराव और पतन की धमक साफ़ सुनाई देती है।

भाषायी दृष्टि से अफ़ज़ल और ज़टल्ली दोनों महत्त्वपूर्ण हैं। इनकी भाषा से पता लगता है कि उर्दू अब रेख़्ता के ज़रा कच्चेपन से बाहर निकलकर लगभग एक पूर्ण माध्यम बनने की ओर अग्रसर है, और यह वह अभिव्यक्ति-माध्यम था जो ज़टल्ली की मृत्यु (1713) के तीन चार दशकों के बाद ही दिल्ली की साहित्यिक संस्कृति पर पूरी तरह छा गया था। शब्द-संग्रह की विविधता और विस्तार की दृष्टि से ज़टल्ली, अफ़ज़ल से आगे हैं। ज़टल्ली का साहित्यिक जीवन समूचे उर्दू साहित्य के इतिहास में मील के बहुत बड़े पत्थर की हैसियत रखता है, केवल उत्तर भारत ही में नहीं। गत दो सदियों में जो जो दक्षता उर्दू कवियों ने पैदा की थी, शायद वह सब ज़टल्ली की पहुँच में न रही हो और गुजरी/दकनी में हास्य और व्यंग्य का कोई ख़ास सरमाया भी नहीं था (अगर कवियों की छोटी-मोटी नोक-झोंकों को छोड़ दें तो कुछ भी नहीं)। सम्भवतः

ज़टल्ली ने फ़ारसी के पूर्ववर्ती कवियों, ख़ासकर फ़ौक़ी यज़दी से सीखा होगा। फ़ौक़ी अकबर के समय में हिन्दुस्तान भी आए थे। टेकचन्द बहार ने 'बहारे अजम' में उनकी कविताओं को अधिक संख्या में दिया है। इससे अन्दाज़ा होता है कि उस काल में फ़ौक़ी की रचना दिल्ली में प्रचलित रही होगी। फ़ौक़ी और ज़टल्ली दोनों के यहाँ अश्लीलता की ओर रुचि आमतौर पर हास्य-व्यंग्य और मज़े के लिए मिलती है।

गुजरी और दकनी के मुक़ाबले में अफ़ज़ल और ज़टल्ली दोनों की भाषा आज के उत्तर भारतीयों को बहुत कम अजनबी लगती है। इसका कारण यह है कि उसमें संस्कृत के तत्सम शब्द, तेलगू, मराठी या गुजराती शब्द बहुत कम हैं। उनकी भाषा का फ़ारसी तत्त्व बहरहाल लोकप्रचलित और सामान्य है। उसका अवधी और ब्रज (और थोड़ा बहुत पूरबी) तत्त्व कुछ कम ही सामान्य है लेकिन दकनी या गुजरी की जटिलता नहीं है। एक दिल्चस्प बात यह है कि ज़टल्ली और अफ़ज़ल के शब्द-भंडार का अधिकतर भाग अठारहवीं सदी के प्रतिष्ठित कवियों के यहाँ बाक़ी बचा रहा। वर्तमान काल की देहलवी / लखनवी उर्दू में ये शब्द यदा-कदा ही आते हैं, लेकिन पूर्वी उर्दू में बहुलता से दिखाई देते हैं। दिल्ली/लखनऊ का यह 'परित्यक्त' शब्द-भंडार दकन वालों के लिए भी अजनबी नहीं है और ख़ुद दकनी भी अठारहवीं सदी की दिल्ली में बहुत अधिक 'विदेशी' न रही होगी। इसका एक प्रमाण यह है कि सौदा ने सत्रह शेरों की एक कविता (मर्सिया) 'बज़बाने दक्खिनी आमेज़' में भी लिखी है।[25] और दूसरा प्रमाण यह कि सौदा और मीर के यहाँ दकनी का प्रयोग (या वे प्रयोग जिन्हें हम विशेष रूप से दकनी समझते हैं) अच्छी-ख़ासी संख्या में मौजूद हैं। आवागमन विपरीत दिशा में भी है। यानी बहुत से शब्दों का प्रयोग जिन्हें सौदा, मीर, हातिम आदि का ख़ासतौर से माना जाता है, दकनी में भी हैं।

इस बात से यह नतीजा निकल सकता है कि 'सख़्त' दकनी तत्त्व को छोड़कर सत्रहवीं शताब्दी की उर्दू हर जगह न्यूनाधिक समान थी। कालचक्र के साथ दिल्ली की भाषा अधिक बदली, दकन और पूर्व की कम। इस साझेदारी के ही कारण 1750 के पहले दिल्ली वालों में दकनी के विरुद्ध पक्षपात में वह सख़्ती दिखाई नहीं देती जो मीर के 'निकातुश्शोअरा' में है। बल्कि हम कह सकते हैं कि सत्रहवीं शताब्दी में अगर 'फ़सीह' ज़ुबान (प्रांजल भाषा) का कोई स्तर था तो वह दकन में ही था। हम ऊपर देख चुके हैं कि वजही ने अपनी मसनवी 'क़ुत्ब मुशतरी' में युवापीढ़ी के कवियों को चेतावनी दी है कि वो ऐसे शब्दों को न बरतें जिन्हें उस्तादों के प्रयोग के द्वारा प्रमाण न प्राप्त हो।

सत्रहवीं शताब्दी के मध्य तक फ़ारसी में हर जगह, यहाँ तक कि ईरान और तुर्की में भी, 'सब्के हिन्दी' (भारतीय शैली) का बोलबाला हो चुका था। भारतीय मुस्लिम साहित्यिक चिन्तन पर संस्कृत, ब्रज और अवधी के प्रभाव का क्रम चौदहवीं शताब्दी में आरम्भ हो गया था, और अकबर का शासनकाल आते-आते इसकी हैसियत मज़बूत हो चुकी थी। 1640 की दहाई में हम पंडितराज जगन्नाथ को शाहजहाँ के दरबार में

देखते हैं। स्वयं जगन्नाथ की संस्कृत कविता पर सब्के-हिन्दी (भारतीय शैली) के प्रभाव की परछाइयाँ दिखाई देती हैं। और शेलडन पॉलक (Sheldon Pollock) ने लिखा है, संस्कृत कविता के पाठक को सब्के-हिन्दी की कविता में संस्कृत की प्रतिध्वनि भी साफ़ सुनाई पड़ सकती है।

अगर फ़ारसी की लोकप्रियता और प्रतिष्ठा ने उत्तर भारत में हिन्दी/रेख़्ता की कविता को फलने-फूलने से रोका तो यह भी एक बहुत बड़ी सच्चाई है कि सत्रहवीं शताब्दी के परवर्ती काल में, जब दिल्ली में उर्दू का बोलबाला होने लगा तो सब्के-हिन्दी के प्रभाव और शक्ति ने इस नयी, जानदार और रुचिकर शैली के विकास में बड़ी मदद की जिसे वली ने दकन से लाकर दिल्ली से मुख़ातिब किया था। शाह मुबारक आबरू (1683/1685-1733) नयी शताब्दी के पहले बड़े कवि हैं। सम्भव है नवाब सदरुद्दीन फ़ाइज़ (1690-1737/1738) ने अपना उर्दू दीवान पहले सम्पादित किया हो, लेकिन वह व्यक्ति जिसकी रचना में 'उस्तादी' का रंग दिखाई देता है, आबरू ही हैं। उन्होंने सत्रहवीं शताब्दी के अन्त में कविता लिखना शुरू किया होगा, और 'ईहाम गोई' (श्लेष या व्यंजनार्थ) भी अपने साहित्यिक जीवन के आरम्भ में ही अपनाया होगा, क्योंकि 'ग़ज़ल' में उनका सारा कलाम इसी रंग का है। हम देख चुके हैं कि ख़ुसरो ने इस बात पर गर्व किया था कि मैंने 'ईहाम-ज़ीवीउलवजूह' का अविष्कार किया है। ख़ुसरो का प्रभाव अठारहवीं शताब्दी के देहलवी कवियों पर अवश्य था। वे उन्हें अपना पथ-प्रदर्शक मानते थे। लेकिन ईहाम के बारे में उन कवियों पर तात्कालिक प्रभाव संस्कृत और ब्रजभाषा का मालूम होता है। मौलाना मोहम्मद हुसैन आज़ाद भी, जो उर्दू कविता की 'ईरानियत' के निन्दक हैं, इस बात को स्वीकार करते हैं कि उर्दू कविता (अर्थात् दिल्ली की उर्दू कविता) में ईहाम का स्रोत संस्कृत ही रहा होगा।[26]

आबरू, बल्कि यूँ कहें कि वे तमाम लोग जिन्होंने अठारहवीं शताब्दी के आरम्भ में हिन्दी/रेख़्ता/दकनी में कविता का कार्य-व्यापार शुरू किया, वली (1665/1667-1708) के प्रभाव में आए बिना न रह सके। और कई प्रकार से वली अठारहवीं शताब्दीके प्रथम दशक से लेकर आज तक के सब उर्दू कवियों के लिए 'शाइर-उल-शोअरा' (Poets' Poet कवियों का कवि) की हैसियत रखते हैं।

सन्दर्भ

1. जमील जालिबी : 'तारीख़', भाग-2, पृष्ठ 1006-1007।
2. मुंशी सैयद अब्बास अली : 'क़िस्सा ग़मगीन' (अस्ल नाम 'जंग ग़मगीन'), सम्पादक सतीश चन्द्र मिश्र, बड़ौदा, महाराजा सियाजी विश्वविद्यालय 1975, पृष्ठ 21-22। इस किताब की ओर ध्यान दिलाने के लिए मैं बड़ौदा विश्वविद्यालय के इतिहास-विभागाध्यक्ष सुशील श्रीवास्तव का आभारी हूँ।
3. जहीरउद्दीन मदनी : 'गुजरी मसनवियाँ,' पृष्ठ 15, 25, 26।
4. जमील जालिबी : 'तारीख़', भाग-2, पृष्ठ 47।

5. मसऊद हुसैन रिज़वी अदीब : 'शुमाली हिन्द की क़दीमतरीन उर्दू नज़्में', सम्पादक अज़हर मसऊद, लखनऊ, किताब नगर 1984, पृष्ठ 17-18।
6. वही, पृष्ठ 25। चूँकि सत्रहवीं सदी का उत्तरार्द्ध और ज़टल्ली का जीवन काल लगभग एक हैं, इसलिए सम्भव है कि यहाँ प्रो. अदीब ने भूल से 'पूर्वार्द्ध' की जगह 'उत्तरार्द्ध' लिख दिया हो। या सम्भव है कि यह कातिब (टाइप सेटर) की भूल हो।
7. ये शब्दकोश कुछ समय पहले अप्रकाशित या कम उपलब्ध थे। अब प्रो. नज़ीर अहमद के प्रयास से अधिक संख्या में प्रकाशित हो चुके हैं।
8. मोलवी मोहम्मद लाद : 'दस्तूरुल-अफ़ाज़िल' लखनऊ, नवल किशोर प्रेस, 1899।
9. सन्दर्भ-5, पृष्ठ 77, 95।
10. वही, पृष्ठ 95।
11. क़ाइम चाँदपुरी : 'कुल्लियात', सं. इक़्तिदा हुसैन, लाहौर, मजलिस तरक़्क़ी अदब, भाग-1, 1965, पृष्ठ 215।
12. क़ाइम का जीवनकाल : 1724 से 1795 तक। इस शेर की कोई तिथि नियत नहीं की जा सकती, लेकिन सम्भव है कि 1744-1760 के मध्य कहा गया हो। क़ाइम ने अपना तज़्किरा 1744-1752 के मध्य लिखा। सम्भवतः इन्हीं दिनों उनका सम्पर्क दकनी साहित्य से बढ़ा हो।
13. John T. Platts : Dictionary, OUP Edn., 1978, P. 954, इस शब्दकोश में 'लचर' के निम्नलिखित अर्थ दिए गए हैं–

    Yielding, pliant, soft, weak, feeble, lacking backbone, loose, shaky, wanting force or vigour (language & c., as lachar ibarart), a soft or yielding person, a weak man, a foolish fellow, simpleton, noodle.
14. मौलवी नूरुलहसन नैयर काकोरवी : 'नूरूल लुग़ात' लखनऊ, अशायत-उल-उलूम प्रेस, भाग-4, 1931, पृष्ठ 383।
15. मुसहफ़ी : 'दीवाने मुसहफ़ी', भाग-8, पटना ख़ुदा बख़्श लाइब्रेरी 1995, पृष्ठ 52।
16. महमूद शीरानी : 'मक़ालात', भाग-2, पृष्ठ 96-97।
17. रामबाबू सक्सेना : 'तारीख़ उर्दू अदब', अनुवादक-मिर्ज़ा मुहम्मद अस्करी, लखनऊ नवल किशोर प्रेस, 1941। ज़टल्ली की चर्चा इस किताब के पृष्ठ 209 पर है।
18. हामिद हुसैन क़ादिरी : 'दास्तान तारीख़ उर्दू', कराची उर्दू एकेडमी सिन्ध, 1988, पृष्ठ 23-33।
19. Annemarie schimmel : Classical urdu literature from the Beginning to Iqbal, scicle three of Vol. viii of Jon Gonda's A History of Indian Literature, Wiesbaden, 1975, P. 157.
20. अली जव्वाद ज़ैदी, A History of Urdu literature, New Dehli, Sahtiya Academy, 1993, P. 67-68, 119-120.
21. जाफ़र ज़टल्ली का केवल एक नया एडीशन है, नईम अहमद : 'कुल्लियात जाफ़र ज़टल्ली', अलीगढ़, अदबी एकेडमी, 1979। इसकी भूमिका ज़रा बचकाना है, लेकिन नईम अहमद इस बात के लिए प्रशंसा के पात्र हैं कि उन्होंने मूल पाठ में कोई परिवर्तन या छेड़छाड़ नहीं किया है।
22. पहला पाठ तो महमूद शीरानी का है, 'मक़ालात', भाग-2, पृष्ठ 95-116, निबन्ध पहले 1926 में छपा था। इसके बाद मसऊद हुसैन और नूरूल हसन हाशमी ने इसे 'कदीम उर्दू' नम्बर-1, हैदराबाद, उस्मानिया वि.वि., 1965 की शक्ल में निकाला। यही पाठ यू.पी. उर्दू एकेडमी ने 1979 में प्रकाशित किया।
23. अफ़ज़ल के लिए देखें, जमील जालिबी : 'तारीख़', भाग-1, पृष्ठ 62-67। ज़टल्ली के लिए, जालिबी,

'तारीख़', भाग-2, अंश-2, पृष्ठ 91-115, इसके अतिरिक्त देखें : ज्ञानचन्द और सैयदा जाफ़र 'तारीख़' भाग-5, पृष्ठ 10-34, (अफ़ज़ल) 57-73 (ज़टल्ली)।

24. मीर हसन : तज़्किराए-शुअरा', (1774-78) सम्पादक नवाब हबीबुर्रहमान ख़ाँ शरवानी, अलीगढ़, अंजुमन तरक़्क़ी उर्दू, 1921, पृष्ठ 41, मीर हसन के अलावा अठारहवीं सदी के विमर्शकारों में केवल क़ाइम के विमर्श में अफ़ज़ल का नाम है।

25. सौदा : 'कुल्लियात', सम्पादक अब्दुलबारी आसी, भाग-2, लखनऊ, नवल किशोर प्रेस, 1932, पृष्ठ 245-246।

26. मोहम्मद हुसैन आज़ाद : 'आबे हयात', पृष्ठ 99, आबरू का वतन आगरा था, और आगरा ब्रज के क्षेत्र में प्रमुख स्थान है।

वली नाम का एक शख़्स

1966 में लगाए गए एक अनुमान के अनुसार उस समय 'वली के दीवान' की 65 पांडुलिपियाँ लेखन-तिथि के साथ विद्यमान थीं, और 53 पांडुलिपियाँ ऐसी थीं जिनमें लेखन तिथि नहीं थी। इनके अतिरिक्त 33 पांडुलिपियाँ थीं जिनमें वली की रचनाओं का अधिकांश संकलित था। नूरुल हसन हाशमी जो हमारे समय के प्रमुख वली विशेषज्ञ है, कहते हैं कि पांडुलिपियों की यह संख्या यद्यपि आश्चर्यजनक है, परन्तु सम्पूर्ण फिर भी नहीं है। उदाहरणार्थ उपर्युक्त सूची में एशियाटिक सोसाइटी, कोलकाता की लाइब्रेरी की एक ही पांडुलिपि का उल्लेख है, जबकि वहाँ दो हैं। ख़ुदाबख़्श लाइब्रेरी, पटना में चार हैं, रज़ा लाइब्रेरी, रामपुर में दो हैं, और उत्तर प्रदेश आर्काइव्ज़ लाइब्रेरी, इलाहाबाद में भी एक है। उपर्युक्त सूची में इन पांडुलिपियों का उल्लेख नहीं है। स्वयं नूरूल हसन के पास 3 प्रतियाँ हैं। ज़ाहिर है निजी पुस्तकालय में और भी होंगी। (शमीम हनफ़ी ने मुझे बताया कि उनके पास भी एक अति सुन्दर प्रति है) इस तरह सच पूछें तो वली की रचनाओं की पांडुलिपियों की सविस्तार सूची देने के लिए एक पुस्तक की आवश्यकता होगी।[1]

वली का जन्म सम्भवतः 1665/1667 का है और उनकी मृत्यु सम्भवतः 1707/1708 में हुई। उनकी मृत्यु-तिथि 1720/1725, यहाँ तक कि 1735 तक मानी गई। परन्तु वली की मृत्यु-तिथि नियत करना साहित्यिक इतिहास से अधिक साहित्यिक राजनीति का मामला है। दिल्लीवालों (और उनसे प्रभावित उर्दू साहित्य के अधिकांश इतिहासकारों) के लिए वली की मृत्यु-तिथि वही बेहतर है जो 1700 के बहुत बाद की हो। इसका कारण यह है कि वली के बारे में जो अफ़साना सबसे अधिक प्रसिद्ध है, वह यह है कि शाह गुलशन ने, जो दिल्ली के निवासी थे, वली को यह सलाह दी कि तुम फ़ारसी शैली और विषय-वस्तु को अपनाओ। अतः इस सलाह के जितनी देर बाद तक वली जीवित रहे हों उतना ही अच्छा है, क्योंकि अगर इस 'सलाह' के बाद उनका देहान्त हो गया तो उन्हें इसका अपेक्षित लाभ उठाने का समय नहीं मिलेगा। और अगर ऐसा हुआ, तो वली की अधिकांश कविता इस 'देहलवी/फ़ारसी सलाह' की कृतज्ञ नहीं रहेगी। इसके विपरीत, अगर इस 'सलाह' के बाद वली बहुत दिन जिए हों, तो फिर उनकी कविता पर इस 'देहलवी/फ़ारसी सलाह' का उपकार स्वतः सिद्ध है। जिस सीमा तक इस 'उपकार' की पुष्टि होती है, उसी सीमा तक वली की मौलिकता की प्रतिष्ठा

कम होगी, और वली की कविता में उनकी अपनी सर्जनात्मक उपज कम दिखाई देगी।[2]

ज़हीरउद्दीन मदनी ने वली की मृत्यु तिथि 4 शाबान 1119 हिजरी बताई है। और लिखा है कि यह 1709 के अनुकूल है।[3] लेकिन यहाँ मदनी साहिब से चूक हुई है। 4 शाबान 1119 हिजरी अंग्रेजी तिथि 31 अक्टूबर 1707 के बराबर है। मदनी साहिब ने '4 शाबान' के लिए कोई प्रमाण नहीं दिया है। लेकिन जहाँ तक प्रश्न सन् का है, तो इसका आधार एक प्रसिद्ध (और विवादग्रस्त) फ़ारसी क़ताए-तारीख़ है। इससे एक व्यक्ति की मृत्यु-तिथि 119 निकलती है जिसका नाम वली था। चूँकि मदनी साहिब ने यह क़ता स्वयं भी उद्धृत किया है। अतः हम यह मान सकते हैं कि उनके वाक्यांश में 1709 लेखन की ग़लती है और उनका आशय 1707 ही है। सन् 1707/1708 को वली की मृत्यु का वर्ष कहना इसलिए भी ठीक मालूम होता है कि वली के दीवान की प्राचीनतम पांडुलिपि प्रति जो इस समय तक मालूम हो सकी है, ख़ुदाबख़्श लाइब्रेरी में है। इस पर तिथि 26 रबीउल अव्वल 1120 हिजरी (15 जुलाई 1708) है। इस पांडुलिपि में वह सारा कलाम मौजूद है जो वली के नाम से सम्बन्धित है। अर्थात् वली की कोई ज्ञात रचना इस पांडुलिपि के बाहर नहीं है। इस प्रकार यह परिणाम निकालना ग़लत न होगा कि वली का जीवन इस पांडुलिपि के सम्पूर्ण होने के बाद बहुत अधिक नहीं रहा होगा।

यह बात स्वयं आश्चर्यजनक है कि किसी कवि की मृत्यु के लगभग तीन सौ वर्ष बाद भी उसकी पांडुलिपियाँ अत्यधिक संख्या में सुरक्षित रह जाएँ। लेकिन यह बात तो इससे भी अधिक आश्चर्यजनक है कि ऐसे कवि का बहुत-सा नवीन काव्य 1707/1708 के बाद कहीं इकट्ठा न किया गया हो और वह किसी पांडुलिपि में न मिलता हो। अतः हम कमोबेश यह कह सकते हैं कि वली का देहान्त 1707/1708 में हुआ। उनके सौभाग्य या लोकप्रियता की दलील इससे बढ़कर क्या होगी कि लगभग तीन सौ वर्ष के समाजिक परिवर्तन, और राजनीतिक कोलाहल के बावजूद उनके काव्य की इतनी पांडुलिपि-प्रतियाँ सुरक्षित हैं। उनकी लोकप्रियता का कारण उनकी रचना की विशेषता ही हो सकती है, क्योंकि वली कोई सूफ़ी न थे कि मुरीद (शिष्य) और श्रद्धालु उनके वचनों और कृतियों को स्नेह और आस्था के दामन में इकट्ठा करते और कालचक्र से उनके बचे रहने का उपाय करते। इस बात को देखते हुए कि उनकी रचना में पुरुष (और शायद स्त्री) दोस्तों और प्रेमियों का वर्णन बहुलता से और बड़े उल्लास के साथ है, हम कह सकते हैं कि वे धार्मिक से ज़्यादा लौकिक मनुष्य थे और वे अपने वक़्त के आदमी थे, कि उनका वक़्त वह था जब प्रेम-अनुराग की बातें खुलकर की जाती थीं और हमारी साहित्यिक संस्कृति पर मध्य उन्नीसवीं शताब्दी के विक्टोरियाई 'नैतिक' सिद्धान्तों का दबाव न था।

तो फिर वली कौन थे और क्या थे ? और उन्होंने ऐसा क्या काम अंजाम दिया कि हम उन्हें महाकवि कहें ? पहली बात तो यह कि वली एक कवि और विद्वान व्यक्ति थे। सांसारिक मामलों में भी वे मँजे हुए थे। रहने वाले वे औरंगाबाद के थे, या गुजरात

के या दोनों जगहों के। और सबसे बड़ी बात यह कि उन्होंने उर्दू कविता को एक इंकिलाब से दो-चार किया।

पिछले ढाई सौ वर्ष का उर्दू साहित्येतिहास इस एक बात पर सहमत है कि वली की कृतियों का मान कम करके दिखाना चाहिए क्योंकि वे उत्तर भारत के लिए 'विदेशी' थे, और विदेशी ही नहीं, दकनी भी थे। दकनी होकर भी उन्होंने दिल्लीवालों को उर्दू काव्य-रचना का पाठ पढ़ाया यह बात दिल्ली के 'मिर्ज़ाओं' के लिए ज़हर से भी अधिक कड़वी रही होगी। यह घूँट वे पी तो गए, परन्तु इसका स्वाद अपने मस्तिष्क से भुलाने का उन्होंने पूरा प्रयत्न किया और यह प्रयत्न अब तक सफल रहा है।

एक रोचक बात यह है कि दिल्ली के कुछ सबसे पुराने कवि, जिन्होंने वली का प्रभाव प्रत्यक्ष रूप से महसूस किया होगा, उनके मुरीद तो हैं परन्तु इस तथ्य को सन्दिग्ध अर्थ में प्रकट करते हैं :

आबरू शे'र है तेरा एजाज़
जूँ वली का सुख़न करामत है[4]

ज़फर अहमद सिद्दीक़ी ने अपने लेख 'आबरू का ईहाम' (172) में आबरू के तर्जीअबन्द से दो शेर (चार लाइनें) इस तथ्य के प्रमाण में उद्धृत किए हैं कि आबरू ने वली की श्रेष्ठता को निस्संकोच स्वीकार किया है :

वली रेख़्ते बीच उस्ताद है
कहे आबरू क्योंकि उसका जवाब
व लेकिन ततब्बो सें कहना सुख़न
करे फ़ैज़ सूँ फ़िक्र में कामयाब[5]

परन्तु इन अशआर को वली के लिए निःसंकोच आस्थावान नहीं कह सकते। मैं समझता हूँ कि 'ततब्बो' यहाँ 'मेहनत और पूरी छानबीन के साथ खोज' के अर्थ में अधिक उपयुक्त है न कि 'अनुकरण' के अर्थ में।

सत्रहवीं/अठारहवीं शताब्दी की उर्दू में 'ततब्बो' को 'अनुकरण' के अर्थ में पूरी तरह नहीं लेते थे और 'मेहनत के साथ तलाश' के अर्थ में इस्तेमाल बीसवीं शताब्दी में भी मिल जाता है।

'उर्दू लुग़त तारीख़ी उसूल पर' में 'ततब्बो' का अर्थ 'तलाश, जुस्तजू, छानबीन' लिखकर 1906 का एक वाक्य दिया है। "क़ुरआन में दुनिया से सम्बन्धित आयतों का ततब्बो करो तो मदूह और ज़म (अच्छी-बुरी) दोनों तरह की आयतें मिलेंगी, बल्कि मदूह (अच्छी) की ज़्यादा।"[6]

अगर आबरू ने 'ततब्बो में' लिखा होता तो 'अनुकरण' का भाव निकलता। लेकिन उन्होंने 'ततब्बो सें' लिखा है, जिससे 'मेहनत और छानबीन के साथ तलाश' का भाव निकलता है। फिर, दूसरे मिसरे (लाइन) में 'फ़ैज़ सूँ' का वाक्यांश ईश्वर-कृपा की ओर संकेत कर रहा है और 'फ़िक्र' का शब्द कवि की अपनी योग्यता की ओर। इसी कारण यहाँ आबरू वली का जवाब लिखने के दावेदार हैं। अब नाजी को सुनिए :

जो क़बरस्ताँ में कोई शेर नाजी का पढ़े जाकर
कफ़न को चाक कर कर आफ़रीं कहता वली निकले[7]

यह तो साफ़ तौर पर वली को जवाब देने और उन्हें ललकारने का ढंग है। ऐसा ही शेर वली ने हसन शौक़ी के बारे में कहा है, जैसा कि हम अभी देखेंगे (पृष्ठ 167)। हातिम ने ख़म ठोकने के ढंग नहीं अपनाए लेकिन दबी ज़ुबान में समानता का दावा कर ही दिया :

हातिम भी अपने दिल की तसल्ली कूँ कम नहीं
गरचे वली वली है जहाँ में सुख़न के बीच[8]

परन्तु 'दीवानज़ादा' की भूमिका में हातिम ने वली को उस्ताद स्वीकार किया है। उन्होंने लिखा है कि बन्दा "फ़ारसी में साएब का अनुयायी है और रेख़्ता में वली को उस्ताद मानता है।"[9] इस प्रकार केवल हातिम के यहाँ अपने अग्रगामियों की महानता को स्वीकार करने में उदारता दिखाई पड़ती है, और यह उदारता उनके स्वभाव में थी, वरना वे अपने दीवान में निःसंकोच जगह-जगह यह न लिखते कि यह ग़ज़ल फ़लाँ की 'तरह' में है या फ़लाँ के रंग में है। इसके बाद के प्रमुख कवियों में मीर और क़ाइम ने वली के कारनामे की महत्ता कम करने का पूरा प्रयत्न किया और शाह शाद उल्ला गुलशन वाली 'घटना' गढ़ी। मीर और क़ाइम के कथनों का निचोड़ निम्नलिखित है :

(1) वली सन् 1700 में दिल्ली आए। यहाँ उनकी मुलाक़ात शाह गुलशन से हुई। आदरणीय शाह ने वली को सलाह दी कि फ़ारसी शैली एवं विषयों को अपनी रचना में इस्तेमाल करो।

(2) वली ने यह सलाह मानी और सफलतापूर्वक अमल भी किया।

(3) जब वली का दीवान मुहम्मद शाह बादशाह हिन्द के दूसरे साल के जुलूस (जिसका आरम्भ अक्टूबर 1720 में हुआ) में दिल्ली पहुँचा तो हर ख़ास-ओ-आम ने इसे हाथों हाथ लिया और उसी शैली में कविता कहना आरम्भ किया।

मान्यता नम्बर एक क़ाइम की इस सूचना पर आधारित है कि औरंगज़ेब के चौवालीसवें वर्ष के जुलूस में वली दिल्ली आए। औरंगज़ेब 1068/1658 में गद्दी पर बैठा। चौवालिस हिजरी वर्ष हमें 1112 तक लाते हैं जिसका आरम्भ जुलाई 1700 में हुआ। चूँकि क़ाइम की इस सूचना के विरुद्ध कोई प्रमाण या सन्देह नहीं है, इसलिए मान लेने में कुछ दोष नहीं। मान्यता नम्बर तीन को मानने के लिए प्रमाण बहुत ठोस है, क्योंकि इसकी पुष्टि, मुसहफ़ी के कथानानुसार शाह हातिम से होती है जो इस मानले के साक्षी थे। मुसहफ़ी ने 'तज़किराए-हिन्दी' (1794/1795) में लिखा है :

"एक दिन (हातिम ने) इस फ़क़ीर (मुसहफ़ी) से कहा कि फिरदौस आरामगाह के सन् दूसरे में वली का दीवान शाहजहाँबाद आया, और उनकी कविता छोटे-बड़े के ज़बान पर जारी हो गई।[10]

'फ़िरदौस आरामगाह' से आशय मुहम्मद शाह है। वह 30 सितम्बर 1719 को

दिल्ली के तख़्त पर बैठा, और अपनी मृत्यु (1748) तक बादशाह रहा। हातिम ने वली के बारे में मुसहफ़ी से जो कहा, उससे अधिक कोई कवि अपने से अधिक आयुवाले कवि के लिए, विशेषकर जब कवि 'विदेशी' हो, भला क्या कह सकता है। लेकिन हातिम ने कोई तज़किरा (ज़िक्र) न लिखा। तज़किरा लिखा तो उन लोगों ने जो स्वयं दिल्लीवाले न थे और इसीलिए स्वयं को दिल्लीवालों से बढ़कर दिल्लीवाला दिखाना चाहते थे। मीर ने 'निकातुश्शुअरा' में शाह गुलशन के व्यक्तित्व में एक पर्दा ढूँढ़ लिया था। शाह गुलशन अपने समय के महत्त्वपूर्ण सूफ़ी, लेकिन मध्यम श्रेणी के फ़ारसी कवि थे। उर्दू में कविता कम करते थे। वे बुरहानपुर के थे, लेकिन दिल्ली अक्सर आते-जाते थे। बुरहानपुर जो अब मध्य प्रदेश में है, उस समय गुजरात का भाग था। अनुमान है कि शाह गुलशन का आवागमन अहमदाबाद में भी रहा होगा। मीर ने लिखा है :

"वली...औरंगाबाद के हैं। कहते हैं कि शाहजहाँबाद दिल्ली भी आए थे। (यहाँ से) मियाँ शाह गुलशन साहिब की सेवा में हाज़िर हुए और अपने कुछ शेर उन्होंने मियाँ साहिब को सुनाए। (इस पर) मियाँ साहिब ने कहा कि ये सब फ़ारसी विषय, जो कि बेकार पड़े हैं, इन्हें अपने रेख़्ता मे इस्तेमाल करो। तुमसे इस बात पर पूछताछ कौन करेगा। और शाह साहिब ने (उनके काव्य की) प्रशंसा और सराहना की।"[11]

हमें इस बात पर आश्चर्य होना लाज़िम है कि आख़िर शाह गुलशन दीर्घकाल तक इस बात की प्रतीक्षा में क्यों रहे कि वली या दिल्ली के बाहरवाला कोई आए तो उसे अपना बहुमूल्य सुझाव दें ? उस काल में दिल्ली में अधिकांश कवियों का अड्डा था बल्कि सदैव रहा है। दिल्ली में उस समय अधिकांश फ़ारसी कवि थे लेकिन थोड़ा-बहुत रेख़्ता भी कह लेतें थे। जहाँ तक प्रश्न फ़ारसी का है, तो वहाँ उस समय कई ऐसे थे जो इस क्षेत्र में शाह गुलशन से कहीं आगे थे। सत्रहवीं शताब्दी के अन्त की दिल्ली में शाह गुलशन की गणना फ़ारसी के मुख्य कवियों में कदापि न थी। रेख़्ता भी वह बस यूँ ही कह लिया करते थे। उस समय मिर्ज़ा अब्दुल क़ादिर बेदिल (1644-1720) स्वयं विद्यमान थे, फिर दूसरे नम्बर पर मुहम्मद अफ़ज़ल सरखुश (1640-1724) को रखा जा सकता है। उस समय बेदिल की ख्याति उच्च स्थान पर थी, और वह थोड़ी-बहुत रेख़्ता भी कहते थे। शाह गुलशन और बेदिल का सम्बन्ध तो छोटे-बड़े का था। अगर कोई व्यक्ति किसी नए कवि को उपर्युक्त सलाह देने का अधिकार रखता था, तो वह बेदिल थे न कि शाह गुलशन।

निस्सन्देह वली जब दिल्ली आए होंगे तो वे शाह गुलशन से भी मिलने गए होंगे। इस बात की प्रबल सम्भावना है कि वली और गुलशन एक-दूसरे को पहले से जानते रहे हों। शाह गुलशन कम-से-कम एक बार अहमदाबाद अवश्य गए थे। सम्भव है वहाँ पर वली उनसे मिले हों। फ़ारसी की एक संक्षिप्त पुस्तिका 'नूरूल-मारिफ़त' नाम की है, और इसके लेखक कोई वली हैं। वे स्वयं को शाह गुलशन का शिष्य बताते हैं। यह पुस्तिका 'हिदायत बख़्श' नामक विद्यालय की प्रशंसा में है। इस विद्यालय को उस समय के गुजरात के गवर्नर शैख़ुल इस्लाम ख़ान ने 1699/1700 में स्थापित किया था।[12] इस पुस्तिका

की प्राचीनतम पांडुलिपि चूँकि 1853/1854 की है, इसलिए इस बात में सन्देह प्रकट किया गया है कि ये हमारे ही वली हैं, या कोई और, जिन्होंने यह पुस्तिका लिखी है।

इस विषय में अभी इतना ही कहा जा सकता है कि यह बात सख़्त दुश्वार है कि शाह गुलशन के दो शिष्य हों और दोनों का नाम वली हो। या फिर हमारे शाह गुलशन के समय में एक और शाह गुलशन हों और वे भी अहमदाबाद में हो। नवाब सदीक़ हसन ख़ान ने 'शमए अंजुमन' में लिखा है कि हमारे शाह गुलशन और गुजरात के सूबेदार इस्लाम ख़ान में नातेदारी थी।[13] अगर यह सच है तो फिर यह भ्रम और भी प्रबल हो जाता था कि शाह गुलशन ने अपने शिष्य वली से अपने मित्र द्वारा स्थापित विद्यालय के निर्माण का इतिहास लिखवाया हो। ज़हीरउद्दीन मदनी तो वली और गुलशन की शिष्यता और गुरुता में कोई सन्देह नहीं करते, उन्होंने वली को सीधे-सीधे शाह गुलशन का शिष्य लिखा है, और इसका उल्लेख भी नहीं किया कि इस विषय पर किसी को सन्देह भी है। मदनी का विचार है कि गुलशन और वली की गुरुता और शिष्यता फ़ारसी के हवाले से होगी। मेरा विचार है उस काल में काव्य-सृजन में शिष्यता-गुरुता का झंझट न था। वली ने गुलशन से कोई दूसरी विद्या ग्रहण की होगी, लेकिन वह अलग बहस है। गुलशन और वली के सम्बन्ध अहमदाबाद के भी हो सकते हैं, और बुरहानपुर के भी।[14] नूरुल हसन हाशमी की राय में "अंतरिम साक्ष्य" के आधार पर वली को 'नूरुल-मारिफ़त' का लेखक माना जा सकता है।[15] सामूहिक रूप से वली और गुलशन का आपस में मुलाक़ाती (मिलने-जुलनेवाला) होना, और 1700 के पहले से होना, इस क़दर प्रबल सम्भावना रखता है कि वली और गुलशन की दिल्ली में मुलाक़ात के बारे में प्रसिद्ध कहानियों पर सख़्त शक होना स्वाभाविक है।

मैंने 'कहानियों' शब्द का जानबूझकर प्रयोग किया है, क्योंकि वली और गुलशन की दिल्ली में भेंट के विषय में एक और उल्लेख मिलता है, और वह मीर के वर्णन से अधिक अविश्वसनीय है। क़ाइम ने अपना तज़किरा 'मुख़ज़ने-निकात' लगभग 1754 में समाप्त किया। इसकी सम्भावना है कि तज़किरा की आरम्भिक रचना तिथि 1744 हो। बहरहाल वली के दिल्ली आगमन के समय मीर और क़ाइम दोनों का ही जन्म नहीं हुआ था, अतः वली के बारे में एक की जानकारी दूसरे से अधिक न थी. दोनों ने सुनी-सुनाई पर भरोसा किया होगा। क़ाइम समझते हैं कि यह बात आसानी से गले उतरनेवाली नहीं कि वली को शाह गुलशन ने ऐसी कोई सलाह दी हो कि तुम फ़ारसी पर धावा बोलो, कौन पूछता है। वली उस समय 33 या 35 वर्ष की परिपक्व आयु को पहुँच चुके थे। यह बात अनुमानतः ठीक नहीं कि ऐसी आयुवाले एक अपरिचित व्यक्ति को शाह गुलशन चचा भतीजा की भाँति बैठे-बिठाए सलाह दे डालें। अतः क़ाइम ने यह मनगढ़न्त कहानी गढ़ी कि शाह साहिब से इस ऐतिहासिक भेंट के समय वली ने कविता कहना आरम्भ न किया था। क़ाइम कहते हैं :

"शाह वलीउल्ला प्रसिद्ध कवि हैं...बादशाह आलमगीर के चौवालीसवें वर्ष के जुलूस में एक सैय्यद पुत्र अबुल मआली के साथ जहानाबाद आए जिसके साथ उनको प्रेम

था। कभी-कभी फ़ारसी भाषा में दो-तीन शेर उस की सुन्दरता की तारीफ़ में कह लेते थे। यहाँ आकर जब हज़रत शैख़ सादउल्ला गुलशन की सेवा में हाज़िर हुए तो उन्होंने रेख़्ता में कविता करने का हुक्म दिया, तालीम के उद्देश्य से यह शेर कहकर उनके हवाले किया :

ख़ूबी-ए-ऐजाज़े हुस्ने यार अगर अफ़शा करूँ
बेतकल्लुफ़ सफ़हए काग़ज़ यद बेज़ा करूँ

अतः हज़रत की ज़बान की कृपा है कि वली की रचना की ख्याति इतनी फैली कि उनके दीवान का हर शेर सूर्य के प्रकाश से भी अधिक प्रकाशमान है। और रेख़्ता में उस शैली और परिपक्वता से कहा कि उस समय के अक्सर उस्ताद कवि रेख़्ता में कविता करने लगे।[16]

यह क़िस्सा कुछ अधिक विश्वसनीय हो सकता था। लेकिन हम जानते हैं कि वली जब दिल्ली आए हैं तो ये बाक़ायदा कवि थे, और उन्हें ख़ुद पर इस क़दर विश्वास था कि वे नासिर अली सरहिन्दी जैसे फ़ारसी के उस्ताद को ललकार सकते थे। यह विश्वास अहंकार के कारण हो, या लोकसम्मान पर आधारित हो, लेकिन सत्रहवीं शताब्दी के माहौल में ऐसा विश्वास किसी नौसिखिए, किसी अनाड़ी को नहीं हो सकता। (हमारे समय में तो सब कुछ सम्भव है) ज़ाहिर है कि वली के अशआर (शेर का बहुवचन) की कोई तिथि नियत नहीं हो सकती, लेकिन वे अशआर जिनमें उन लोगों का जीवित अवस्था में उल्लेख हो जो 1700 के पहले इस संसार से जा चुके थे, तो वे अशआर निःसन्देह 1700 से पहले के ठहरेंगे। नासिर अली सरहिन्दी का देहान्त 1696 में हुआ, और वली के निम्नलिखित प्रसिद्ध शेर से साफ़ मालूम होता है कि वह नासिर अली के जीवन में कहा गया था :

पड़े सुनकर उछल ज्यों मिस्रा-ए-बर्क़
अगर मिस्रा लिखूँ नासिर अली कूँ[17]

शफ़ीक़ औरंगाबादी और वली एक ही स्थान के वासी थे लेकिन अगर न भी होंगे तो दकनी होने के कारण वली के बारे में उन्हें औरों से ज़्यादा मालूम रहा होगा। शफ़ीक़ ने शाह गुलशन का कोई उल्लेख वली के अनुवाद में नहीं किया है। वे लिखते हैं :

"उन (वली) का जन्म औरंगाबाद में हुआ। चूँकि अधिकांश समय गुजरात में दरगाह हज़रत शाह वजीहउद्दीन में रहकर शिक्षा ग्रहण की और गढ़ के समीप नीली गुम्बद में दफ़न हुए, इसीलिए लोग ग़लती से उनको गुजराती कहते हैं...लोग कहते हैं सूरत आए थे और कुछ दिन ठहरे भी थे और हज भी किया था।"[18]

मीर हसन ने केवल इतना लिखा है कि वली ने "शाह गुलशन की सेवा में ज्ञान अर्जन किया था। इन महापुरुष के तवज्जो से छोटे-बड़े में प्रसिद्ध हो गए।"[19]

अबुल हसन अम्रउल्ला इलाहाबादी ने अपने "तज़किराए मसर्रत अफ़ज़ा" में न्यूनाधिक साफ़ शब्दों में मीर के कथनों को ग़लत ठहराया है। वे लिखते हैं : कहा जाता है कि (वली) शाहजहाँबाद भी आए और शाह गुलशन की सेवा में आस्था रखते थे।

एक दिन कुछ अशआर उनके सामने पढ़े और उनको प्रसन्न किया। उन्होंने (मियाँ साहिब) कहा कि फ़ारसी विषय यूँ ही बेकार पड़े हैं, तुम उनको रेख़्ता में इस्तेमाल करो, कौन तुमसे पूछताछ करेगा। इस उल्लेख (कथन) की सच्चाई और झूठ रावी (किसी से कोई बात सुनकर ज्यों-की-त्यों दूसरे से कहनेवाला) की गर्दन पर।[20]

यह बात बिलकुल अकल्पनीय है कि वली की कविता किसी-न-किसी प्रकार शाह गुलशन की मिसाल, या तालीम की आभारी है। लेकिन वली ख़ुद-ब-ख़ुद ही वली दकनी न बन गए थे। हर बड़े कवि का कोई-न-कोई पथ-प्रदर्शक होता है। और वली ने अपना पथ-प्रदर्शक हसन शौक़ी (मृत्यु 1633 ?) को माना है। इसके अतिरिक्त, वली ने गुजरी और दकनी दोनों साहित्यिक संस्कृतियों और परम्पराओं से फ़ायदा उठाया है। शौक़ी पहले अहमद नगर और फिर गोलकुंडा में थे, लेकिन उनकी ख्याति दूर-दूर तक थी, और बहुत दिनों तक क़ाइम रही। क़रीब के लोगों में इब्ने-निशाती, आज़म बीजापुरी, और सबसे बढ़कर मुल्ला नुसरती ने उन्हें श्रद्धांजलि अर्पित किया है। बाद के लोगों में वली के अलावा सैय्यद अशरफ़ बियाबानी हैं, जिनका अति सुन्दर शेर है :

सारे लोगाँ कुते हैं अशरफ़ के शेर सुनकर
क्या फिर जिया है शौक़ी याराँ मगर दकन में[21]

शौक़ी की रचनाओं की प्रमुख विशेषता बिम्बों, ख़ासकर स्पर्श्य और दृश्य बिम्बों की अधिकता है, और हर वस्तु को ऐन्द्रिय बना देने की अदा है। इसे अंग्रेजी में Sensuousness कह सकते हैं। यह विशेषता वली में भी है, और पूर्णतया मौजूद है। हसन शौक़ी की भाषा समकालीन साहित्यकारों, बल्कि नुसरती जैसे बाद के साहित्यकारों की तुलना में संस्कृत तत्सम शब्द और तेलगू/कन्नड़ शब्द से ख़ाली है। उर्दू में दक्षिण की भाषाओं के संचार का परम उदाहरण तो फ़ख़रुद्दीन निज़ामी की रचना है, एवं अधिक कठिन उदाहरण के लिए नुसरती को पेश कर सकते हैं। शौक़ी की रचना में फ़ारसी उतनी तो नहीं जितनी वली के यहाँ है, लेकिन दकनी कवियों के अनुपात से कुछ अधिक है। वली की भाषा को 'औरंगाबादी उर्दू' कह सकते हैं। (इसका विस्तार आगे आएगा।) उनका अधिकतर दकनी तत्त्व तद्‌भव पर आधारित है।

ऐसा मालूम होता है कि औरंगज़ेब और उसकी विशाल सेना ने औरंगाबाद को अपना अड्डा बनाया तो दकनी/हिन्दी/हिन्दवी का एक नया रूप औरंगाबाद और उसके चारों और विकसित होने लगा। औरंगाबाद या दकन में औरंगज़ेब की उपस्थिति उसके राज्यारोहण से पहले की है, और देश के इन क्षेत्रों में उसका अभियान उसके पचास वर्षीय शासनकाल (1658-1707) में लगातार जारी रहा। डॉ. अब्दुस्सत्तार सिद्‌दीक़ी कहते है :

"...यह बात साफ़ दिखाई देने लगती है कि दसवीं सदी हिजरी (1590-1591) के अन्त तक दकन में हिन्दुस्तानी भाषाओं के दो रूप हो गए थे, एक वह जो दौलताबाद के क्षेत्र से बाहर दकन के द्रावड़ी क्षेत्रों में प्रचलित थी, जिसे दिल्ली की भाषा के साथ सम्बन्ध को ताज़ा करने का अवसर बहुत कम मिला, और जिसमें एक ओर गोलकुंडा

के क़ुतबशाहियों और दूसरी ओर सूफ़ियों ने एक ख़ास दकनी साहित्य पैदा कर दिया था। दूसरा इस भाषा का वह रूप था जो दौलताबाद और उसके आसपास प्रचलित था। ग्यारहवीं सदी हिजरी के आरम्भ में मुग़लों ने दकन की ओर प्रस्थान किया और इसका प्रभाव तेज़ी से बढ़ता गया। उन्होंने भी अपना केन्द्र दौलताबाद को ही बनाया और औरंगज़ेब ने दौलताबाद से चन्द मील हटकर औरंगाबाद बसाया। शाहजहाँ और औरंगज़ेब के समय में लोग दिल्ली से समूहों में औरंगाबाद आते रहे और अपने साथ दिल्ली की उर्दू-ए-मुअल्ला साथ लाए, जिसने दौलताबादी क्षेत्रीय भाषा को नवीनता प्रदान की। इस नयी भाषा को औरंगाबादियों ने शौक़ से अपनाया जिस पर वो आज तक गर्व करते हैं। यही वह भाषा है जिसे हम वली की रचनाओं में पाते हैं और थोड़ी-बहुत विभिन्नता के साथ यह वही भाषा है जो वली के समय में दिल्ली में बोली जाती थी।"[22]

सम्भवतः डॉ. अब्दुस्सत्तार सिद्दीक़ी ने इस बात को ज़रा अधिक सहजता से बयान कर दिया है लेकिन बुनियादी सच्चाई वैसी ही है जैसी कि उन्होंने ऊपर लिखी है। 'सख़्त' दकनी और औरंगाबादी दकनी के अन्तर पर शफ़ीक़ औरंगाबादी का कथन उल्लेखनीय है। नुसरती "नित नए विषय पैदा करते हैं यद्यपि दकनी भाषा के कारण शब्द कठिन मालूम होते हैं, फिर भी तुल्फ से ख़ाली नहीं।" हसन शौक़ी की भाषा औरंगाबादी श्रवण-शक्ति पर सामान्यतया नर्म पड़ती है। बाबा-ए-उर्दू (उर्दू के पितामह) मौलवी अब्दुल हक़, जिन्होंने जीवन का अधिक भाग औरंगाबाद में गुज़ारा, वहाँ की उर्दू के बारे में लिखते हैं :

"औरंगज़ेब आलमगीर की एक उम्र दकन में बसर हुई...उसका ठिकाना औरंगाबाद...और कई लाख सेना जो उसके साथ थी, वहीं ठहरी थी। यह उत्तर भारत की सेना अपने साथ अपनी भाषा भी लाई थी। उस समय औरंगाबाद की लगभग पूरी आबादी उत्तर भारत की आबादी थी, और सारा रंग-ढंग दिल्ली का दिखाई देता था...जब औरंगाबाद की बजाए हैदराबाद को राजधानी बनाया गया...तो निर्वासन, बदली हुई परिस्थितियों और कालचक्र से भाषा में भी अन्तर आ गया।"[23]

अतः वली के समय की औरंगाबादी उर्दू (और सम्भवतः अहमदाबादी उर्दू भी) दिल्ली की भाषा से बहुत भिन्न न थी। दिल्ली में वली की लोकप्रियता का मार्ग इस वजह से भी आसान हुआ। पथ-प्रदर्शकों में हसन शौक़ी एकमात्र दकनी कवि हैं, बल्कि एक मात्र उर्दू कवि हैं जिनका उल्लेख वली ने किया है :

बिर जा है अगर जग में वली फिर के दुजे बार
रख शौक़ मेरे शे'र का शौक़ी हसन आवे[24]

वली के दिमाग़ में उनकी अपनी स्थिति क्या थी, और रेख़्ता/हिन्दी कवियों के बारे में उनके क्या विचार थे, इसका अनुमान इस बात से लगाइए कि उन्होंने फ़ारसी के बड़े कवियों को अपना प्रतिद्वन्द्वी, या अपने से कमतर माना है। उर्दू के कवियों में वे केवल हसन शौक़ी को महत्त्व देते हैं। दिलचस्प बात यह है कि उन्होंने अपने बाद नुमायाँ

होनेवाले दकनी कवियों में से दो (फ़िराक़ी बेजापुरी 1685-1732 और फ़क़ीरउल्ला आज़ाद, देहान्त 1735/1736) का उल्लेख किया है।[25] बल्कि हम कह सकते हैं कि फिराक़ी का नाम उन्होंने कुछ इस तरह लिया है कि उससे थोड़ा-सा ईर्ष्याभाव भी झलकता है। वली कहते हैं :

तेरे अश्आर ऐसे नईं फ़िराक़ी
कि जिन पर रश्क आवेगा वली कूँ

यह शेर उसी ग़ज़ल से है (कुल्लियात वली पृष्ठ 195) जिसमें वली ने नासिर अली सरहिन्दी को चुनौती दी है। इसके अतिरिक्त, वली ने फ़क़ीरउल्ला आज़ाद और फ़िराक़ी का एक-एक मिसरा (एक-एक लाइन) अपने दो शेरों (चार लाइनें) में खपाया भी है। इन बातों से मैं यह नतीजा निकालता हूँ कि वली की नज़र में देहलवी। हिन्दी/रेख़्ता कवियों का कोई महत्त्व न था, और इनके विपरीत फ़िराक़ी बेजापुरी फ़क़ीरउल्ला आज़ाद जैसे कवियों का उल्लेख करके वह मानो दिल्ली को प्रतीकतः अस्वीकार कर रहे थे।

एक बात यह भी है कि अगर वली का देहान्त 1707/1708 में हुआ जैसा कि मुझे विश्वास है तो उन्हें देहलवी/हिन्दी/रेख़्ता कवियों को पढ़ने-सुनने का कुछ विशेष अवसर न मिला होगा। क्योंकि देहली में रेख़्ता शाइरी तो 1710 के बाद ही चमकी होगी जब आबरू और नाजी की कविता अपने उच्चतम शिखर पर पहुँची होगी।

एक ग़ज़ल में उन्होंने 'माशूक़' की विशेषताएँ गिनाने में अपने पूर्ववर्ती कवियों के नाम अलंकृत रूप में खपाए हैं। सारी ग़ज़ल में शौक़ी को छोड़कर उर्दू के सिर्फ़ एक कवि का नाम है, और वह भी शाह गुलशन, जिन्हें संकोचवश ही उर्दू का कवि कहा जा सकता है। सम्भवतः शाह गुलशन का नाम फ़ारसी कवि की हैसियत से हो, या फिर आस्था प्रकट करने के लिए, और प्रसाद के तौर पर हो। ग़ज़ल चूँकि मनोरंजक है इसलिए उसके कुछ शेर उद्‌धृत करता हूँ :

तेरा मुख मशरिक़ी हुस्न अनवरी जलवा जमाली है
नैन जामी जबीं फ़िरदौसी व अबरू हिलाली है
तू ही है .खुसरुओ रौशन ज़मीरो-साएबो-शौकत
तेरे अबरू ये मुझ बेदिल कूँ तुग़राए विसाली है
वली तुझ क़द-ओ-अबरू का हुआ है शौक़ी-ओ-माएल
तू हर इक बैत आली होर, हर इक मिसरा ख़याली है[26]

इस ग़ज़ल में निम्नानुसार कवियों के नाम आए हैं :

1. मशरिक़ी (मशहदी)
2. अनवरी (अबीवर्दी)
3. (शेख़) जमाली (कंबोह देहलवी)
4. (अब्दुर्रहमान) जामी
5. फ़िरदौसी (तूसी)
6. हिलाली (चुग़ताई)

7. (इमामुद्दीन) रियाज़ी
8. (शाह सऊद उल्ला) गुलशन
9. (शिफीक मर्ज़ा मुहम्मद अली) दाना
10. (नासिर अली) सरहिन्दी
11. (मिर्ज़ा हाशिम) दिल
12. (मीर मुईज़) फ़ितरत
13. फ़सीही (हिरवी)
14. (मीर अब्दुल समद) सुख़न
15. जुलाली (ख़्वानसारी)
16. फ़ैज़ी (अकबराबादी)
17. (मुहम्मद जान) क़ुदसी
18. तालिब (आमली)
19. (मुल्ला) शैदा
20. कमाल (इस्माइल इसफ़हानी)
21. बदर (इसफ़हानी)
22. अहली (शीराज़ी)
23. ग़ज़ाली (मशहदी)
24. (अमीर) ख़ुसरो
25. मीर रौशन ज़मीर
26. (मीर हादी) रौशन
27. साएब (तबरेज़ी)
28. शौकत (बुख़ारी)
29. (मिर्ज़ा) बेदिल
30. (मुल्ला) तुग़रा
31. विसाली (सम्भवतः देहलवी)
32. (हसन) शौक़ी
33. (नवाब क़ुतुबउद्दीन) माइल (देहलवी)
34. (नेमत ख़ान) आली
35. ख़याली (काशी)

वली का सबसे बड़ा कारनामा यह है कि उन्होंने निश्चित तौर पर, और हमेशा के लिए, साबित कर दिया कि गुजरी और दकनी की तरह हिन्दी/रेख़्ता में भी बड़ी कविता की क्षमता है। वली ने यह भी दिखा दिया कि रेख़्ता/हिन्दी में यह भी शक्ति है कि वह सब्के-हिन्दी (भारतीय शैली) की फ़ारसी कविता से आगे बढ़ सकती है, या कम-से-कम उसके कन्धे-से-कन्धा मिलाकर चल सकती है। उपमा एवं रूप-वर्णन हो या रूपकों का विस्तार, परिशुद्धता और जटिलता, विषयगत सुन्दरता हो या अर्थगत,

हिन्दी/रेख़्ता फ़ारसी से हरगिज़ कम नहीं। उनका दूसरा बड़ा कारनामा यह था कि उन्होंने उर्दू के कवियों का एक नए काव्यशास्त्र के अनुभव और अस्तित्व से परिचय कराया। इस काव्यशास्त्र में संस्कृत, सब्के-हिन्दी (भारतीय शैली) और दकनी, तीनों के धारे आकर मिलते हैं :

राहे मज़्मून ताज़ा बन्द नहीं
ताक़यामत खुला है बाबे सुख़न
जल्वा पैरा हो शायद मानी
ताज़बाँ सूँ उठे नक़ाबे सुख़न
है सुख़न जग मनीं अदीम उल मिस्ल
जुज़ सुख़न नईं दोजा जवाबेसुख़न
लफ़्ज़ रँगीं है मत्ला रंगीं
नूर मानी है आफ़ताबे-सुख़न

वली अरबाबे मानी में उसे है अर्श का रुतबा
परीज़ाद मआनी कूँ जो कोई कुर्सी पे बिठलावे

मुझको रौशन दिलाँ ने दी है ख़बर
कि सुख़न का चराग़ रौशन है

अय वली साहब सुख़न की ज़बाँ
बज़्म मानी में शमा रौशन है[27]

सन्दर्भ

1. वली दकनी : 'कुल्लियाते-वली', सम्पादक नूरूल हसन, हाशमी लाहौर, अल्वक़ार पब्लिकेशंस, 1996, (प्रथम संस्करण-1945), पृष्ठ 13-14। वली की पांडुलिपियों की सूची मुहम्मद इकराम चुग़ताई ने 'उर्दू' कराची अंक में जुलाई-अगस्त 1966 में प्रकाशित की थी।
2. जमील जालिबी ने विस्तृत बहस द्वारा यह प्रमाणित करना चाहा है कि वली का देहान्त 1720/1725 के मध्य हुआ होगा। इनके कुछ तर्क निम्नानुसार है :

   अगर शाह गुलशन से मुलाक़ात के बाद वली इतनी जल्दी मर गए, तो उन्होंने इतना सारा कलाम इतने कम समय में कैसे इकट्ठा कर लिया ?

   वली के बहुत-से साथी; यहाँ तक कि स्वयं शाह गुलशन, अठाहरवीं सदी में कई साल तक जिए, फिर वली उनके पहले कैसे मर सकते थे, आदि। देखें जमील जालिबी, 'तारीख़' खंड-1, पृष्ठ 534-539। वली के ख़िलाफ़ पक्षपात का एक दिलचस्प उदाहरण हबीबुर्रहमान अल सिद्‌दक़ी मेरठी के पत्रों में मिलता है। हबीबुर्रहमान अलसिद्‌दक़ी बड़े विद्वान व्यक्ति थे, और मेरठ के एक पुराने एवं प्रतिष्ठित घराने के थे। एक पत्र में वो लिखते हैं "वली को बहुत boost (बढ़ावा) किया

गया है, उसे debunk (असली रूप दिखाना) करना है।'' (15 अगस्त 1967, ज़का सिद्दीक़ी के नाम)। एक और पत्र में है, ''वली ने दिल्ली में आकर उर्दू सीखी न कि यहाँ वालों को सिखाई।'' (29 अगस्त, 1967, ज़का सिद्दीक़ी)। यहाँ बताते चलें कि हबीबुर्रहमान अल सिद्दीक़ी अपनी ज़बान को देहलवी कहते थे। एक और पत्र में लिखते हैं, ''मेरी मुश्किल यह है कि देहलवी भूल गया, दकनी अच्छी तरह आई नहीं।'' (19 अक्टूबर, 1967, ज़का सिद्दीकी)। देखें 'मकातिबे हबीब' द्वारा हबीबुर्रहमान अल सिद्दीक़ी मेरठी, अमरावती, 1998, पृष्ठ 153, 155, 160।

अस्मत जावेद ने जमील जालिबी के तर्कों को रद्द किया है, यद्यपि कि ख़ुद अस्मत साहब की पद्धति ज़रा उलझी हुई है। उनका लेख ''वली का साले वफ़ात, एक शुबहा और उसका इज़ाला'' (वली का मृत्यु-वर्ष, एक भ्रम और उसका निवारण) देखें, प्रकाशक 'इक़बाल', लाहौर, अदबीयात उर्दू अंक, अप्रैल-जुलाई, 1992।

3. ज़हीरुद्दीन मदनी, 'सुख़नवराने-गुजरात', पृष्ठ 86।
4. शाह मुबारक आबरू : 'दीवाने-आबरू', सम्पादक मुहम्मद हसन, नयी दिल्ली, तरक़्क़ी उर्दू ब्यूरो हुकूमते हिन्द, 1990, पृष्ठ 271।
5. ज़फ़र अहमद सिद्दीक़ी : 'आबरू का ईहाम', 'शबखून' इलाहाबाद, अंक-188, नवम्बर 1995।
6. उर्दू लुग़त बोर्ड कराची की 'उर्दू लुग़त, तारीख़ी उसूलों पर', खंड चार, कराची, 1982, पृष्ठ 961।
7. मुहम्मद शाकिर नाजी : 'दीवाने-शाकिर नाजी', सम्पादक इफ़्तिख़ार बेगम 'सिद्दीक़ी दिल्ली, अंजुमन तरक़्क़ी उर्दू (हिन्द), 1989, पृष्ठ 349।
8. शाह हातिम : 'इंतिख़ाबे-हातिम', सम्पादक अब्दुल हक़, दिल्ली उर्दू एकेडमी 1991, पृष्ठ 58।
9. शाह हातिम : 'दीबाचा', 'दीवान ज़ादा' सम्पादक ग़ुलाम हुसैन ज़ुल्फ़िक़ार, लाहौर, मजलिसे तरक़्क़ी अदब, 1975, पृष्ठ 39।
10. शैख़ ग़ुलाम हमदानी मुसहफ़ी : 'तज़्किराए-हिन्दी' सम्पादक मौलवी अब्दुलहक़, औरंगाबाद, अंजुमन, तरक़्क़ी उर्दू, 1933, पृष्ठ 80।
11. मीर, 'निकातुश-शोरा', पृष्ठ 91।
12. वली, 'कुल्लियात', पृष्ठ 40।
13. नवाब सिद्दीक़ हसन ख़ान, 'शमाए-अंजुमन', पृष्ठ 407।
14. ज़हीरुद्दीन मदनी, 'सुख़नवराने-गुजरात', पृष्ट 86-87।
15. वली, 'कुल्लियाते', पृष्ठ 41।
16. क़ाइम चाँदपुरी : 'मुखज़ने-निकात' संक्षेप व उर्दू अनुवाद अता काकवी ('तीन तज़्किरे'), पटना अज़ीमुश्शान बुक डिपो, 1968, पृष्ठ 105, 'कुल्लियाते-वली', सम्पादक नूरुल हसन हाशमी (पृष्ठ 182) में 'अफ़शाँ' की जगह 'इंशा' है और यही ठीक है।
17. वली, 'कुल्लियात', पृष्ठ 195।
18. शफ़ीक़ औरंगाबादी : 'चमनिस्ताने-शोरा', संक्षेप और उर्दू अनुवाद अता काकवी, पटना, अज़ीमुश्शान बुक डिपो, 1968, पृष्ठ 82-84।
19. मीर हसन, 'तज़्किराए शोरा', पृष्ठ 204।
20. अबुलहसन अम्रउल्ला इलाहाबादी : 'तज़्किराए-मसर्रत अफ़ज़ा', संक्षेप व उर्दू अनुवाद अता काकवी, पटना, अजीमुश्शान बुक डिपो, 1968, पृष्ठ 123।
21. जमील जालिबी, 'तारीख' खंड 1, पृष्ठ 295-296।
22. अब्दुस्सत्तार सिद्दीक़ी ने नूरुलहसन हाशमी के सम्पादित 'कुल्लियाते वली' (1946) पर एक भूमिका लिखी थी। उसे 1996 वाले एडीशन में पुनः छापा गया है। मैंने यह उद्धरण वहीं से लिया है। पृष्ठ 61-62।

23. शफ़ीक़ औरंगाबादी : 'चमनिस्ताने-शोरा, पृष्ठ 80। और तमन औरंगाबादी : 'गुल अजायब' (1780/1781), सम्पादक–**मौलवी** अब्दुल हक़, फ्लैप पर।

24. वली, 'कुल्लियात', पृष्ठ 243।

25. वली, 'कुल्लियात', पृष्ठ 108, 195 और 244।

26. वली, 'कुल्लियात', पृष्ठ 292।

27. वली, 'कुल्लियात', पृष्ठ 177, 246, 268, 287।

नयी साहित्यिक संस्कृति

यह बात ध्यान में रखने की है कि उत्तर भारत में हिन्दी/रेख़्ता साहित्य का आरम्भ वहाँ की साहित्यिक संस्कृति पर हावी ज़बान के साहित्य की हैसियत से नहीं हुआ था। आरम्भ में फ़ारसी की तुलना में यह साहित्य और इसकी भाषा दोनों ही द्वितीय श्रेणी की वस्तु थे। अठारहवीं सदी के आरम्भ में हिन्दुस्तानियों, ख़ासकर उत्तर भारत और औरंगाबाद के हिन्दुस्तानियों को अपनी फ़ारसीगोई और फ़ारसी में अपनी लियाकत (मेधा) पर पूर्ण विश्वास प्राप्त हो चुका था। अब वो स्वयं को ईरानियों से किसी प्रकार कमतर न समझते थे।[1] यह स्थिति औरंगाबाद में इस शती के मध्य तक क़ायम रही। 'चमनिस्ताने-शोरा' में शफ़ीक़ औरंगाबादी (1745-1808) लिखते हैं कि मैंने बारह वर्ष की आयु में फ़ारसीगोई शुरू की, और रेख़्ता को ख़ातिर (आदर) में न लाता था। लेकिन दोस्तों में रेख़्ता के प्रचलन ने मुझे मजबूर किया कि फ़ारसी की जगह रेख़्ता अपनाऊँ, और मैं ऐसा घोर मानसिक संघर्ष और सोच-विचार के बाद ही कर सका।[2]

दिल्ली के नए कवि जो वली के दीवान के दिल्ली आगमन के पहले से शेर कह रहे थे, उन्हें वली के दीवान ने बड़ी शक्ति पहुँचाई। यह भी सम्भव है कि मिर्ज़ा मज़हर जानेजाना और हातिम ने वली से प्रभावित होकर फ़ारसी से अपना ध्यान कुछ हटा लिया हो, और अपनी रचनात्मक शक्ति का अधिकतम भाग रेख़्ता की ओर स्थानान्तरित कर दिया हो। आबरू और नाजी फ़ारसी कवि न थे, वे रेख़्ता में ही मगन रहे। वली का प्रभाव दोनों ने क़बूल किया। इसका प्रमाण वली की ज़मीनों में उनकी ग़ज़लें हैं। लेकिन रेख़्ता से आबरू और नाजी के अत्यधिक प्रेम का अर्थ यह नहीं कि वे फ़ारसी में कमज़ोर रहे होंगे। बल्कि उनके यहाँ व्याकरण और शब्द, दोनों पर फ़ारसी का प्रभाव देखते हुए यह कहा जा सकता है कि फ़ारसी उनके दिल पर नहीं तो दिमाग पर अवश्य छाई हुई थी। फ़ारसी का रुतबा अभी दिल्ली में (बल्कि हिन्दुस्तान भर के सभ्य समाज में) कम न हुआ था।

फ़ारसी के कुछ बहुत बड़े साहित्यकार जो हिन्दुस्तानी मूल के थे, अठारहवीं शती में ही फले-फूले। मुख्यतः हिन्दू साहित्यकारों की महान फ़ारसी कृतियाँ सब अठारहवीं शती के भारतीय साहित्यिक इतिहास की शोभा हैं। हिन्दुओं ने फ़ारसी छोड़कर निःसंकोच उर्दू को इसी समय अपनाया। उनमें से अधिकतर लोग अठारहवीं सदी के उत्तरार्द्ध के पहले दिल खोलकर उर्दू की ओर न आ सके थे। कुछ, मसलन राय सरब

सुख दीवाना, फ़ारसी और उर्दू दोनों भाषाओं में रहे। इसके अतिरिक्त, फ़ारसी के वाक्यों और मुहाविरों को निःसंकोच उर्दू में बदलने की प्रवृत्ति, जो अठारहवीं शती के बाद तक भी नज़र आती है, इस बात का प्रमाण है कि उत्तर भारत के उर्दू कवियों के मन नें फ़ारसी वाक्य पहले आता था, फिर वे उसकी 'हिन्दी' बनाते थे।

सौदा का एक 'क़तअ' कभी-कभी इस बात के प्रमाण में पेश किया जाता है कि रेख़्ता की उन्नति के साथ हिन्दुस्तानियों में यह आभास भी पैदा हुआ कि हम लोग फ़ारसी बहरहाल अहलेज़बान (भाषावेत्ता) की तरह नहीं लिख सकते, अतः हमें रेख़्ता को अपनाना चाहिए। लेकिन अब्दुल बारी आसी ने इस क़तअ पर 'हिज्व मिर्ज़ा फ़ाख़िर मकीन' शीर्षक लिखा है। फ़ाख़िर मकीन और सौदा के मध्य जो मामिला गुज़रा, उससे हम परिचित हैं, इस 'क़तअ' का विषय यह है कि सौदा ने एक 'फ़ारसी दाँ' से अपने फ़ारसी कलाम पर इस्लाह चाही कि :

है और ज़ेरे फ़लक ज़ात मीरज़ा फ़ाख़िर
सलामत उनको रखे हक़ सदा ब रूए, ज़मीं
सो कब उन्हों को है इस्लाह का कसू के दिमाग़
क़बूल कब करे उनकी मतानत व तमकीं

"दो दिन के सोच-विचार के बाद" उन 'फ़ारसी दाँ' ने सौदा को सलाह दिया :

जो चाहे ये कि कहे हिन्द का ज़बाँदाँ शेर
तो बेहतर उसके लिए रेख़्ता का है आईं
वगरना कह के वो क्यों शेर फ़ारसी नाहक़
हमेशा फ़ारसी दाँ का हो मूरदे-नफ़रीं

ज़ाहिर है कि यह मकीन पर खुला हुआ व्यंग्य है, कि उनकी कोई माने तो फ़ारसी में शेर ही न कह सके। क़तअ के अन्त से पहले शेर में सौदा (यानी वह साहिब जो क़तअ के 'फ़ारसी दाँ' हैं) कहते हैं :

चुनाँचे .ख़ुसरो-ओ-फ़ैज़ी-ओ-आरज़ू-ओ-फ़कीर
सुख़न उन्हों का मुग़ल के है क़ाबिले तहसीन[3]

कुछ लोगों ने तो यहाँ तक कह दिया है कि इस 'क़तअ' के 'फ़ारसी दाँ' ख़ान आरज़ू हैं, और उनकी सलाह भारतीयों को यह है कि फ़ारसी तुम्हारे बस की नहीं, रेख़्ता अपनाओ। लेकिन ज़ाहिर है कि अगर वास्तव में ख़ान आरज़ू वह व्यक्ति होते तो स्वयं अपना नाम उन चार लोगों में न रखते जिनका कलाम 'मुग़ल' के लिए 'काबिले तहसीन' (प्रशंसनीय) है। (या अगर उन्होंने अपना नाम लिया भी होगा, जो कदापि सही नहीं, तो सौदा बहरहाल इस क़तअ में उनका नाम न डालते)। दूसरी बात यह कि क़तअ में 'मुग़ल' का उल्लेख अर्थपूर्ण है। फ़ाख़िर मकीन के पूर्वज मध्य एशिया से आए थे, ईरानी न थे। मकीन की मुग़लियत की ओर संकेत करके सौदा कह रहे हैं कि तुम तो स्वयं मुग़ल हो, तुम कहाँ के ईरानी अहलेज़बान (भाषावेत्ता) हो जो हिन्दियों को अयोग्य ठहराते हो ?

दूसरी बात यह है कि अगर यह क़तअ सौदा और फ़ाख़िर मकीन के मध्य मामिले के बाद लिखा गया हो, तो उस समय आरज़ू (1689-1756) के देहान्त को लगभग बीस वर्ष हो चुके थे, अतः वह इस क़तअ के वक्ता न हो सकते थे। और बहरहाल, सौदा और फ़ाख़िर मकीन के मध्य जो विवाद हुआ, और जिसमें फ़ाख़िर मकीन को मुँह की खानी पड़ी, हिन्दुस्तानी फ़ारसीगो (फ़ारसी-कवि) के प्रमाणित होने की पुष्टि करता है, न कि खंडन। अठारहवीं शती के पूर्वार्द्ध में दिल्ली की साहित्यिक संस्कृति में फ़ारसी का स्थान प्रथम था। और ख़ान आरज़ू का तो पूरा दृष्टिकोण यही था कि हिन्दुस्तान के 'साहिबाने-कुदरत' (सामर्थ्यवानों) को अधिकार है कि वे फ़ारसी में परिवर्तन करें। ऐसे व्यक्ति से इस सलाह की उम्मीद, कि हिन्दुस्तानियों को फ़ारसी छोड़ देनी चाहिए, उसी को हो सकती है जो ख़ान आरज़ू को जानता न हो।

वास्तविकता यह है कि अठारहवीं शती की पहली दो दहाइयों में दिल्ली का ज्ञानात्मक और साहित्यिक वातावरण 'अशराफ़ी' (प्रतिष्ठित समाज) प्रकार की हिन्दी/रेख़्ता कृतियों से लगभग ख़ाली था। जैसा कि हम देख चुके हैं, दिल्ली वाले 'ग़ज़ल' और 'रेख़्ता' को अलग-अलग चीज़ें समझते थे, और 'रेख़्ता' को 'ग़ज़ल' से कमतर मानते थे। सत्रहवीं सदी के अन्तिम समय में जो युवा साहित्यकार रेख़्ता को अपना रहे थे, वे फ़ारसी में शेर कहना सम्भवतः रेख़्ता से आसान समझते थे, इस अर्थ में कि फ़ारसी-कविता ऐसा महाद्वीप थी जिसका मानचित्र सब पर पूरी तरह स्पष्ट था जबकि रेख़्ता के लिए मानक न थे, और जो मौजूद भी थे, वो उस मिली-जुली भाषा के थे जो जाफ़र ज़टल्ली की भाषा थी।

अतः रेख़्ता में शाइरी करने की कोशिश करना एक नए महाद्वीप की यात्रा करने के जैसा था और महाद्वीप भी ऐसा जिसका सम्पूर्ण मानचित्र प्राप्त न था। ऐसी परिस्थिति में नौजवानों को ऐसे व्यक्तियों की आवश्यकता थी जो उन्हें रेख़्ता में शाइरी करने के गुर सिखाए। इस प्रकार शागिर्दी-उस्तादी की संस्था अस्तित्व में आई। ख़ान आरज़ू ने कई नए कवियों को बाक़ायदा शागिर्द बनाकर, या अनौपचारिक तौर पर समयानुसार सलाह देकर, दिल्ली में नयी हिन्दी/रेख़्ता शाइरी की नींव रखी। ख़ान आरज़ू इस नए काम में इतने श्रेष्ठ सिद्ध हुए कि फ़ारसी वाले भी उनसे शाइरी के लिए परामर्श करने लगे।

उस्तादी-शार्गिदी रूपी संस्था के अविष्कार का सेहरा दिल्ली और मात्र दिल्ली की साहित्यिक संस्कृति के सर है। उर्दू में यह चीज़ न दकनी में थी और न गुजरी में। फ़ारसी में भी इसका पता नहीं, दूसरी भाषाओं का तो ज़िक्र ही क्या है। उस्तादी-शागिर्दी की रस्म की नींव पड़नी थी कि एक बिलकुल नयी तरह का साहित्यिक समाज अस्तित्व में आ गया। हम इससे भली-भाँति परिचित हैं, अतः इस पर अधिक लिखने की आवश्यकता नहीं। केवल दो-चार मुख्य बातों से अवगत कराता चलूँ।

1. काव्य-कला में उस्ताद/शागिर्द के सम्बन्धों के नियमों पर संगीत के उस्ताद/शागिर्द और तसव्वुफ के मुर्शिद/मुरीद (सूफ़ी धर्मगुरु/शिष्य) की रीतियों

का प्रभाव पड़ा, लेकिन इसका वातावरण आरम्भ से ही धार्मिक औपचारिकता से स्वतन्त्र था।

2. इस संस्था की साहित्यिक संस्कृति ने काव्य-कला में 'सिलसिले' (क्रमबद्धता या परम्परा) की अवधारणा स्थापित की। अगर किसी उस्ताद की उच्चता या प्रतिष्ठा में इस बात का कुछ अंश था कि उसके शागिर्दों की संख्या कितनी है, तो किसी शागिर्द की भी उच्चता या प्रतिष्ठा में इस बात का महत्त्व था कि उसका 'सिलसिला' किस उस्ताद पर समाप्त होता है। यह अवधारणा अब भी एक हद तक बाक़ी है।[4]
3. पद्य के अतिरिक्त गद्य पर भी उस्ताद का पूर्ण प्रभाव था।
4. जो लोग फ़ारसी और रेख़्ता दोनों कहते थे, वे कभी-कभी दो उस्तादों से सलाह लेते थे, एक से फ़ारसी में, और एक से उर्दू में।
5. उस्ताद को मुआवज़ा मिलता था, नक़्द धन या उपहार के रूप में। लेकिन उस्तादी मुआवज़ा पर शर्तबद्ध न थी।
6. उस्ताद को यह अधिकार था कि शागिर्दी के लिए किसी का आवेदन स्वीकार करे, या न करे।

उस्तादी-शागिर्दी के नियम, सम्भवतः 1760 तक दिल्ली में पूरी तरह से स्थापित हो चुके थे। इसके बाद जल्द ही यह सिलसिला उर्दू के दूसरे साहित्यिक केन्द्रों तक पहुँच गया, और नयी शती के आने के समय यह तमाम स्थानों पर अच्छी तरह जड़ पकड़ चुका था। आरम्भ में उस्तादी-शागिर्दी रूपी संस्था की लोकप्रियता का स्पष्टीकरण तो आसान है, कि वह एक ऐसी ज़रूरत को पूरा करती थी जिसे चारों ओर महसूस किया जा रहा था। एक पूरा साहित्यिक समाज एक परायी भाषा को छोड़ रहा था...यद्यपि वह स्वयं को इस भाषा में पूरी रवानी के साथ अभिव्यक्त कर सकता था...और एक नयी, लेकिन स्थानीय भाषा अपना रहा था। इस नयी भाषा के तौर-तरीक़े फ़ारसी से न्यूनाधिक स्वतन्त्र दिखाई देते थे। अतः उन्हें अलग से सीखने की ज़रूरत थी। यह बात ज़रूर है कि आगामी दशकों में इसी सफलता के साथ स्थापित रह जाना, और इस संस्था का नैतिक प्रभुत्व बड़ी हद तक लोकरीति पर आधारित हो सकता है। यह बात भी है कि अमीरों के लिए किसी कवि का शागिर्द बनना, कवि और कविता के संरक्षण का एक तरीक़ा था।

मुशाइरों का अस्तित्व हिन्दुस्तान में सोलहवीं शती से था, लेकिन आरम्भ में सब मुशाइरे फ़ारसी के होते थे। अब उत्तर भारत के नए साहित्यिक समाज ने अपने बढ़ते हुए आत्मविश्वास को ज़ाहिर करने के लिए रेख़्ता में भी मुशाइरे करने आरम्भ कर दिए। लेकिन उर्दू मुशाइरों को 'मुराख़ता' कहा जाता था। इस बात में भी यही संकेत मिलता है कि उस समय तक हिन्दी/रेख़्ता को, फ़ारसी की बराबरी न हासिल थी। यानी जिस महफ़िल में फ़ारसी कविता पढ़ी जाए वह मुशाइरा है, लेकिन जहाँ रेख़्ता का कलाम पढ़ा जाए, उसे मुशाइरा का दर्जा नहीं दे सकते थे। हिन्दी/रेख़्ता/उर्दू मुशाइरों में फ़ारसी

कविता सुनाने, या उर्दू की 'तरह' के साथ फ़ारसी 'तरह' भी देने का रिवाज बीसवीं शती के मध्य तक बाक़ी रहा इसी प्रकार, उर्दू कविता के संग्रह में फ़ारसी कविता भी दाख़िल करने की रीति बहुत स्वीकार्य थी, और एक हद तक अब भी मौजूद है।

जैसा कि मैं लिख चुका हूँ, हिन्दुओं को रेख़्ता/हिन्दी की ओर आने में कुछ देर लगी। अठारहवीं शती के अन्त में कहीं जाकर हिन्दुओं के नाम रेख़्ता/हिन्दी कवियों की सूची में बहुलता से दिखाई देने लगते हैं। यह संख्या उन्नीसवीं शती के मध्य तक बढ़ती रहती है। उन्नीसवीं शती के चतुर्थांश में स्थिति कुछ बदलती है, इसका उल्लेख अध्याय एक और दो में हम पढ़ चुके हैं।

हम यह भी देख चुके हैं कि उर्दू सही माने में सत्ता की भाषा कभी नहीं रही। लेकिन यह भी सही है कि इसे सामाजिक प्रभुत्व बहुत देर तक हासिल रहा। नाम के लिए तो उर्दू उसी समय सत्ता की भाषा हो गई जब शाहआलम सानी ने जनवरी 1772 में दिल्ली का क़िलाए-मुअल्ला दुबारा आबाद किया। लेकिन अठारहवीं शती के अन्तिम चतुर्थांश की प्रभुत्वशाली संस्कृति में उर्दू का मूल स्थान महफ़िल के हाशिए से आगे न बढ़ा। मुग़ल, मराठे, निज़ामुल-मुल्क, टीपू सुलतान, अंग्रेज सब इस दौर में फ़ारसी के अनुयायी थे। फ़ारसी को पहला बड़ा धक्का अंग्रेज़ों ने उत्तरपूर्व भारत में लगाया। उन्होंने 1837 में बंगाल में बंगला, उड़ीसा में उड़िया, और उत्तर भारत के अपने अधीन विस्तृत क्षेत्र में फ़ारसी लिपि में 'हिन्दुस्तानी' प्रचलित किया। देखने में तो यह उर्दू की सरपरस्ती की ओर एक बड़ा कदम था, लेकिन मूल उर्दू का फैलाव प्रशासन के निचले स्तर तक ही रहा। कुलीन वर्ग में फ़ारसी और अंग्रेजी, और फिर केवल अंग्रेजी का बोलबाला था। शक्ति, सत्ता और वैभव-प्रदर्शन सब फ़ारसी/अंग्रेजी, या केवल फ़ारसी या केवल अंग्रेजी में अदा होता रहा। जवाहरलाल नेहरू की शादी (1916 इलाहाबाद) का निमन्त्रण-पत्र फ़ारसी और अंग्रेजी में था। बीसवीं शती में फ़ारसी हमारी संस्कृति से लगभग ग़ायब हो गई, उर्दू का ज़ोर बहुत कम होता गया, और अंग्रेजी की प्रतिष्ठा उसी अनुपात में बढ़ती गई।

लेकिन एक बात थी जिसमें उर्दू को वास्तविक प्रभुत्व बहुत पहले प्राप्त हो गया था, और यह प्रभुत्व बहुत दिन तक बाक़ी रहा। 'आबे हयात' में मौलाना मुहम्मद हुसैन आज़ाद लिखते हैं : "मीर क़मरुद्दीन मिन्नत दिल्ली में एक कवि हुए हैं, जो पारम्परिक विद्याओं के ज्ञान के कारण सरकारी दरबार के ख़ेमे में थे। वे मीर तक़ी मीर के समकालीन थे। कविता का शौक़ बहुत था, इस्लाह के लिए उर्दू की ग़ज़ल ले गए। मीर साहब ने वतन पूछा, उन्होंने सोनीपत (पानीपत) बताया। आप ने फ़रमाया कि सैयद साहब उर्दू ए-मुअल्ला ख़ास दिल्ली की ज़बान है आप इसमें तकलीफ़ न कीजिए, अपनी फ़ारसी-वारसी कह लिया कीजिए।[5]

यह कहानी काल्पनिक सही, लेकिन ऐसे लतीफे का वजूद हमें अठारहवीं शती की उर्दू की साहित्यिक संस्कृति और उसके ज़ेहन में बसी अपनी छवि (Self-image) के बारे में कुछ बताता है। क़मरुद्दीन मिन्नत हज़ार सैयदज़ादे हों, प्रतिष्ठित दरबारियों में हों, फ़ारसी ख़ूब जानते हों, लेकिन मृदुलता, नफ़ासत और शुद्धता में वे दिल्ली के

रेख़्तावालों की धूल को भी न पहुँच सकते थे। 1750 की दहाई शुरू होते-होते उर्दू के पक्ष में वातावरण इतना हमवार हो चुका था, कि उर्दू जानना, उर्दू में शेर कहना, उर्दू बोलना, ये सब बातें लोकप्रिय व्यक्तित्व का भाग बन गई थीं। और ऐसा दिल्ली ही में न था, बल्कि मुग़ल राज्य के सभी क्षेत्रों (भूतपूर्व और वर्तमान) में यही स्थिति पैदा हो गई थी। आर्काट के नवाबों, और टीपू सुलतान के संरक्षण ने उर्दू को सुदूर दक्षिण के उन क्षेत्रों में भी पहुँचा दिया था जहाँ उसका अस्तित्व उनके पहले कम था।[6]

अठारहवीं सदी के अन्त के पहले ही हिन्दी/रेख़्ता हिन्दुस्तान के अधिकांश क्षेत्रों में सभ्य सुसंस्कृत भाषा बन चुकी थी। और अगर डॉ. ताराचन्द के वक्तव्य को माना जाए तो ऐसा अठारहवीं शती से भी पहले हो चुका था। (देखिए अध्याय दो सन्दर्भ-6) अठारहवीं सदी में इसकी लोकप्रियता सम्पूर्ण भारत में होने में तो कोई शक ही नहीं।

इस बात का एक प्रमाण उर्दू कवियों के वो तज़्किरे भी हैं जो अठारहवीं सदी के उत्तरार्द्ध में दिल्ली के बाहर, और दूर-दराज के क्षेत्रों में लिखे गए। एक मामूली अन्दाज़े के मुताबिक़ 1752 से 1795 तक के काल में अठारह तज़्किरे उर्दू कवियों के लिखे गए, और जहाँ ये लिखे गए, वे जगहें हैदराबाद/औरंगाबाद से लेकर पटना तक थीं। इन तज़्किरों में जिन कवियों का उल्लेख है वो लाहौर, सूरत और अहमदाबाद से लेकर मुर्शिदाबाद और कलकत्ता तक फैले हुए हैं, और हैदराबाद/औरंगाबाद के कवि अधिक संख्या में तो हैं ही। ये कवि समाज के जिन वर्गों का प्रतिनिधित्व करते हैं उनमें भी ऐसी ही विविधता है : मुस्लिम-हिन्दू कुलीनवर्ग, ब्राह्मण, राजपूत, खत्री, सिपाही, सूफ़ी, मुल्ला, उपदेशक, शिक्षक, भाषाविद्, राजा अर्थात् एक पूरी दुनिया है कि इन 'तज़्किरों' में आबाद है। स्त्रियाँ भी दिखाई देती हैं, कभी कवि के रूप में, कभी कवियों की प्रेयसी के रूप में।

इस नयी, उर्दू साहित्यिक संस्कृति की एक ख़ास बात यह थी कि इसे 'भाषा की शुद्धता' का ख़याल इस दर्जा था कि हम इसे एक प्रकार की बीमारी कह सकते हैं। भाषा को 'स्तरीय' 'दिल्ली के मुहावरे के मुताबिक़' 'सही' 'फ़ारसी जन के कथन/व्यवहार के मुताबिक़', आदि होना चाहिए, यह और इस प्रकार की अवधारणाएँ, उर्दूवालों में अठारहवीं शती के उत्तरार्द्ध के कथन एवं व्यवहार (बल्कि कथन अधिक, व्यवहार कम) में प्रकट होने लगते हैं।

भाषा के विकास में अह्ले-मक्तब आमतौर पर कोई भूमिका नहीं अदा करते। भाषा के बोलने वालों का बहुसंख्यक वर्ग भाषा को औचित्य प्रदान करता है। कवि भी उस प्रयोग में एक हद तक कोई भूमिका निभाते हैं कि वे अपने कारनामों से भाषा में विस्तार करते हैं, और उसमें लचक पैदा करते हैं। इनके बाद अह्ले-मक्तब और व्याकरणकार, और नियम (भाषा के) बनाने वालों का काम आरम्भ होता है। उर्दू में इसका उल्टा हुआ, कि बोलने वालों को व्याकरणकारों का पाबन्द बनाया जाने लगा। यहाँ तक कि कवि, जिनका काम भाषा की सम्भावनाओं का विस्तार करना होता है, इन्हीं व्याकरणकारों के पाबन्द क़रार दिए गए जिनका अस्तित्व ही न होता अगर कवि न होते और आम बोलने वाले न होते। अठारहवीं शती का अन्त होते-होते लगभग हर

जगह 'भाषा के शुद्ध रूप' और 'फ़ारसी वालों के अनुकरण' का दौर-दौरा हो गया। यह प्रतिक्रियावादी स्वभाव क्यों पैदा हुआ, ये उर्दू की साहित्यिक संस्कृति के इतिहास की ऐसी पहेली है जिसका समाधान अभी तक नहीं हुआ है। बल्कि यह कहें तो ग़लत न होगा कि इस पहेली के अस्तित्व ही से हम अनभिज्ञ रहे हैं, तो फिर इसका समाधान कहाँ से ढूँढ़ते।

फ़ारसी (यहाँ फ़ारसी में अरबी शामिल है) को अनावश्यक महत्त्व/प्रतिष्ठा प्रदान करना एक प्रकार का आभिजात्य है और सम्भव है कि इसे यही ख़याल करके अपनाया गया हो। लेकिन ज़ाहिर है कि यह भाषा के स्वाभाविक विकास के विपरीत था, और इसके फल अच्छे नहीं निकले। एक तो यह कि हमारी भाषा अनावश्यक और बनावटी जकड़बन्दियों में गिरफ़्तार हो गई। दूसरी बात यह कि इन पाबन्दियों से एक बनावटी भाषा का विकास हुआ जो मूल बोलचाल की भाषा से भिन्न थी। और सबसे बड़ी बात यह कि इन प्रतिबन्धों के कारण भाषा में विस्तार की सम्भावनाएँ संकीर्ण हो गईं। न केवल यह कि सम्भावनाएँ संकीर्ण कर दी गईं, बल्कि हज़ारों शब्द और मुहावरे जो भाषा में दाख़िल हो चुके थे, उन्हें भी परित्यक्त कहकर मानक भाषा से बाहर निकाल दिया गया।

कहा जाता है कि यह सब शाह हातिम ने शुरू किया। इसमें कोई शंका नहीं कि शाह हातिम ने 'दीवानज़ादा' की भूमिका में इस बात पर बल दिया था कि अरबी फ़ारसी शब्दों को उनके 'मूल' उच्चारण के साथ प्रयुक्त किया जाए, और उनके प्रचलित, स्वीकृत उच्चारण को छोड़ दिया जाए। आपको याद होगा कि दकनियों ने भी यही सिफ़ारिश की थी, लेकिन अमल इस पर कभी न किया था। (हातिम ने भी इस नियम पर कुछ अधिक अमल न किया, जैसा कि हम अभी देखेंगे) शाह हातिम ने यह भी चाहा था कि 'हिन्दवी भाषा' के शब्दों को रेख़्ता/हिन्दी की व्यावहारिक शब्दावली से निकाल दिया जाए। लेकिन चूँकि स्वयं हातिम ने इन बातों पर कभी अमल नहीं किया, इसलिए शक होता है कि यह सब केवल एक धोखे की टट्टी तो न थी, जो इस उद्देश्य से खड़ी की गई थी कि देहलवी भाषा को वली की दकनी से अलग किया जाए। अर्थात् हातिम ने उस्तादाना नीति से काम लेते हुए नियम बता दिये, और यह भी कह दिया कि मैं ख़ुद उन पर अमल करता हूँ। लेकिन व्यवहार में उन्होंने न्यूनाधिक वह सब उचित माना जो वे पहले से मानते आए थे।

हातिम के कलाम से चन्द उदाहरण देखिए—

1. फ़ारसी अरबी शब्दों के 'अस्ल' उच्चारण की पाबन्दी न करना :

बग़ल से छोड़ मुसहफ़ किस रविश निकले वो गुलशन से
कि बुलबुल जानती है बागबाँ गुल को कुराँ अपना

ख़याल उसका आन कर यकबारगी सब ले गया
दिल सती आराम-ओ-सर सें होश और अखियाँ से ख़्वाब

ढूँढ़ा नब्ज़ कूँ देखियो नादाँ तबीब ने
अब लग ये मरज़ इश्क़ का पाया नहीं हनोज़

उस गुल बदन के ऊपर यूँ दिल हुआ भँवर है
जैसा शमा के ऊपर देता है जी पतंगा

2. दकनी और पूर्वी इस्तिमालात (प्रयोग) :

ज़ुर्गों बीच कहूँ बूए मेह्‌रबानी नहीं
तवाज़ो खाने की पूछो तो घर में पानी नहीं

मर्दमाँ को देख बिस्मिल तेरे कूचे के बीच
डर गया और चश्म से अँझुवाँ की जा अब ख़ूँ बहाँ

आशिक़ाँ के दिल किए हैं क़ैद ज़ुल्फ़ाँ के बीच
खोलकर दिल की गिरह ये पेच सुलझोगे कब

काफ़िर ऐता क्यों करे है हम से होकर राम रम
हाल मेरा देख लेकर ज़ुल्म अय .खुद काम कम

हमारा जान गया हमने आह भी न किया
ये क्या ग़ज़ब है कि तुमने निगाह भी न किया

न फूल अब इस क़दर बुलबुल गुलों की आशनाई पर
कि सब अह्‌ले-चमन हँसते हैं तेरी अहमक़ाई पर

3. फ़ारसी/देसी का जोड़ :

फेंटाए लाल तेरे सर पे ओ सरपेच ज़री
पग में जूता है पटेदार कहाँ जाता है

देख हातिम को हँसे हैं तुझकिने बिजली अदा
सब मुख़ालिफ़ अब्र के मानिन्द रोते हैं सजन

बात सुनकर ऐ सबा मुझ पास सूँ
जा के कहना उस गुले .खुशबास सूँ

जज़्ब कर जाती हैं अँझुवाँ भरके आज
चशमाए अखियाँ हैं हौज़ आब जोश

वादाए कल मत कर ऐ ज़ालिम कि तुझ बिन कल नहीं
आज है सो कल नहीं कहता हूँ तुझसें बात आज

4. सुक़ूते-हर्फ़ (किसी शब्द का शेर के वज़्न के ख़िलाफ़ होना) :

कर हातिम याद अहवाल शहीदाँ
शफ़क़ सूँ कि होता है गगन सुर्ख़

मैं अब गिला जहाँ में बेगानों से क्या करूँ
जीना हुआ मुहाल मुझे आशना के हाथ

देख सर्व चमन तेरे क़द कूँ
ख़ज़िल है पा ब गुल है बे बर है

बुज़ुर्गों बीच कहूँ बूए मेह्रबानी नहीं
तवाज़ो खाने की पूछो तो घर में पानी नहीं

मज़ कूँ दरकार नहीं मुश्को-अबीरो-सन्दल
मैं हूँ दीवाना परी रू की चोटी की बू का

हातिम को (हे) गिर गई है।
बेगानों की (पे) गिर गई है।
तवाज़ो में (ऐन) गिर गई है।
चोटी की (वाव) गिर गई है।

5. 'भाका' (भाषा) के शब्द :

सजन हंस नाज़ सूँ टुक मुख दिखाओगे तो क्या होगा
मुहब्बत में अगर हम पास आओगे तो क्या होगा

क्योंकि तुज से करूँ में फिर के रीत
दोस्ती का तेरी नहीं पर तीत

बुलाकर यार ने वादा किया परसों के मिलने का
रक़ीबों कूँ कबूतर के नमन लागी है तड़फड़ियाँ

रहीं नईं गुलशन दुनिया में खंजन,
जो देखें तुझ नैन की चंचलाई[7]

छोटे-से दीवान से इतने उदाहरण बहुत हैं, वर्ना अभी और मिल सकते हैं। हातिम के पूरे कलाम पर अठारहवीं शती की आरम्भिक भाषा छाई हुई है, दावा वे कुछ भी करें। बहरहाल, शाह हातिम के प्रस्ताव और व्यवहार में जितना भी अन्तर्विरोध रहा हो, इसमें कोई शक नहीं कि तमाम दिल्लीवासियों के मुक़ाबले वली दकनी की भाषा अधिक स्वतन्त्र, खुली हुई और सहज है। इसमें फ़ारसी/अरबी की कुछ कमी नहीं। फ़ारसी/अरबी शब्दों के उच्चारण के बारे में वली का रवैया अधिक उदारता का है। वे लोक रिवाज (अपने अनुसार) की पाबन्दी करते हैं, हर समय बग़ल में किताब नहीं रखते। 'लोक' भाषा से भी उन्हें इनकार नहीं। ये नियम रेख़्ता में भी थे, लेकिन वली के कलाम में इसलिए स्पष्ट दिखाई दी क्योंकि वली की ख्याति और लोकप्रियता उस समय सबसे बढ़कर थी। अतः शाह हातिम ने आवश्यक समझा होगा कि दिल्ली वाले अपनी डफ़ली अलग बजाएँ। फलस्वरूप वे लिखते हैं :

"बन्दे ने (शाह हातिम) पिछले बारह वर्ष से बहुत-से शब्द छोड़ दिए हैं। उसने अरबी और फ़ारसी के उन्हीं शब्दों का प्रयोग स्वीकार किया जो समझ में आते हैं और अधिक प्रयोग में भी हैं, और दिल्ली का मुहावरा, जिसे उत्तर भारत के मिर्ज़ा लोग और मानक भाषावेत्ता अपने प्रयोग में रखते हैं, (भी स्वीकार्य रखा है)। और हर क्षेत्र (इधर-उधर) की भाषा, हिन्दी भी जिसे कि भाखा कहते हैं, छोड़ दी है। केवल वह मुहावरा अपनाया है जो आमफ़हम और ख़ास पसन्द हो।"[8]

इसके बाद हातिम ने अपने 'परहेज़ों' की छोटी-सी सूची दी है। इस छोटी-सी सूची में भी वो शब्द विद्यमान है। (उदा. बेगाना को बगाना, मरज़ को मर्ज़, से की जगह सती/सीतीं आदि) जिनके प्रयोग के उदाहरण हातिम के इसी दीवान में ऊपर गुज़र चुका है। ऐसी स्थिति में हातिम का यह दावा अर्थहीन हो जाता है कि उन्होंने यह, और इसी प्रकार के और शब्द, छोड़ दिए हैं। और यह बात भी कुछ ख़ास वज़्न नहीं रखती कि वे भाषा में किसी बुनियादी परिवर्तन के समर्थक हैं।

सच पूछिए तो उपर्युक्त कथन में हातिम की रुग्ण एवं उहापोह की मानसिक स्थिति साफ़ नज़र आती है। वे वली को नकारते नहीं, लेकिन 'देहलियत' (Delhi-ness) की भी पुष्टि करना चाहते हैं। अरबी-फ़ारसी शब्दों को बरतने के पक्ष में हैं, लेकिन उन्हीं शब्दों की हद तक, "जो समझ और अधिक इस्तेमाल में आनेवाले" हैं। लेकिन वे यह बताते भी नहीं कि 'समझ में आने' और 'अधिक प्रयोग में आने' वाले शब्दों का स्तर क्या हो। वे दिल्ली के 'मिर्ज़ाओं' (शिक्षित उच्चवर्ग) और 'सुसंस्कृतों' की भाषा लिखना चाहते हैं। यानी ऐसी भाषा जो किसी विशेष धार्मिक सम्प्रदाय की न हो, और जिसमें नफ़ासत और सौन्दर्य हो, लेकिन वह भाषा ऐसी न हो कि उसे दिल्ली में (न कि औरंगाबाद में) 'सरल' न कहा जा सके। वे ब्रजभाषा से बचना चाहते हैं। ब्रजभाषा वह ज़बान है जो दिल्ली के अधीन क्षेत्रों, ख़ासकर दक्षिण की ओर के क्षेत्रों में (जिधर दूर जाकर औरंगाबाद भी है) सदियों से प्रचलित थी, और जिससे दकनी और रेख़्ता दोनों ने तत्सम शब्दों को लिया है। मुख्यतः वे तत्सम शब्द जो वली और औरंगाबाद, दोनों

की भाषाओं में नज़र आते हैं। अधिकतर ब्रजभाषा के ही रास्ते से हिन्दी/रेख़्ता में पहुँचते थे।

इस मानसिक ऊहापोह पर दृष्टिपात करें तो शाह हातिम की कार्य-सूची में दो बातें प्रमुख दिखाई देती हैं : प्रथम उनकी (अ ?) चेतन अभिलाषा, कि वली और दिल्ली के मध्य अन्तर स्थापित किया जाए। इसे हम हातिम की सूची का नकारात्मक भाग कह सकते हैं। और दूसरी बात, जिसे सकारात्मक कहना चाहिए, यह थी कि शेर की ज़बान को देहली के मिर्ज़ाओं, स्वतन्त्र और सामान्य लोगों की भाषा के अनुरूप किया जाए। इन तत्त्वों को सन्तुलित कर लेना आसान न था। लेकिन मीर जैसे कवि ने इसे बख़ूबी निभाया।

दुख की बात यह है कि शाह हातिम की कार्य-सूची का नकारात्मक पहलू ही भविष्य के इतिहासकारों को नज़र आया। इस तरह हातिम की कोशिश को, जो एक इहलौकिक, आधुनिक, सभ्यसमाज की मुहावरेदार भाषा (अर्थात् ऐसी भाषा जो शिक्षण के उच्च स्तर पर पूरी उतरे, लेकिन बोझिल न हो) के पक्ष में थी, 'इस्लाह ज़बान' (भाषा सुधार) का अभियान बताया गया, और हातिम को बैठे-बिठाए भाषा का 'संशोधक' मान लिया गया। इसका परिणाम यह हुआ कि अमृत राय जैसे लोगों ने एक क़दम आगे बढ़कर इसे हातिम, और न केवल हातिम, बल्कि तमाम उर्दू साहित्यिक संस्कृति के बहिष्कारवाद (Exclusionism) का द्योतक माना। भाषा से 'विकृत तत्त्व' का निकलना, और भाषा के सुधार की बातें ज़ोर-शोर से की गईं। मानो भाषा बेचारी को किसी छूत के रोग से ग्रस्त रोगी की तरह विरेचन और शल्य चिकित्सा की आवश्यकता थी, और हमारे इतिहासकारों के कथनानुसार, यह काम शाह हातिम, फिर मिर्ज़ा मज़हर आदि के हाथों पूरा हुआ वर्ना यह भाषा तो मर ही चुकी थी। दुख की बात यह है कि उन्नीसवीं सदी में भाषा के 'इस्लाह' (सुधार) और इस्लाह के नाम पर उसका क्षेत्रफल कम करने का कार्य कवि को सौंपा गया, या कवियों ने स्वयं इस बोझ को उठा लिया, जबकि कवि का काम भाषा का विस्तार करना है।

एक बात और भी है। इसमें कोई शक नहीं कि अठारहवीं सदी के उत्तरार्द्ध से रेख़्ता/हिन्दी में तत्सम तत्त्व कम होने लगा। लेकिन क्या इसका 'सेहरा' अकेले शाह हातिम के सर बँधना चाहिए ? सम्भव है कि शाह हातिम ने प्रस्ताव की आड़ में भाषा की बदलती हुई स्थिति का केवल उल्लेख किया हो। अभी जितने प्रमाण मिलते हैं, हमें उनसे अधिक की आवश्यकता है, इसके पहले कि हम भाषा में संशोधन के लिए अकेले शाह हातिम को उत्तरदायी ठहरा दें।

यह बहरहाल सत्य है कि अठारहवीं सदी के अन्त में उर्दू की साहित्यिक संस्कृति में एक खेदजनक रुचि का आविर्भाव होता है। 'भाषा-शुद्धि' के नाम पर एक तरह के मूलतत्त्ववाद (Fundamentalism) का प्रचार किया जाने लगा। 'भाषा के सुधार' और 'भाषा से विकृत/अप्रिय तत्त्व के विरेचन' की बात होने लगी। सबसे बुरा यह कि तमाम फ़ारसी/अरबी शब्दों का दर्जा देशी शब्दों के ऊपर नियत किया जाने लगा। जो

आज़ादियाँ देसी शब्दों के साथ उचित समझी गईं, फ़ारसी/अरबी शब्दों को उनसे ऊपर माना गया। देशी और फ़ारसी/अरबी शब्दों के मध्य सामासिक एवं सम्बन्धकारक चिह्नों को 'अवैध' कहा जाने लगा। उर्दू अकेली भाषा है जिसके लेखक भाषा के विस्तार के बजाय इस बात को गौरवमय समझते हैं कि हमने, या हमारे उस्ताद ने, फ़लाँ-फ़लाँ शब्दों एवं उनके प्रयोगों का परित्याग किया, और इतने शब्दों को बिरादरी बाहर कर दिया अधिकांश लोगों ने तो वे शब्द भी निकाल दिए जो पढ़े-लिखे, यहाँ तक कि उनके उस्तादों की ज़बान पर थे।[9]

उपर्युक्त परिस्थिति के कुछ समय तक स्थापित रहने का परिणाम यह हुआ कि भाषा के अन्दर कुछ इस प्रकार के वर्गीकरण हुए जैसे कि हिन्दू समाज ने वर्णव्यवस्था के रूप में बनाए थे। ये वर्गीकरण आज भी बड़ी हद तक मौजूद हैं। उनका संक्षिप्त उल्लेख निम्न है :

उच्चतम वर्ग–ईरानी-फ़ारसी, अर्थात् वह फ़ारसी जो उन ईरानियों ने लिखी जो हिन्दुस्तान कभी नहीं आए, उदाहरणतः सादी, हाफ़िज़, अनवरी, ख़ाक़ानी आदि।

उच्च मध्य वर्ग–हिन्द-ईरानी-फ़ारसी, अर्थात् वह फ़ारसी जो उन ईरानियों ने लिखी जिनके सृजनात्मक जीवन का बड़ा भाग हिन्दुस्तान में गुज़रा, उदाहरणतः साएब, उर्फ़ी, तालिब आमली, शैख़ अली हज़ीं आदि।

मध्यवर्ग–हिन्दुस्तानी फ़ारसी, अर्थात् वह फ़ारसी जो हिन्दुस्तानियों या ईरानियों के वंशज जो यहाँ बस गए, उन्होंने लिखी। उदाहरणतः ग़ालिब, बेदिल, ग़नी आदि।

निम्न मध्य वर्ग–उर्दू, बशर्ते कि जिसमें फ़ारसी/अरबी तत्त्व मुमकिन हद तक फ़ारसी/अरबी के नियमों की पाबन्दी करें।

निम्न वर्ग–वह उर्दू जिसके फ़ारसी/अरबी तत्त्वों पर फ़ारसी/अरबी नियम जारी न किए गए हों।

उपर्युक्त वर्गीकरण में 'फ़ारसी' से अभिप्राय उस फ़ारसी से है जिसका उल्लेख ऊपर के दो वर्गों के अन्तर्गत है। 'अरबी' से अभिप्राय उस अरबी से है जो फ़ारसी में दाख़िल है, और शब्दकोश में अंकित है। 'ईरान' से अभिप्राय वृहत्तर ईरान के सांस्कृतिक अस्तित्व से है जिसमें आज का बहुत सारा मध्य एशिया और अठारहवीं सदी तक अफ़ग़ानिस्तान भी शामिल था।

बेशक भाषा (Language) की शक्ति ज़बान (Parole) से बहुत अधिक है। और हमारे यहाँ भी यही बात नज़र आती है। सैकड़ों बल्कि हज़ारों 'ग़ैर टकसाली/ग़लत' प्रयोग 'शिक्षकों' और 'विद्वानों' की राय के विपरीत भाषा में प्रवेश करते गए और अब भी कर रहे हैं। लेकिन सैद्धान्तिक स्थिति वही रही जो मैंने ऊपर लिखी है। कुछ पाबन्दियाँ (देसी/अरबी, फ़ारसी शब्दों के बीच में सामासिक एवं सम्बन्धकारक पदों से गुरेज़, फ़ारसी/अरबी शब्दों को जैसे हैं वैसे ही 'अस्ल' उच्चारण के साथ प्रयोग करना) अब भी बाक़ी हैं। नए प्रयोग को उसी शक की निगाह से देखा जाता है। वह समस्त कट्टरता जो उन्नीसवीं शती की साहित्यिक भाषा की संस्कृति में प्रवेश कर गई थी,

आज भी विद्यमान है।

पाबन्दियों की यह दशा अठारहवीं और उन्नीसवीं शती के काव्यशास्त्र के क्षेत्र में निरन्तर विकास और आधुनिकता के बिलकुल प्रतिकूल तस्वीर पेश करती है। वली (1665/1667-1707/1708) से लेकर शाह नसीर (1755 ?/1838) और शैख़ नासिख़ (1771/1772-1838) तक कविता की नयी अवधारणाओं का एक ख़ुशगवार सैलाब है जिसने उर्दू की साहित्यिक संस्कृति और वातावरण का घर शक्तिशाली और बहुमूल्य सम्पत्ति से इस क़दर भर दिया कि उसके प्रभाव आज भी हैं।

काव्यशास्त्र के मैदान में पहली बड़ी बात यह हुई कि 'मज़्मून' (विषय) और 'मानी' (अर्थ) के बीच भेद किया गया। क्लासिकी और अरब-ईरानी सैद्धान्तिक आलोचना में 'मानी' (Meaning) को शेर को विषय-वस्तु (Content) के भाव में प्रयोग किया गया है। यह अर्थ देर तक क़ायम रहा। टेक चन्द बहार की 'बहारे अजम' (1752) में 'मानी की परिभाषा में केवल मज़्मून का पर्याय' लिखा है।[10] इससे दो बातें सिद्ध होती हैं, एक तो यह कि उस समय 'मानी' और 'मज़्मून' एक ही भाव रखते थे, और दूसरी यह कि उस समय 'मज़्मून' की परिभाषा भी प्रचलित हो चुकी थी।

'बहारे अजम' के मुश्किल से पचास साल बाद 'शम्सुललुग़ात' में मानी की परिभाषा में लिखा है, ''अंचा अज़ लफ़्ज़ फ़हमीदा शूद,''[11] यानी उस समय तक 'मानी' का अभिप्राय 'शब्दार्थ' के रूप में पूरी तरह स्थिर हो चुका था। यह विचार, कि शेर किसी वस्तु के बारे में हो सकता है, लेकिन उसके अर्थ उसके विषय-वस्तु से अधिक, या अलग हो सकते हैं, अरबी-फ़ारसी काव्यशास्त्र में नहीं है। सम्भव है हमारे यहाँ यह संस्कृत से आया हो।

टाडाराफ़ (Todorov) ने लिखा है कि पाठ में अर्थ की अधिकता (Surpluses of Meaning) के विषय पर आनन्दवर्धन से महान काव्यशास्त्री सम्भवतः कोई नहीं हुआ। आचार्य मम्मट ने विभिन्न प्रकार के अर्थों का जो विभाजन और वर्गीकरण आनन्दवर्धन के अनुकरण में किया है, वह 'विषय' और 'अर्थ' के अन्तर को प्रकट करता है। टाडाराफ़ ने मम्मट के विभाजन को यूँ बयान किया है :

1. कथन के प्रकार में अन्तर हो, उदाहरण स्वरूप रचना नकारात्मक या निषेधात्मक हो परन्तु अर्थ सकारात्मक या आदेशात्मक हो।
2. काल-अन्तराल हो। कथन का सांकेतिक अर्थ, उसके ऊपरी अर्थ को समझ लेने के कुछ देर बाद समझ में आए।
3. भाषायी तथ्य का अन्तर हो, ऊपरी अर्थ शब्दों से निकले, और सांकेतिक अर्थ किसी इशारे या किसी आवाज, या सम्पूर्ण रचना से, प्रकट हो।
4. बोध के माध्यम का अन्तर हो, ऊपरी अर्थ की समझ व्याकरण के नियमानुसार हो, और सांकेतिक अर्थ की समझ के लिए सन्दर्भ की आवश्यकता हो, उदाहरणस्वरूप कोई काल-सम्बन्धी, स्थान-सम्बन्धी स्थिति, कोई वाचक आदि।

5. प्रभावशीलता में अन्तर हो। ऊपरी अर्थ से केवल अगोचर या अमूर्त ज्ञान प्राप्त होता हो, और सांकेतिक अर्थ से आनन्द भी प्राप्त होता हो।
6. संख्या का अन्तर हो। ऊपरी अर्थ एक हो, लेकिन सांकेतिक (भीतरी) अर्थ बहुत-से हों।
7. सम्बोध्य (जिसको सम्बोधित किया जाए) का अन्तर हो, ऊपरी तौर से सम्बोध्य कोई हो, मगर वास्तविक सम्बोध्य कोई और।[12]

मज़्मून और मानी का भेद स्थापित हो जाने के दूरगामी परिणाम निकले। जैसे मज़्मून के बारे में मालूम होता था कि नियमानुसार विषयों की अधिकता है। लेकिन हर मज़्मून को शेर में दाख़िल नहीं कर सकते। अतः ऐसे मज़ामीन (मज़्मून का बहुवचन) की खोज जो शेर में बँध सके, और पुराने मज़ामीन को नए रंग में बाँधने की कोशिश, सम्मानित मनोविनोद बन गया। और इसे 'मज़्मून आफ़रीनी' (विषयगत गुणवत्ता) कहा गया। फिर अगला क़दम यह था कि मज़्मून दूर-दूर से लाए जाएँ, काल्पनिक (ख़याली) और अमूर्त विषय (मज़्मून) की खोज हो। इस तरह 'ख़यालबन्दी' अस्तित्व में आई। यह पद (परिभाषिक शब्दावली) तो नहीं, लेकिन यह शैली सत्रहवीं शती ई. के सब्के-हिन्दी (हिन्दुस्तानी शैली) वालों के यहाँ ख़ूब मिलता है। उस समय 'बारीक ख़याल', 'नाज़ुक ख़याल', 'ख़ुश ख़याल' जैसी तरकीबें आम होने लगती हैं। सत्रहवीं शती के मध्य में 'ख़याल बन्दी' के अर्थ में 'ख़याल बाफ़' जैसा पद भी सुनने में आने लगता है। 'फ़रहंग आनन्दराज' में तालिब आमली का शेर है :

ख़याल बाक़ी अज़ा शेवा दाश्तम तालिब
कि इख़्तिराअ सुख़न हाए .ख़ुश क़माश कुनम[13]

ज़ाहिर है कि यह शेर .ख़ुद ही ख़यालबन्दी की मिसाल में पेश किया जा सकता है। हमारे यहाँ मुल्ला नुसरती सम्भवतः प्रथम व्यक्ति हैं जिन्होंने मज़्मून और मानी के भेद का उल्लेख किया है। इसलिए इस खोज, या सिद्धान्त को उर्दू में लाने का सम्मान नुसरती को ही है। मज़्मून को वे साफ़-साफ़ विषय के अर्थ में और मानी से अलग प्रयोग करते हैं। 'अलीनामा' के निम्नलिखित शेर देखिए :

दिखा दे मेरे पर्दाए फ़िक्र सूँ
हर एक ताजा मज़्मून के बकर मूँ
मेरे फ़न के बन को अता कर तो आब
कि हर फूल होए चश्माए-पुरगुलाब
हर इक फूल को दे तू उस धात रंग
कि होवे सुंबा देक .ख़ुर्शीद दंग
हरूफ़ाँ में भर यूँ मआनी का रस
कि होए मह कूँ अमरित अव पीने हवस[14]

बकार = दोशीज़ा (कुँवारी); मूँ = चेहरा; होए = हो जाए; सुंबा = प्रथम (सुबह से आशय); अव = वो।

नवा तर्ज़ .ख़ुश बाफ़ो-ख़ातिर पसन्द
मज़ामीन रंगीं मआनी बलन्द[15]

• • •

मज़ामीन सूँ जा बजा बात बोल
दिखाया सकत फ़ैज़ का हक़ के खोल[16]

• • •

मुख़ालिफ़ का दम मार करने का थंडा
अच्छे ताज़ा मज़्मून मनज हत खंडा[17]

नुसरती महान विद्वान थे। हो सकता है वे संस्कृत भी जानते हों। स्वयं अपने बारे में शैख़ अहमद गुजराती का बयान हम पढ़ चुके हैं कि उन्हें संस्कृत भाषा का ज्ञान था। यह भी हो सकता है कि नुसरती ने अपने कन्नड़ या तेलगू बोलने वाले मित्रों से एकाध सूत्र जान लिया हो। यह न सही, लेकिन उन्हें अपने समकालीन फ़ारसी रचनाकारों का तो ज्ञान होगा। 'सब्के हिन्दी' (हिन्दुस्तानी शैली) के शाइर इस काल में मज़्मून और मानी में अन्तर करने लगे थे। साएब और ग़नी की रचनाएँ (ये दोनों नुसरती के समकालीन थे) इसके प्रमाण में पेश की जा सकती हैं।[18] और नुसरती स्वयं भी कहते हैं कि उन्होंने दकनी कविता को फ़ारसी कविता बनाया। 'गुलशने इश्क़' में उनका मिस्रा (कविता की एक पंक्ति) है, दकन का क्या शेर ज्यूँ फ़ारसी। इसके बाद कहते हैं :

दिगर शेर हिन्दी के बाज़े हुनर
न सकते हैं लिया फ़ारसी में सँवर
मैं इस दो हुनर के खुलासे कूँ पा
किया शेर ताज़ा दोनों फ़न मिला[19]

नुसरती का उपर्युक्त कथन फिर उसी आत्मविश्वास का द्योतक है जो उर्दू के प्राचीन और क्लासिकी काव्यशास्त्र की विशेषता है। नुसरती के अनुसार, हिन्दी के शेर की कुछ विशेषताएँ ऐसी हैं जो फ़ारसी में नहीं आ सकतीं। इसलिए उन्होंने दोनों का इत्र खींचकर नयी चीज़ बनाई।

इस रचनाशैली के चिह्न वली, अब्दुल वली उज़्लत, सौदा, और मीर के यहाँ मिलते हैं। अठारहवीं सदी का अन्त आते-आते तमाम उर्दू ग़ज़ल पर 'ख़यालबन्दी' का प्रभाव छा गया था। यह शैली शाह नसीर और नासिख़ से होती हुई ज़ौक़ और ग़ालिब पर ख़त्म हुई। 'ख़यालबन्दी' का पद चूँकि आजकल बहुत कम उपयोग होता है और जो लोग इसे जानते भी हैं, उन्हें भी उसके अर्थ में शक है, इसलिए मीर से नासिख़ तक के कुछ उदाहरण देखिए। मैंने जुर्रत से भी दो उदाहरण लिए हैं, लोगों का मानना है कि वो केवल 'चूमाचाटा' के शाइर हैं। हक़ीक़त यह है कि जुर्रत के कलाम में भी विषयगत गुणवत्ता और मानीबन्दी के नमूने बहुत हैं। मीर :

सकत = शक्ति; थंडा = ठंडा; खंडा = तलवार।

दाग़े चेचक न इस इफ़्रात से थे मुखड़े पर
किनने गाड़ी हैं निगाहें तेरे रूख़्सार के बीच[20]

यहाँ नुकता यह है कि चेह्रा चेचक से दाग़दार होने पर भी माशूक़ की सुन्दरता में कोई अन्तर नहीं आया है। कहनेवाला (आशिक/शाइर) यह नहीं कह रहा है कि तुम्हारी सुन्दरता कम हो गई। वह केवल यह कह रहा है कि अधिक सुन्दर होने के कारण लोगों की निगाह तुम पर पड़ती है। दूसरी बात यह कि 'निगाह गाड़ना' के मुहावरे को शाब्दिक अर्थ में लेकर कवि ने तीन अर्थ ढूँढ़ लिए हैं :

1. माशूक बहुत नाजुक है, इतना कि लोग जब उसे घूरकर देखते हैं तो उसके चेहरे पर चेचक जैसे निशान पड़ जाते हैं।
2. निगाहें मानो तीर हैं जो माशूक़ के चेहरे पर इस प्रकार गड़ी हैं कि उनकी नोकें टूटकर चेहरे में अन्तर्निहित रह गई हैं।
3. लोग माशूक़ को देखते हैं तो देखते ही रह जाते हैं। फिर पद 'न इस इफ़्रात से थे' से एक निष्कर्ष यह भी निकलता है कि चेचक के दाग़ पहले भी थे, लेकिन इतने अधिक न थे। मानो कुछ और अधिक दाग़ दिखाई दिए हैं। लेकिन माशूक़ पहले भी सुन्दर था (वर्ना चेचक के दाग़ों के बावजूद शाइर उस पर आशिक़ न होता), और अब भी सुन्दर है। अब इसी विषय को जुर्रत के यहाँ देखते हैं :

चेचक से नहाया तो है उस गुल का बदन यूँ
लग जाएँ है जूँ मख़मले .ख़ुशरंग में कीड़ा[21]

यहाँ साहस अधिक है, क्योंकि केवल चेहरा नहीं, बल्कि सारे बदन पर चेचक के निशान हैं। ख़याल बेढब है, शायद इसीलिए पूरी सफलता के साथ बँध जाने के बावजूद मीर जैसा विश्वास नहीं पैदा हो सका, .ख़ुशरंग मख़मल में अगर जगह-जगह कीड़ा लग जाए तो उसकी सुन्दरता खत्म हो जाती है। जुर्रत ने "नहाया तो है" कहकर संकेत यही किया है कि सुन्दरता अब भी ख़त्म नहीं हुई, कीड़े लगा मख़मल खुशरंग की तरह है। इस बयान में थोड़ी-सी त्रुटि रह गई है कि कीड़े लगे मख़मले .ख़ुशरंग की रंगीनी शायद बाक़ी रहे लेकिन सुन्दरता बाक़ी न रहेगी। यह अवश्य है कि 'गुल' के अर्थों, गुलाब का फूल/माशूक और दाग़, धब्बा में श्लेष का आनन्द है। एक बात यह भी है कि कीड़ा लगने से मख़मल का रंग तो समाप्त न हुआ, और यहाँ भी बदन के रंग की बात है, समग्र सुन्दरता की नहीं, अतः बिम्ब बिलकुल ही असफल नहीं है।

नासिख़ ने प्रत्यक्ष, और प्रेक्षक के आन्तरिक मनोभावों को काम में लाकर इन दोनों से बेहतर कहा है :

आबले चेचक के जब निकले इज़ारे यार पर
बुलबुलों को बर्गे गुल पर शुबहए शबनम हुआ[22]

मीर की तरह नासिख़ ने भी क़िस्से में एक बाहरी शख़्स/अस्तित्व को डाल दिया

है। अन्तर यह है कि मीर के यहाँ वह शख़्स माशूक़ के चेहरे को नुक़सान पहुँचाता है। और इस नुक़सान पहुँचाने की ही क्रिया नें माशूक़ के चेहरे के दर्शनीय होने की बात को पुष्टि करता है। नासिख़ के शेर में बाह्य अस्तित्व (बुलबुल) स्वयं भी आशिक़ है। जिस प्रकार गुलाब का फूल सभी माशूक़ों का गुण अपने अन्दर रखता है, उसी प्रकार बुलबुल भी सब आशिक़ों का सत्य अपने अन्दर रखती है। चेचक के आबलों से माशूक़ का चेहरा कदापि विकृत नहीं हुआ है, अन्यथा उसे देखने पर बुलबुल को पंखुड़ी पर ओस के क़तरे का धोखा न होता। मीर के शेर में तो चेहरे पर निशान बहरहाल हैं। नासिख़ के शेर में आबले गुलाबी चेहरे पर चमक पैदा कर रहे हैं। एक अर्थ यह भी है कि गुलाब के फूल की तुलना में माशूक़ का चेहरा इतना सुन्दर है कि माशूक़ के चेहरे पर आबले पड़ जाएँ, और फूल पर ओस की तरी और चमक भी है तो कहीं जाकर फूल की पंखुड़ी उसके बराबर सुन्दर हो सकती है।

नासिख़ ने 'गुल' को 'दाग़' के अर्थ में निम्नलिखित शेर में बड़ी ख़ूबसूरती से बरता है :

गुल नहीं जुज़ दाग़े हसरत बोस्ताने दह्र में
तूर हर बर्गे-शजर में है कफ़े अफ़सोस का[23]

आम मज़्मून है कि आशिक नहीं चाहता कि उसके घाव (ज़ख़्म) अच्छे हों। दूसरा आम मज़्मून यह है कि आशिक़ के स्वभाव में आज़ादी और निश्चिन्तता होती है। अलग-अलग इनमें कोई ख़ास बात नहीं, और इनको मिलाने का भी ध्यान कवि को आसानी से न आएगा। लेकिन इनको मिलाकर, और 'बँधना' के बहुअर्थों से लाभ उठाकर जुर्रत कहते हैं :

ज़ख़्म से बेक़ैद तेरा है जो वारस्ता मिज़ाज
नागवार उसको है बँधना ज़ख़्म पर अंगूर का[24]

माशूक़ की ज़ुल्फों और घुँघरालेपन की प्रशंसा करना, और 'ख़ते रुख़सार' (कपोल की रोमावली) की प्रशंसा करना, दोनों ही सामान्य विषय हैं। ये अलग बात है कि अगर ख़ते लबो-रुख़सार की प्रशंसा करनी हो तो ज़ुल्फ़ की बात करना कठिन हो जाता है। इसी प्रकार सीने का चाक होना और दिल का ज़ख़्म भी घिसे-पिटे विषय हैं। एक प्रकार से देखिए तो ऐसे ही विषयों को कविता में पेश करने में ख़यालबन्द शाइर का इम्तिहान हो जाता है। शाह नसीर के शेर हैं :

टाँकों से ज़ख़्मे पहलू लगता है कनखजूरा
मत छेड़ मेरे दिल को बैठा है कनखजूरा
खत स्याह दरपे है ज़ुल्फ़ के नसीर अब
बिच्छू का छीनने घर निकला है कनखजूरा[25]

आजकल के विद्वान ऐसे शेर को हास्यापद नहीं तो भोंड़े और अरसिकता पर आधारित कहेंगे। लेकिन इससे स्वयं उनकी बेख़बरी और क्लासिकी ख़यालबन्दी की शैली से अनभिज्ञता सिद्ध होगी। और यह भी सिद्ध होगा कि अगर वे अंग्रेजी नियमों

की रोशनी में ऐसी रचना को पसन्द नहीं कर रहे हैं तो उन्होंने न अधिभूतवादी (मेटाफिजिकल) कवियों को पढ़ा है, न डॉक्टर जानसन को जो इनका विरोधी था। (यूँ तो जानडन के सम्बन्ध में अधिभूतवादी का शब्द सबसे पहले ड्राउडन ने प्रयोग किया, लेकिन पारिभाषिक रूप में इसका डॉ. जानसन ने ही प्रयोग किया, और नकारात्मक रूप में।) जानडन के बारे में जानसन की राय देखें। अगर इसमें से नापसन्दगी का लहज़ा निकाल दिया जाए तो यह राय ख़यालबन्द शाइरों पर, और उन तमाम शाइरों पर चरितार्थ होती है जिन्हें कॉलरिज़ ने चिन्तनशील कवि का नाम दिया है। जानसन की राय में ऐसे कवियों के ''विचार बलपूर्वक लाए हुए हैं, और उनका छन्द अपरिष्कृत'' है। जानसन आगे लिखते है :

''छोटे-मोटे या कम महत्त्वपूर्ण अवसरों पर जो आवाज़ें हम सुनते हैं, उन से कोई अधिक प्रभाव, या आनन्दमय बिम्ब और छवि मुश्किल से हासिल होती है। और जिन शब्दों से हम अपरिचित होते हैं, जब वे किसी पाठ में आते हैं तो हमारा ध्यान उन्हीं शब्दों की ओर आकृष्ट हो जाता है, न कि उन वस्तुओं की ओर जिन पर ध्यान आकर्षित कराना उन शब्दों का काम होना चाहिए था...

''शब्दों का वह सुन्दर वाक्य-विन्यास जिसके द्वारा गद्य और पद्य में भेद स्थापित होता है, कभी-कभी ही प्रयोग में लाया गया। वे नज़ाकतें और मुहाविरे के वे फूल बहुत थोड़े थे। गुलाब को काँटेदार झाड़ियों से चुनकर अलग न किया गया था। और विभिन्न रंगों के बारे में यह नियत न था कि वे एक-दूसरे को किस प्रकार चमकाते और परस्पर ज़िन्दगी पैदा करते हैं।''[26]

इसके अतिरिक्त, जानसन का कहना है कि जानडन, और उसकी तरह के अन्य कवियों को उन वस्तुओं से अनुराग था जो सामान्य अनुभव के बाहर हैं। उनकी शैली ऐसी न थी जिसे 'परिचित' या 'विशुद्ध शाइराना' कहा जा सके। अपनी पुस्तक के खंड-प्रथम के आरम्भ में ही उसने कहा था कि अधिभूतवादी कवियों की रचना अरस्तू के बनाए हुए सिद्धान्तों पर खरी नहीं उतरती। क्योंकि वो लोग न 'प्रकृति की नक़ल करते थे न जीवन की' और वो लोग 'न प्रकृति का चित्रण करते थे, न मनोदशा का।'[27] मज़ेदार बात यह है कि यही सब बातें आज की पश्चिमी कसौटी के वो विशेष गुण हैं जो अधिभूतवादी कवियों को प्रतिष्ठित करती हैं : कल्पना शक्ति की आज़ादी, दुर्लभ बातों और अपनी बौद्धिक उपज को कविता में अधिक-से-अधिक समोना, 'जीवन' के परम्परागत रूपों का वर्णन न करना। हमारे ख़यालबन्द शाइरों के भी यही गुण हैं। इस अन्तर के साथ कि हमारा क्लासिकी काव्यशास्त्र बहरहाल 'जीवन' या 'प्रकृति' के प्रतिनिधित्व या नक़्क़ाली से कोई सम्बन्ध न रखता था। ये अवधारणाएँ पश्चिम की हैं और अफ़्लातून (प्लेटो) के प्रभावाधीन, या अफ़्लातून के खंडन के लिए अस्तित्व में आई थीं।

हमारे क्लासिकी काव्यशास्त्र का सौभाग्य यह था कि न अरबी या फ़ारसी काव्यशास्त्र में कोई अफ़्लातून था, और न संस्कृत काव्यशास्त्र में। हमारे यहाँ कविता

एक स्थायी और स्वतन्त्र कला थी, विचारों की खोजबीन का उपकरण (heuristic, स्वतः शोध-प्रणाली) न थी।

ख़यालबन्दी का पतन सम्भवतः दो कारणों से हुआ। एक यह कि ख़यालबन्द शोअरा (शाइर का बहु.) मज़्मून की खोज में जब बहुत दूर निकल जाते तो मज़्मून को पूरी तरह निभा न पाते थे, और शेर में वर्णित विचार प्रमाणहीन रह जाता था। दूसरा कारण यह कि हमारे अन्तिम ख़यालबन्द शोअरा, ग़ालिब और असग़र अली ख़ाँ नसीम, का समय वही है जब अंग्रेजी के प्रभाव में हम लोग 'वास्तविकता' और नेचुरल शाइरी और शाइरी के "अज़ दिलख़ेज़ दोबर दिल रेज़द" के सत्य होने की बात करने लगे थे। इनके फलस्वरूप हमारी कविता के विरोधी आन्दोलन आरम्भ हो गए। ग़ालिब तो इस हमले से बच गए (इसके बहुत-से कारण हैं) लेकिन और कोई सलामत न रहा। नासिख़ और ज़ौक़ को तो शाइर ही मानने से इनकार कर दिया गया।

ख़यालबन्दी पर बात करते-करते मैं अपने आख्यान में कोई पचास-साठ वर्ष आगे निकल गया। जैसा कि मैंने ऊपर कहा है, ख़यालबन्दी का विकास अठारहवीं शती के अन्त में हुआ। इस शती के आरम्भ में जो शैली सबसे अधिक प्रसिद्ध थी उसे 'ईहाम' (व्यंजना या श्लेष) पर आधारित कह सकते हैं। अगर ख़यालबन्दी का उद्देश्य था कि शाइर की आविष्कारक शक्ति (और उसके भाग्य) को उसकी अन्तिम हद तक पहुँचाया जाए, तो ईहाम को हम मानी आफ़रीनी (अर्थगत बहुलता) की पहली बड़ी कोशिश कह सकते हैं। ईहाम की किताबी परिभाषा तो यह है कि कलाम में ऐसा लफ़्ज़ हो जिसके दो माने (अर्थ) हों, एक क़रीब के और दूसरा दूर के, और शाइर ने दूर के अर्थ के आशय लिए हों। लेकिन वली और उनके बाद के शाइरों के हाथों में आकर ईहाम अपनी किताबी परिभाषा से कहीं अधिक पेचीदा और कलात्मक सौन्दर्य से परिपूर्ण हो गया है। फैशन के रूप में तो शती का अन्तिम चतुर्थांश आते-आते ईहाम समाप्त हो चुका था, लेकिन इसी दौरान ईहाम के द्वारा 'मानी आफ़रीनी' की सम्भावनाओं को उजागर करना क्लासिकी उर्दू शाइर का मापदंड भी बन गया। वली से लेकर ग़ालिब और मीर अनीस तक कोई ऐसा शाइर नहीं जिसने ईहाम को खुले दिल से क़ुबूल न किया हो। वली के ही समय से ईहाम के निम्नलिखित स्वरूप स्पष्ट तौर पर नज़र आते हैं।

1. दो मानी (अर्थ) हों, एक क़रीब का और एक दूर का, लेकिन शाइर ने दूर के अर्थ का आशय लिया हो और उसका क़रीना (प्रसंग) भी रख दिया हो कि दूर का अर्थ ही अभीष्ट है।
2. इसका क़रीना न रखा हो कि दूर का अर्थ अभीष्ट है।
3. दो मानी हों, और दोनों बराबर के शक्तिशाली हों, अतः यह निर्णय कठिन हो कि शाइर ने कौन-से अर्थ का आशय लिया है।
4. मानी दो से अधिक हों, और तमाम ही मानी लगभग यथोचित हों।[28]

अली जव्वाद ज़ैदी का ख़याल है कि अठारहवीं शती के कवियों ने मज़्मून आफ़रीनी

ौर जटिल शिल्पकारिता का रास्ता उस सोचे-समझे सिद्धान्त के तहत अपनाया था, ' संस्कृत आचार्य भामह ने सातवीं शती ई. में विकसित किया था। संस्कृत से फ़ारसी, र फ़ारसी से उर्दू तक पहुँचनेवाली यह परम्परा आकृति और संरचना तो बदलती रही ., लेकिन इसकी आत्मा कभी नहीं बदली।[29]

अली जव्वाद ज़ैदी के विचार में बड़ी हद तक सच्चाई है। इसका प्रमाण इस बात से मिल सकता है कि भामह (Bhamaha) ने कविता के जिस गुण पर अधिक बल दिया उसे उन्होंने 'अतिशयोक्ति' का नाम दिया है, और वे इन शब्दों में उसे पारिभाषित करते हैं :

"कोई कथन (utterance) जब भाषा के सामान्य रूपों का अतिक्रमण करता हो, और उसी किसी विशेष उद्देश्य के तहत लाया जाए, तो काव्यशास्त्र में इस कला को अतिशयोक्ति कहेंगे...अतिशयोक्ति ही मूलतः वह वक्रोक्ति है जो अर्थ का सौन्दर्य करता है, और कवि को इसके लिए प्रयास करना चाहिए।"[30]

उपर्युक्त विवरण की रोशनी में आचार्य कुन्तक का यह कथन पढ़िए कि 'वक्रोक्ति वह कथन (utterance) है जिसमें चातुर्य और विदग्धता होती है।'[31]

और कृष्णमूर्ति के इस विचार पर ध्यान दीजिए कि "भामह और दंडी दोनों की राय में तमाम अर्थालंकारों में जो वस्तु सम्मिश्रित है, वह वक्रोक्ति या अतिशयोक्ति ही है।"[32]

अठारहवीं शती ई. की साहित्यिक संस्कृति पर संस्कृत साहित्यिक चिन्तन के प्रभाव और अठारहवीं शती ई. के ईहाम की विशेषता को समझने के लिए इन विचारों पर नज़र रखना ज़रूरी है।

ईहाम की एक बड़ी विशेषता यह थी (बल्कि अब भी है) कि वह कृतिकार के अभिप्राय का पाबन्द होता है। अर्थात् कृतिकार इरादा करता है कि ईहाम को अपनाऊँगा। कोई ज़रूरी नहीं कि हर बार वह ईहाम लिखने के पहले उसको नियत करे, लेकिन यह ज़रूरी है कि उसे ईहाम के सकारात्मक गुणों का ज्ञान हो, और वह अपने काव्यशास्त्र में उसे इच्छापूर्वक स्थान दे। ईहाम के उद्देश्य निम्नलिखित हो सकते हैं :

1. सुनने/पढ़नेवालों को धोखे में डालना।
2. समझ/कुशलता का उत्तम प्रभाव डालना।
3. अर्थ में नए आयाम की खोज करना, और
4. भाषा की सीमा की छानबीन करना।

अपने अत्यधिक प्रारम्भिक स्तर में ही ईहाम एक सनअते-मानवी (अर्थालंकार) है, "फक्कड़पन, ओछापन, शब्दों के तोता-मैना उड़ाने का काम" नहीं, जैसा कि उर्दू के आधुनिक आलोचक समझते हैं। ईहाम में संस्कृत-श्लेष से अधिक पेचीदगी है। श्लेष की परिभाषा में तो एक शब्द के दो ही अर्थ की सम्भावना होती है बल्कि उद्भट (Udbhata) तो एक शब्द के दो अर्थ से इनकार करते हैं। उद्भट का कथन है कि

"श्लेष में एक शब्द नहीं होता। उन्हें दो शब्द मानना चाहिए, भले ही रूप के विचार से एक ही शब्द हो।"[33]

आचार्य मम्मट का दृष्टिकोण अवश्य ही उर्दू ईहाम की किताबी परिभाषा के निकट था : एक शब्द, दो अर्थ।[34] अन्तर यह है कि उर्दू शाइर के हाथ में दो अर्थ की भी क़ैद न रही। (ख़ुसरो तो इसे और भी पहले तोड़ चुके थे)।

अठारहवीं शती ई. में काव्यशास्त्र और साहित्यिक प्रयोग के सम्बन्ध से एक और महत्त्वपूर्ण तथ्य स्वीकार किया जाने लगा कि ऐसी कविता सम्भव है जो सुननेवालों के जज़्बे (emotions) को बलपूर्वक गतिशील करे लेकिन उसके अर्थ तत्काल, या शायद कभी भी, पूरी तरह से समझ में न आएँ, या बहुत बहुमूल्य न मालूम हों। सम्भव है दोबारा ध्यान देने, विश्लेषण आदि के बाद मालूम हो कि कविता में कई अर्थ हैं, या कई अर्थ की सम्भावना है। लेकिन ऐसी तमाम कविता में अर्थ, या कविता का वह भाग जिसका विश्लेषण होता, अक्सर उसका महत्त्वपूर्ण भाग न माना जाता। वह गुण, जिसके कारण यह सब सम्भव हुआ, 'कैफ़ियत' कहलाई। ज़ाहिर है कि 'कैफ़ियत' में रसास्वादन भी था, और यह रसास्वादन उसी प्रकार का था जो दुखान्त नाटक/फ़िल्म/संगीत से प्राप्त होता है।

'कैफ़ियत' में भावुकता नहीं होती। भावुकता से आशय होता है शब्दों का अधिक प्रयोग (अपव्यय), अर्थात् कविता जिस भाव को प्रकट करने का प्रयत्न कर रही है, उसके लिए शब्द आवश्यकता से अधिक हों, अधिक कोलाहलपूर्ण हों, या भावना को बाज़ारू रंग दे दें। (फिल्मी गानों में अक्सर ऐसा होता है) 'कैफ़ियत' वाली कविता श्रोता या पाठक की भावनाओं को खुलेआम आमन्त्रित नहीं करती। और अक्सर, विशेषकर बड़े कवि के यहाँ काव्यनायक/वक्ता की अपनी मानसिक/भावनात्मक दशा के बारे में कोई निश्चित निर्णय हो भी नहीं सकता। जिस कविता में कैफ़ियत होती है, वह सरल और सीधी लकीरोंवाली व्याख्या के बहुत कम उपयुक्त होती है।

'कैफ़ियत' की कल्पना कई अर्थों में संस्कृत के ध्वनि सिद्धान्त की याद दिलाता है। कृष्णमूर्ति हमें बताते हैं कि आचार्य आनन्दवर्धन को इस बात का अनुभव था कि "भावनाओं के विविध रंग, और स्वयं मानसिक दशा अगर कविता में बयान हो, तो उनके द्वारा रचना को जीवन्त स्पन्दन प्राप्त होता है।" आनन्दवर्धन ने भातेन्दुराज (Bhattenduraja) की रचना से एक उदाहरण प्रस्तुत किया है। भातेन्दुराज के इस मुक्तक में गोपियों की भावनात्मक प्रतिक्रिया का उल्लेख है, जब उन्होंने श्रीकृष्ण जी को पहली बार देखा। कृष्णमूर्ति ने आनन्दवर्धन के उदाहरण को अपने शब्दों में यूँ लिखा है : "वो लोग जो इस छन्द में वर्णित प्रेम की प्रबलता से प्रभावित नहीं हो सकते, उनके लिए इसमें कुछ काव्यात्मक मूल्य नहीं है। इस छन्द में है ही क्या ? कोई ऐसा शिल्प भी नहीं जिसे पहचाना जा सके। बस दो सामान्य उपमा हैं और न कोई ऐसा काव्यगत गुण है जो शृंगार रस को साकार करता हो।"[35]

यह तो ज़ाहिर है कि ध्वनि में कैफ़ियत से अधिक पहलू हैं, लेकिन कैफ़ियत में

होता कुछ वैसा ही है जैसा कि आनन्दवर्धन ने ऊपर कहा है। कैफ़ियत के शेर प्रभावशाली रूपकों और सूक्ष्म बिम्बों से अधिकतर रहित होते हैं। यही कारण है कि ग़ालिब के यहाँ कैफ़ियत के शेर बहुत ही कम दिखाई देते हैं। चूँकि हमारे आधुनिक आलोचकों ने अक्सर ग़ालिब को ही उर्दू शाइरी का प्रतिमान क़रार दिया है, इसलिए उचित मालूम होता है कि कैफ़ियत के उदाहरण कुछ बड़े कवियों के यहाँ से पेश किया जाए। मुसहफ़ी :

देख उसको इक आह हमने कर ली
हसरत से निगाह हमने कर ली
जब उसने चलाई तेग़ हम पर
हाथों की पनाह हमने कर ली
दी ज़ब्त में जबकि मुसहफ़ी जाँ
शर्म उसकी गवाह हमने कर ली[36]

अगर शैक्सपीयर के गीतों में अर्थ की वह अधिकता और भावनाओं की वह विभिन्नता होती जो कैफ़ियत के अच्छे शेरों का गुण हैं, तो मैं कहता कि कैफ़ियत के शेर और शैक्सपीयर के गीत एक ही लोक से हैं। वली से लेकर मीर तक कैफ़ियत के कुछ शेर देखिए :

दिल छोड़ के यार क्यों के जावे
ज़ख्मी है शिकार क्यों के जावे
अझुवाँ की अगर मदद न होवे
मुझ दिल का गुबार क्यों के जावे

• • •

चाहो कि पी के पग तले अपना वतन करो
अव्वल अपस को इज्ज़ में नक़्शे चरन करो
है गुल रुख़ाँ कूँ ज़ौक़े तमाशाए आशिकाँ
दाग़ाँ सती दिलाँ कूँ अपस के चमन करो
गर आरज़ू है दिल में हम आग़ोशीए सनम
अझुँवा सूँ अपनी सेज से फ़र्शे समन करो[37]

• • •

ख़बरे तहय्युरे इश्क़ सुन न जुनूँ रहा न परी रही
न तू तू रहा न मैं मैं रहा जो रही सो बेख़बरी रही
चली सिम्ते ग़ैब से क्या हवा कि चमन ज़हूर का जल गया
मगर एक शाख़े निहाले ग़म जिसे दिल कहो वो हरी रही
वो अजब घड़ी थी मैं जिस घड़ी लिया दर्स नुस्ख़ए इश्क़ का
कि किताब अक़्ल की ताक़ में जूँ धरी थी त्यों ही धरी रही[38]

• • •

आतिशे इश्क़ क़हर आफ़त है
एक बिजली-सी आन पड़ती है
आखिरुल-अम्र आह क्या होगा
कुछ तुम्हारे भी ध्यान पड़ती है
मेरे अहवाल पर न हँस इतना
यूँ भी ऐ मेहरबान पड़ती है[39]

• • •

रो चुका ख़ूने-जिगर सब अब जिगर में ख़ूँ कहाँ
ग़म से पानी हो के कब का वह गया मैं हूँ कहाँ
आशिक़ो-माशूक़ याँ आख़िर फ़साने हो गए
जाए गिरिया है जहाँ लैला कहाँ मजनूँ कहाँ
सैर की रंगीं बयाज़ो बाग़ की हमने बहुत
सर्व का मिस्रा कहाँ वह क़ामते मौज़ूँ कहाँ
बाव के घोड़े पे थे इस बाग़ के साकिन सवार
अब कहाँ फ़रहादो-शीरीं .ख़ुसरुओ गुलगूँ कहाँ
एक दम से क़ैस के जंगल भरा रहता था क्या
अब गए पर उसके वैसी रौनक़े हामू कहाँ
ख़ा गया अन्दोह मुझको दोस्ताने रफ़्ता का
ढूँढ़ता है जी बहुत पर अब उन्हें पाऊँ कहाँ[40]

उपर्युक्त उदाहरण इस बात को भी प्रकाशित करते हैं कि कैफ़ियत में समानता नहीं। हर अच्छे शाइर के यहाँ कैफ़ियत (विवेचना) भी अलग-अलग हुस्न (सौन्दर्य) रखती है। मुसहफ़ी के कथनानुसार सच है कि रोशनियाँ आपस में टकराती नहीं। सामान्य प्रकार की भावनात्मक/रूमानी शाइरी (जैसे अख़्तर शीरानी या जोश) और कैफ़ियत की शाइरी में एक अन्तर यह भी है कि सामान्य 'रूमानी' शाइरी में एक ही रंग हर जगह मिलता है। जैसे निम्नलिखित शेरों के बारे में कहना कठिन है कि जोश के हैं, या अख़्तर शीरानी के, या अब्दुल समीपाल असर सहबाई के :

अए चाँद जब सितारे गर्दूं पे झिलमिलाएँ
जब क़ुद्रती मनाज़िर सेहरा में मुसकराएँ
मग़मूम झाड़ियों से मेरा सलाम कहना
आँखें झुका के अपनी फिर ये पयाम कहना
क्यों सोज़ दर्द फ़ुर्क़त तुमको सिखा रहा है
क्यों मुज़्तरिब हो ठहरो वो दिन भी आ रहा है
जिस दिन धड़कनेवाले दिल को क़रार होगा
साए में जब तुम्हारे मेरा मज़ार होगा।[41]

बड़े कवियों के यहाँ विविधता के अतिरिक्त, कैफ़ियत के शेरों में अर्थ की भी

अधिकता होती है। मीर के उपर्युक्त शेर उदाहरण के तौर पर पेश किए जा सकते हैं। मैंने ख़यालबन्दी और कैफ़ियत पर अधिक ध्यान इसलिए दिया है कि ख़यालबन्दी आधुनिक उर्दू आलोचना के अनुसार उर्दू कविता के लिए लज्जाजनक नहीं तो अकथनीय विशेषता अवश्य है। (ग़ालिब हमारे सबसे बड़े ख़यालबन्द थे, लेकिन ग़ालिब की महानता के लिए हमने ख़यालबन्दी के अतिरिक्त हर व्याख्या की है) और जहाँ तक सवाल कैफ़ियत का है, तो यह पद या इसकी परिभाषा लगभग अज्ञात है, और इसकी बारीकियों को न जानने के कारण हमने अपने समय के कैफ़ियतवाले शाइरों, जैसे फ़िराक़ साहब, की प्रशंसा बिलकुल ग़लत बुनियादों पर की है।

कैफ़ियत के अतिरिक्त एक और विचार जो पूरे विकास को न पहुँच सका, और शायद इसी कारण इसे पूरी तरह व्यावहारिक रूप भी नहीं मिल सका, 'शोरिश' या 'शोर अंगेज़ी' का है। शाब्दिक अर्थ में तो 'शोर अंगेज़ी' से बस इतनी बात निकलती है कि जिस कलाम को सुनकर लोगो में कोलाहल (उत्तेजना) उठ जाए, वह शोर अंगेज़ है। लेकिन अगर इतना ही अर्थ होता तो 'शोरिश' की परिभाषा अस्तित्व में न आती। फ़ारसी में 'शोर अंगेज़' की परिभाषा कम-से-कम सोलहवीं शती ई. से मिलती है। उर्दू में इसे सौदा, मीर, शाह नसीर, और ग़ालिब ने प्रयोग किया है। तज़्किरों में भी 'शोरिश' या 'शोर अंगेज़ी' का उल्लेख मिलता है। वह कलाम शोर अंगेज़ था जिसमें जीवन और सृष्टि के मामले उल्लासपूर्वक बयान किए जाएँ, लेकिन शैली ऐसी हो कि कवि स्वयं व्यक्तिगत रूप से कविता में दिखाई न दे। मीर ने कई शेरों में अपनी कविता की विशेषता के बारे में कहा है कि यह शोर अंगेज़ है। सम्भवतः मीर की विशेषता शोर अंगेज़ी के कारण बहुत थी, क्योंकि सौदा ने एक शेर में यह परिभाषा इस तरह बरती है कि साफ़ मीर की बुराई मालूम होती है और यह भी है कि इस ग़ज़ल के अधिकतर शेरों में अठारहवीं शती ई. के नए काव्यशास्त्र का आभास भी मिलता है। अतः सम्भव है कि शोर अंगेज़ी के बारे में सौदा का शेर भी इसी सन्दर्भ में हो, या पूरी ग़ज़ल मीर की निन्दा में हो। इस ग़ज़ल के निम्नलिखित शेरों में काव्यशास्त्र के सम्बन्ध में बात की गई है :

कहाँ नुत्क़ फ़सीह अज तबअ ना हंजार हो पैदा
फ़ुग़ाने ज़ाग़ से तूती की कब गुफ़्तार हो पैदा
सुख़न के मग़्ज़ का है जूँ हवा दरियाए मानी में
हबाब ऐसा नहीं जिससे दुरे शहवार हो पैदा
दिले अहमक से मत उम्मीद रखना मुर्ग़ मानी की
हुमा बैज़े से क्यों कर बूम के ऐ यार हो पैदा
न तबअ जमद से सरज़द कभू हों मानी रंगीं
जहाँ में तुख़्म से थूहड़ के कब गुलज़ार हो पैदा
सुख़न की ज़ादाए-तबअ सुख़नवर कहते हैं उसका
ज़बानों पर बख़ूबी चाहिए अज़कार हो पैदा

कलामे बेनमक की शोर अंगेज़ी है ऐसी कुछ
ज़मीन बोल गाह ख़ल्क़ से जूँ ख़ार हो पैदा[42]

इन शेरों का विश्लेषण करने की यहाँ आवश्यकता नहीं, लेकिन यह साफ़ ज़ाहिर है कि सौदा की निगाह में तीन चीज़ें शाइर के लिए मुख्य हैं : मानी आफ़रीनी (जिसके रूपों पर यहाँ चर्चा हुई), लोक-स्वीकृति, और शोर अंगेज़ी।

इसी प्रकार, कविता की व्याख्या के सम्बन्ध में बहुत-सी अवधारणाएँ थीं जिन्हें अठारहवीं शती के पहले बहस में न लाया गया था। उदाहरण के तौर पर 'रब्त' (शेर की दोनों लाइनों में सम्बन्ध) का ज़िक्र कर सकते हैं, जिस पर मीर ने विशेष बल दिया है। 'रियायत' (सामंजस्य) और 'मुनासबत' (सम्बन्ध) के पद भी उसी समय से प्रचलित होने लगते हैं। इस प्रकार समग्र प्रभाव एक बिलकुल नवीन, तीव्रगामी और स्वयं को पहली बार खोजनेवाली साहित्यिक संस्कृति का है। इसमें गतिशीलता और उल्लास का वातावरण है, पतन या गति-अवरोध का बिलकुल नहीं। काव्यशास्त्र में विकास, और काव्यात्मक प्रयोग (सृजन) में नए-नए विचार पैदा करने के प्रयासों पर आधारित यह संस्कृति डेढ़ सौ वर्ष से अधिक समय (1700-1857) तक दिल्ली में प्रचलित रही, और उसने तमाम हिन्दुस्तान में उर्दू साहित्यिक संस्कृति की अगुवाई की, इसे चारों ओर फैलने के गुण सिखाए। इस प्रकार दिल्ली की शैली, कविता के नियम, और मुहाविरा, ये सभी बातें उर्दू ज़बान की विशेषता बन गईं।

उर्दू साहित्यकारों ने 1760 का दशक आते-आते दिल्ली छोड़ना आरम्भ कर दिया। उर्दू रचनाकारों की दिल्ली से यह निकासी, उतने बड़े पैमाने पर न थी, और न दिल्ली का जीवन उस समय में इतना ख़राब था जैसा कि पश्चिमी इतिहासकारों के प्रभाव में हम लोगों ने मान लिया है। शहूरे-आशोब (उथल-पुथल का नगर) लिखना भी उस समय की साहित्यिक संस्कृति में एक प्रकार का फैशन था। हमारे साहित्यिक इतिहासकारों ने विविध शहूर आशोबों में वर्णित विवरण को बिलकुल शाब्दिक अर्थ में लिया है। अठारहवीं शती में अगर दिल्ली और मुग़ल साम्राज्य की स्थिति बहुत अच्छी न थी तो ऐसी भी न थी कि हर शहूरे-आशोब के हर विवरण को स्थायी रूप से ऐतिहासिक सत्य मान लिया जाए। शहूरे-आशोब को शाइरी ही समझना चाहिए, और उस पर हमारी शाइरी के नियम उसी प्रकार लागू होने चाहिए, जिस प्रकार और विधाओं पर होते हैं। अतिशयोक्ति को 'शहूरे-आशोब' का भी मुख्य भाग समझना चाहिए। वह काल इतना अधिक निरन्तर अशान्ति का न था जैसा हम मान लेते हैं।

जैसे यही देखिए कि हर प्रकार की उथल-पुथल और अस्त-व्यस्तता के 'सरकारी' प्रमाण एक और यह सच्चाई एक तरफ़ कि अठारहवीं शती के उर्दू/फ़ारसी लेखक बड़े ज़बरदस्त भ्रमणशील थे। आज़ाद बिलगरामी (1704-1785) अपने वतन बिलगराम से उठे, दिल्ली और लाहौर गए, ठठ्ह तक पहुँचे। फिर औरंगाबाद आए, हज को गए, और छोटी-मोटी यात्राओं की तो गिनती ही नहीं। क़मरउद्दीन मिन्नत (1733/1734-1792/1793) सोनीपत से दिल्ली आए, लखनऊ गए, मुर्शिदाबाद गए,

कलकत्ता गए। फिर वे हैदराबाद गए, दूसरी बार लखनऊ गए, और फिर दिल्ली वापस आए। अब्दुल वली उज़्लत (1692/1693-1775) सूरत से दिल्ली, दिल्ली से मुर्शिदाबाद और फिर हैदराबाद गए। वारस्ता सियालकोटी (1698/1703-1766) के बारे में प्रसिद्ध है कि ईरानी मुहाविरा सीखने ईरान तक गए। टेक चन्द बहार (मृत्यु 1766) के बारे में भी कहा जाता है कि ईरानी मानकों को सीखने ईरान गए थे। शैख़ अली हज़ीं (1691-1766) ईरान से 1733 में दिल्ली आए, फिर लखनऊ, फिर बनारस गए, वहीं मरे। मीर ज़िया (मृत्यु-1780) दिल्ली से लखनऊ, फिर मुर्शिदाबाद गए। अबुल हसन अमरुल्ला इलाहाबादी जैसे छोटे-मोटे लोगों ने अपने तज़्किरों के लिए इलाहाबाद से बनारस, पटना और फिर मुर्शिदाबाद और कलकत्ता का सफ़र किया। सौदा पहले कई वर्ष फर्रुखाबाद में रहे, फिर लखनऊ गए।

यह सही है कि अठारहवीं शती में सामूहिक तौर पर दिल्ली छोड़ने वालों की संख्या दिल्ली आनेवालों से अधिक होगी। लेकिन ऐसा नहीं है कि लोग दिल्ली छोड़ते ही रहे, कोई कभी यहाँ आया ही नहीं। इंशा अपने पिता के साथ मुर्शिदाबाद से दिल्ली आए, फिर लखनऊ गए। ख़ान आरज़ू ग्वालियर से दिल्ली आए। मीर अकबराबाद से आए, दिल्ली के चारों ओर बल्कि राजस्थान तक घूमे-फिरे, फिर लखनऊ गए। मुसहफ़ी बरेली ज़िले से, और क़ाईम चाँदपुरी, मुरादाबाद ज़िले से दिल्ली आए। मुसहफ़ी ने दिल्ली, लखनऊ के कई सफ़र किए, फिर लखनऊ जा बसे। क़ाईम मगर दिल्ली में ही रहे। सआदत यार ख़ाँ रंगीन (1756-1834/1835) अपने माता-पिता के साथ सरहिन्द से दिल्ली आए। व्यापार के सिलसिले में वे दूर-दूर तक जाया करते थे। लेकिन रहे दिल्ली में ही। रासिख़ अजीमाबादी (1748-1822) ने पटना से दिल्ली की लम्बी यात्रा केवल मीर की शर्गिदी के लिए किया था। मीर अफ़ज़ल साबित ने इलाहाबाद छोड़कर दिल्ली को वतन बनाया।

दिल्ली के नुक़सान में लखनऊ का फ़ायदा हुआ, लेकिन शती के आरम्भ में अज़ीमाबाद, मुर्शिदाबाद और अन्त में कलकत्ता ने बहुत-सी शख़्सियतें दिल्ली से हासिल कीं। कुछ तो अपने स्वभाव के कारण और कुछ उस भ्रमणशील दौर के कारण, अठारहवीं शती के उर्दू लेखकों को अपने और अपनी शती के उर्दू-फ़ारसी साहित्य की असाधारण सूझ-बूझ थी। अठारहवीं शती को हम अपने साहित्य की सबसे अधिक स्वतःजाग्रत शती कह सकते हैं। दक्षिण के लेखकों को उत्तर वालों का हाल मालूम था, और उत्तर वाले भी दक्षिण के लोगों से अवगत थे, चाहे उनको मानें या न मानें। दोनों पक्षों में समालोचना और मूल्यांकन लिखित या मौखिक होता रहता था।

मौलाना बाक़र आग़ा (1745-1808) को अठारहवीं शती में दक्षिण भारत का सबसे बड़ा दकनी/रेख़्ता साहित्यकार कहा जा सकता है। यद्यपि उत्तर भारत के लोगों ने उनका उल्लेख कहीं नहीं किया, लेकिन वे उत्तर भारत के अपने समकालीन कृतिकारों के नाम और काम से अच्छी तरह अवगत थे। वे केवल सौदा को अपना प्रतिद्वन्द्वी (बल्कि अपने से कमतर) मानते थे। एक शेर में उन्होंने दर्द की सराहना की है :

आग़ा गर सुने नमकीं नज़्म ये तेरी
सौदा कहे कि शेर से मेरे नमक गया
सर सौदा पे तेरे शेरे रेसा से आग़ा
सिलसिला हश्र का बरपा न हुआ था सो हुआ
जा मज़ारे दर्द पर पढ़ियो ग़ज़ल तू अय सबा
पाते हैं आग़ा का अब क़द्रदाँ नायाब हम[43]

सौदा और नुसरती के सम्बन्ध में बाक़र आग़ा ने जो लिखा है, उसका उल्लेख हम ऊपर कर चुके हैं। कहा जाता है कि आज़ाद बिलगरामी जैसे महान व्यक्ति से भी वह एक बार उलझ पड़े थे। आज़ाद ने आग़ा की फ़ारसी मसनवी 'मिरातुल-हुस्न' पर कुछ आपत्ति जताई तो आग़ा ने आरोपयुक्त उत्तर दिया।

आज़ाद से सम्बन्धित एक और घटना से उत्तर और दक्षिण के बीच साहित्यिक सम्बन्धों और परिचय के मामले पर रोशनी पड़ती है। यह वाक़्या यद्यपि फ़ारसी साहित्य से सम्बन्धित है, लेकिन ज़ाहिर है कि उर्दू के लिए भी इससे नतीजा निकाला जा सकता है। अब्दुल वहाब इफ़्तिख़ार ने अपने 'तज़्किराए-बेनज़ीर' (1758/1759) में लिखा है कि आज़ाद बिलगरामी ने एक तज़किरा 'यदे-बैज़ा' के नाम से संकलित किया। जब आज़ाद लाहौर गए तो वहाँ अब्दुल हकीम हाकिम लाहौरी ने उनसे इस तज़्किरे की एक प्रति ले ली। वह प्रति जब वारस्ता सियालकोटी की नज़र से गुजरी तो उन्होंने कहा कि इसमें तो किसी के शेर किसी दूसरे के नाम से लिख दिए हैं। आज़ाद ने जब यह सुना तो और छानबीन की और वारस्ता की बात को सही पाया। उन्होंने इस तज़्किरे को वापस ले लिया और लिखा कि इसमें ग़लतियाँ इस कारण हो गईं कि उसके (शेर के) सन्दर्भ ग्रन्थ (जहाँ से वे लिए गए थे) विश्वसनीय न थे। अगर किसी साहब को इसकी कोई प्रति मिले तो तज़किरे के लेखक (आज़ाद स्वयं) से सही कर लें। आज़ाद ने उच्च साहस और गरिमा से काम लिया, लेकिन उनके शागिर्दों ने बात ख़त्म न की, और वारस्ता पर तरह-तरह के आरोप लगाए।[44]

आज़ाद बिलगरामी, वारस्ता सियालकोटी, बाक़र आग़ा, ये लोग अठारहवीं शती के गौण व्यक्ति नहीं, कई-कई भाषाओं के विद्वान थे। आज़ाद और आग़ा दोनों अरबी के भी अच्छे कवि थे, और संस्कृत भी जानते थे। आग़ा को तेलुगू की भी अच्छी जानकारी थी। और यह बात भी महत्त्वपूर्ण है कि इनमें से कोई दिल्ली में नहीं रहा। दिल्ली से उर्दू के साहित्यकार भले ही चले गए हों, लेकिन दिल्ली का उर्दू के अधिकृत केन्द्र का दावा बहरहाल था। इसके विपरीत इन तीनों व्यक्तित्वों का दिल्ली से कोई सम्बन्ध न था। इस बात को समय का बदलाव, और उर्दू की विशाल होती हुई साहित्यिक संस्कृति का संकेत कहा जा सकता है। दिल्ली के प्रतिद्वन्द्वी के रूप में लखनऊ का प्रकट होना कुछ आश्चर्य की बात नहीं, क्योंकि लखनऊ का शासक वर्ग और लखनऊ के सारे बड़े लेखक, दिल्ली से ही आए थे। फिर ऐसा हुआ कि शाहज़ादा सुलेमान शिकोह, जो अपने बाप शाहआलम सानी की अनुपस्थिति (1759-1771) में राज्य सँभाले हुए था, 1784

में दिल्ली छोड़कर लखनऊ आ गया। इस तरह लखनऊ में एक छोटा-मोटा 'दिल्ली दरबार' भी बन गया। सांस्कृतिक कारणों से लखनऊ ने पहले स्वयं को दिल्ली का आईना (प्रतिरूप), और फिर दिल्ली से बेहतर मानना शुरू कर दिया। इससे कुछ तनाव भी पैदा हुए, और दिल्लीवालों ने अपनी श्रेष्ठता में कुछ वक्तव्य भी दिए।

दिल्ली वालों का ख़याल था कि उनकी भाषा प्रामाणिक है, और अन्य स्थानों की भाषा उसी सीमा तक प्रामाणिक है जिस सीमा तक वह दिल्ली के मुहाविरों का अनुकरण करती है। वो लोग, जिनके पूर्वजों को दिल्ली छोड़े हुए बहुत समय हो गया था, दिल्ली की भाषा बोलनेवाले नहीं कहे जा सकते थे। 1807 में इंशा ने 'दरियाए-लताफ़त' लिखी। इस पुस्तक में उन्होंने अपने राजनीतिक कारणों को देखते हुए लखनऊ के कुछ घरानों को उर्दू की विश्वसनीयता का प्रमाण-पत्र अवश्य दे दिया, क्योंकि सआदत अली ख़ाँ और मिर्ज़ा सुलेमान शिकोह उनके संरक्षकों में से थे।[45] लेकिन लखनऊ के आम लोगों की भाषा के बारे में उनकी राय अच्छी न थी। उन्होंने लिखा है, "अतः लखनऊ के लोग वो हैं जो इल्म को इलिम या इलीम, अक़्ल को अक़ल तालिबे-इल्म को तालिबे-इलीम, कहते हैं। और जब मैं 'लखनऊ के निवासी' कहता हूँ, तो मेरा आशय उन लोगों से है जो दिल्ली के बाद लखनऊ के निवासी बने...लेकिन दिल्ली के उन लोगों का समूह मुझे लखनऊ के सिवा किसी शहर में नहीं मिला। अज़ीमाबाद और मुर्शिदाबाद के वासी अपने विचार से स्वयं को भाषावेत्ता समझते हैं और अपने शहर को उर्दू कहते हैं (लेकिन वे ग़लती पर हैं)।"[46]

लखनऊ वालों के बारे में इंशा की नकारात्मक राय, और दिल्ली से आए हुए लखनऊ के लोगों के बारे में उनकी पक्षपाती राय को मानने वाले लखनऊ में कम ही रहे होंगे। अहद अली ख़ाँ यकता लखनवी ज़रूर इंशा से सहमत हैं जैसा कि हम देख चुके हैं। लेकिन आमतौर पर तो लखनऊ ने अपने प्रामाणिक होने का ही दावा किया, चाहे उसमें दिल्ली से इनकार क्यों न आवश्यक होता हो। रजब अली बेग सुरूर ने अपनी कृति 'फ़सानाए-अजायब' का पहला प्रारूप (पांडुलिपि) 'दरियाए लताफ़त' के कुछ ही बरस बाद 1825 में लिखा। इसके दीबाचे (भूमिका) में उन्होंने दिल्ली की भाषा, संस्कृति सत्ता-व्यवस्था, हर चीज़ को हास्यास्पद और आपत्तिजनक ठहराया है। सुरूर ने लिखा :

"जो गुफ़्तगू लखनऊ में कूबकू है, किसी ने कभी सुनी हो, सुनाए। लिखी देखी हो, दिखाए। अहदे दौलत बाबर शाह से ता सल्तनते-अकबर सानी, कि मिस्ल मशहूर है, न चूल्हे आग, न घड़े पानी। दिल्ली की आबादी हैरान थी, ख़िल्क़त मुज़तरो हैरान थी। सब बादशाहों के मुहाविरे, लहज़े उर्दू-ए-मुअल्ला की फ़साहत, तस्नीफ़े शाइरों से मालूम हुई। यह लताफ़त और फ़साहतो-बलाग़त कभी न थी। न अब तक वहाँ है।

"अगर्चे इस हेच मिर्ज़ा को यह यारा नहीं कि दआवी-ए-उर्दू, ज़बान पर लाए या उस अफ़साना को बनज़र निसारी किसी को सुनाए, अगर शाहजहाँबाद, कि मस्कने

अहले ज़बाँ कभी बेतुलसल्तनत हिन्दोस्ताँ था, वहाँ चन्दे बूदो-बाश करता, फ़सीहो की तलाश करता उनसे तहसील ला हासिल होती। तो शायद उस ज़बान की कैफ़ियत हासिल होती। जैसा मीर अम्मन साहब ने क़िस्साए-चार दरवेश का बाग़ो बहार नाम रखकर ख़ार खाया है, बखेड़ा मचाया है कि हम लोगों के दहन हिस्से में यह ज़बान आई है। मगर बनिस्बत मुवल्लिफ अव्वल अता हुसैन ख़ाँ के, सौ जगह मुँह की खाई है। लिखा तो है कि हम दिल्ली के रोड़े हैं। पर मुहाविरों के हाथ-पाँव तोड़े हैं। पत्थर पड़ें ऐसी समझ पर।''[47]

सुरूर का जवाब फ़ख़रुद्दीन हुसैन सुख़न देहलवी ने अपनी कथात्मक रचना 'सरोशे सुखन' में यूँ लिखा है :

''मिर्ज़ा साहबे यगाना हैं, यकताए ज़माना है। वह मूजिद हैं हम मुक़ल्लिद है... कहाँ फ़सानाए अजायब और कहाँ सरोशे सुख़न...मगर साहब मौसूफ़ ने जो अपनी तालीफ़ में बेचारे मीर अम्मन देहलवी को बनाया है, अपनी ज़बान की तेज़ी से उस साफ़गो को एकाध कड़ा फ़िक़रा सुनाया है, तो अब हम भी कहते हैं कि सुरूर लखनवी ने अठारह मर्तबा फ़सानाए-अजायब को दुरुस्त किया। जो फ़िक़रा सुस्त पाया, उसे चुस्त किया, मगर ग़लती नज़र न आई। कई मर्तबा किताब छपी, मगर वह बात न छुपी। क़िस्सा अपना अज़ सरे नौ मुलाहिज़ा फ़र्माएँ। इब्तिदा से इन्तिहा तक, देख जाएँ। और समझें कि कई जगह तानीस (स्त्रीलिंग) को तज़्कीर (पुलिंग) लिखा है और तज़्कीर को तानीस बाँधा है। अर्बाबे बीनस पर सब आशकारा है। हाजते-तसरीह नहीं। अक्सर ग़लत है, बिलकुल सही नहीं। हक़ तो यह है जो उर्दू-ए-मुअल्ला की ज़बान नहीं जानता, तज़कीर ओ तानीस नहीं पहचानता, जो शाहज़हाँबाद में नहीं रहा है, जिसने दरबारे शाही नहीं देखा है, वो फ़साना क्या लिखे ? उसका मुँह क्या है...जैसे लखनऊ के बाज़ शाइर, उनके बाप-दादा सब सीखे-सिखाए दिल्ली से आए। यहाँ आबाद हुए। सो अब हर फ़न के मूजिद बने, सब शाइरों के उस्ताद हुए। इंसाफ़ कीजिए, तअल्ली का न लीजिए।''[48]

सुख़न ने इंशावाली बात अपनी शैली में कही, और बाक़ी सब उनका तर्क यूँ ही है कि जैसे रज्जब अली बेग की आपत्ति मात्र आपत्ति ही थी (यह बात अवश्य विचारणीय है कि फ़ख़रुद्दीन हुसैन सुख़न देहलवी ने उपर्युक्त उद्धरण में 'उर्दू-ए-मुअल्ला' का फ़िकरा 'शहर दिल्ली' के अर्थ में प्रयोग किया है, अर्थात् 1859 बाद भी 'दिल्ली शहर' को 'उर्दू-ए-मुअल्ला' कहना ख़त्म नहीं हुआ था) लेकिन दोनों शहरों के मध्य एक प्रकार का शीतयुद्ध का क्षेत्र बन गया था। उन्नीसवीं शती के अन्त तक इस युद्ध में थोड़ी-सी गर्मी आने लगी, जब हाली ने कहा कि लखनऊ और दिल्ली की शाइरी में बुनियादी अन्तर है। और दिल्ली की शाइरी में शाब्दिक जंजाल और बनावट लखनऊ से कम हैं।''[49]

लेकिन हाली ने जो कहा वह इतना महत्त्वपूर्ण न था, जितना उनका चुनिन्दा मौन अर्थपूर्ण है। 'मुक़दमा' उर्दू-फ़ारसी कवियों के विवेचन से भरा हुआ है लेकिन इसमें मीर

अनीस के सिवा लखनऊ के कवियों के नाम बहुत कम हैं, और जो हैं भी उनका उल्लेख प्रशंसात्मक रूप में नहीं है। उर्दू आलोचना की इस अति महत्त्वपूर्ण पुस्तक ने हमारी साहित्यिक चेतना, और हमारी साहित्यिक संस्कृति में बुनियादी परिवर्तन किया। लेकिन पूरी पुस्तक का रवैया लखनऊ के कवियों के बारे में नकारात्मक प्रभाव डालता है। धीरे-धीरे लखनऊ की साहित्यिक संस्कृति के बारे में बिलकुल ग़लत तौर पर यह राय आम उर्दू-क्षेत्रों में फैल गई कि लखनऊ की नफ़ासत आदि अपनी जगह, लेकिन वहाँ 'ख़ारिजियत' (बाह्य तत्त्व) है तो दिल्लीवालों में 'दाख़िलियत' (आन्तरिक)। लखनऊ में बनावट है तो दिल्ली में 'सादगी'। लखनऊ में 'कंघी-चोटी, अंगिया-कुर्ती' है तो दिल्ली में 'अध्यात्मवाद'। लखनऊ में 'रियायत लफ़्ज़ी' (शब्द-विलास) है तो दिल्ली में 'सलासत और सफ़ाई' आदि। एक शब्द में कहें तो लखनऊ की कविता उसकी संस्कृति की तरह 'पतनोन्मुख' है।

इस प्रकार लखनऊ और दिल्ली के दो 'अदबी स्कूलों' का सिद्धान्त अस्तित्व में आया। यह अफ़साना अब भी कमोबेश जारी है। इस मामिले में सबसे दिलचस्प बात यह है कि वादी और प्रतिवादी को बोलने का हक़ बिलकुल नहीं दिया गया। इस तमाम आलोचना-विमर्श में इस प्रकार के प्रश्न नहीं पूछे गए :

1. स्वयं लखनऊ और दिल्ली की साहित्यिक परम्परा और संस्कृति का इन बातों के बारे में क्या विचार था ?
2. क्या दिल्ली लखनऊ का कोई काव्यशास्त्र था ? और अगर था, तो उस परिप्रेक्ष्य में दिल्लीवाले और लखनऊवाले कहाँ स्थापित होते हैं ?
3. क्या स्वयं दिल्ली या लखनऊ की साहित्यिक संस्कृति ने कभी दावा किया कि उनके साहित्य-सृजन की प्रक्रिया, और काव्यशास्त्र को जाँचने के लिए 'हक़ीक़त' (वास्तविकता), 'वाक़ईयत (यथार्थता), 'जज़्बे की सदाक़त' (भावनाओं का सच), 'दाख़िलियत' (आन्तरिक तत्त्व), 'सलासत' (प्रवाह या रवानी), आदि अवधारणाओं के आधार पर बहस की जाए, और इन अवधारणाओं को 'तसन्नो' (कृत्रिमता या औपचारिकता), 'ख़ारिजियत' (बहिष्करणं), 'फ़ारसियत' (फ़ारसीपन), इत्यादि के सम्मुख रखकर देखा जाए?

संक्षेप में, यूँ कहें कि उन अवधारणाओं पर चर्चा ही नहीं हुई जिनके नज़रिए से दिल्ली और लखनऊ की साहित्यिक संस्कृतियाँ स्वयं को, और अपने इतिहास को देखती हैं। सारी बहस और सारे फ़ैसले एकतरफ़ा हुए।

लेकिन यह कुछ बाद की बात थी। 'सरोशे-सुखन' 1859 में प्रकाशित हुई। यह वह काल था कि उर्दू साहित्य के देशकाल दोनों बदले जा रहे थे, और हमें भी क़िस्सा मुक़्तसर करते हुए यहीं रुक जाना चाहिए।

सन्दर्भ

1. मैंने अपने एक लेख 'ईरानी-फ़ारसी हिन्दुस्तानी-फ़ारसी और उर्दू : वर्गीकरण की समस्या' (शबख़ून इलाहाबाद, अंक-210 और 'आज', कराची, अंक-25, सम्पादक-अज़्मल कमाल) में भारतीय साहित्यिक संस्कृति के अपनी फ़ारसी के बारे में विश्वास और फिर इस विश्वास के खो जाने, और उर्दू की साहित्यिक संस्कृति व इतिहास पर इसके प्रभाव की दास्तान लिखी है।
2. शफ़ीक़ औरंगाबादी : 'चनिस्ताने शोअरा', संक्षेप और उर्दू अनुवाद अता काकवी, पटना, अज़ीमुश्शान बुक डिपो 1968, पृष्ठ 9।
3. मिर्ज़ा मुहम्मद रफ़ी सौदा : 'कुल्लियात', सम्पादक अब्दुल बारी आसी, जिल्द 1, लखनऊ, नवल किशोर प्रेस, 1932, पृष्ठ 403, 404।
4. इसके उदाहरण अब भी मिलते हैं। इब्राहीम अश्क ने अपने काव्य-संग्रह 'आगाही' (मुम्बई, तक्मील पब्लिकेशन, 1996, पृष्ठ 4) में अपनी शाइरी के क्रम को दर्द और सौदा से मिलाया है।
5. मौलाना मुहम्मद हुसैन आज़ाद : 'आबे हयात', पृष्ठ 263।
6. अठारहवीं सदी के वेल्लूर में उर्दू की साहित्यिक गतिविधियों, और अबुल हसन कुर्बी (1704/1705—1768/1769) जैसे मर्मज्ञ साहित्यकारों की विस्तारपूर्वक जानकारी के लिए देखें, राही फ़िदाई 'दारुल उलूम-लतीफ़िया,' वेल्लूर का अदबी मंज़रनामा, कड़पा, अबुल हसन एकेडमी, 1997।
7. शाह हातिम, 'इन्तिखाब', पृष्ठ 36, 40, 71, 24, 41, 106, 105, 75, 52, 64, 114, 35, 1, 138, 38, 44, 100 और 122। अग्रलिखित शेर हसरत मोहानी के 'इन्तिख़ाबे-सुख़न,' भाग-1, यू.पी. उर्दू एकेडमी, पुनः संस्करण, पृष्ठ 121 और 31 से लिए गए हैं : आह भी न किया/निगाह भी न किया, और आश्नाई पर/अहमक़ाई पर।
8. शाह हातिम : 'दीवान ज़ादा', संकलन ग़ुलाम हुसैन ज़ुल्फ़क़ार, लाहौर मजलिस तरक़्क़ी अदब 1975, भूमिका पृष्ठ 40।
9. इस 'ख़िदमत' का प्रसिद्ध उदाहरण मुसहफ़ी का एक 'दीवान' है जो रामपुर (1878) में प्रकाशित हुआ। इसके सम्पादक मुज़फ़्फ़र अली असीर (1801-1881) और अमीर मीनाई (1828-1900) थे। प्रथम मुसहफ़ी के शार्गिद, और द्वितीय असीर के शागिर्द थे। इन लोगों ने मुसहफ़ी के कलाम में बीसियों इस्लाहें (संशोधन) करके उनकी भाषा को अपने समय के मुहाविरों, या साहित्यिक रूप के अनुसार कर दिया। मुसहफ़ी की सम्पूर्ण रचना बाज़ार में उस समय न थी (उनके क़सीदे अब भी नहीं हैं), इसलिए असीर व अमीर का ही संकलित ग़लत 'दीवान' एक समय तक प्रचलित रहा। इस एडीशन की फोटो कापी, अब्दुल सलाम ख़ाँ रामपुरी के दीबाचे (भूमिका) के साथ ख़ुदाबख़्श लाइब्रेरी ने 1990 में प्रकाशित की है।

   दूसरा उदाहरण नासिख़ और उनके शागिर्द अली औसत रश्क़ (1799-1867) का है। कुल्लियाते-नासिख़ (प्रथम एडीशन, 18[illegible]2) का ग़लतनामा अली औसत रश्क़ ने तैयार किया था। फिर यही ग़लतनामा दूसरे एडीशन (1847) के पाठ में डाल दिया गया। रशीद हसन ख़ाँ ('इन्तिख़ाबे-नासिख़', प्रकाशक मक्तबाए जामिया—जामिया, 1972, पृष्ठ 122-131) ने लगभग यह प्रमाणित कर दिया है कि ग़लतनामा उन संशोधनों पर आधारित है जो नासिख़ के कलाम में रश्क़ ने 'सुधार' के उद्देश्य से किया था। कुल्लियाते-नासिख़ के प्रथम एडीशन की फोटो कापी ख़ुदा बख़्श लाइब्रेरी ने हनीफ़ नक़वी की भूमिका के साथ 1997 में तैयार कर दी है।
10. टेकचन्द बहार : 'बहारे अजम' (1752) भाग 1, दिल्ली, सिराजी प्रेस, 1865/1866 पृष्ठ 614।
11. 'शम्सुल-लुग़ात' (1804/1805), बम्बई, क़तुहउल क़रीम प्रेस, 1891-92, पृष्ठ 252।
12. Tzvetan Todorov : Symbolism and Interpretation, Trans. katherine porter, Ithaca

Cornell University press. PP. 12-13, 27.

13. मोहम्मद पादशाह शाद : 'फ़रहंग आनन्दराज', भाग—दो, तेहरान-1974, पृष्ठ 1751।
14. मुल्ला नुसरती, 'अली नामा', पृष्ठ 9।
15. वही, पृष्ठ 27।
16. वही, पृष्ठ 425।
17. वही, पृष्ठ 426।
18. 'मज़्मून' के बारे में साब, ग़नी, और अन्य फ़ारसी कवियों की रचनाओं के लिए देखें, 'उर्दू ग़ज़ल के अहम मोड़,' शम्सुर्रहमान, फ़ारूक़ी, नयी दिल्ली, ग़ालिब एकेडमी-1997।
19. जमील जालिबी, द्वारा सन्दर्भित, 'तारीख़', भाग-1, पृष्ठ 335।
20. मीर : 'कुल्लियात', भाग-1, सम्पादक जिल्ल अब्बास अब्बासी, दिल्ली, इल्मी मज्लिस, 1968, पृष्ठ 389।
21. क़लन्दर बख़्श जुर्रत : 'कुल्लियात', सम्पादक—नूरुल हसन नक़वी, अलीगढ़, लीथो कलर प्रिंटर्स, 1971, पृष्ठ 175।
22. शैख़ इमाम बख़्श नासिख़ : 'कुल्लियात', लखनऊ, मौलाई प्रेस, 1847, पृष्ठ 19।
23. नासिख़ 'कुल्लियात', 31।
24. जुर्रत 'कुल्लियात', पृष्ठ 171।
25. शाह नसीर : 'कुल्लियात', भाग-1, सम्पादक तनवीर अहमद अलवी, लाहौर, मज्लिस तरक़्क़ी अदब 1971, पृष्ठ 268-269।
26. Dr. Samuel Johnson : Lives of the English Poets, with Critical Observations on Their Work, Vol. II, London, 1783, 7-118.
27. Johnson : Lives, Vol. 1. P. 26.
28. ईहाम, और इससे सम्बन्धित अवधारणाओं के विस्तार के लिए देखें पूर्वोक्त पुस्तक 'उर्दू ग़ज़ल के अहम मोड़'। फ़्रांसिस प्रेच्ट ने अपनी किताब Nets of Awareness : Urdu Poetry and its Critics, प्रकाशक—यूनिवर्सिटी ऑफ कैलीफोर्निया, बर्कले युनिवर्सिटी प्रेस, 1994, और कराची, ऑक्सफोर्ड युनिवर्सिटी प्रेस, 1996 में प्राचीन उर्दू काव्यशास्त्र और उसके पतन पर उम्दा बहस की है।
29. अली जव्वाद ज़ैदी : 'दो अदबी स्कूल', लखनऊ, नसीम बुक डिपो, 1970, पृष्ठ 41।
30. R.S. Tewary : A Critical Approach to Indian Poetics, PP. 162-163।
31. Tewary : P. 252।
32. K. Krishnamoorthy : Indian Literary Theories, Delhi, Meharchand Krishandas, 1985, P. 168।
33. K. Kujunni Raja : Indian Theories of Meaning, Chennai, The Adyar Library and Research Centre, 1977 (1963), P. 44.
34. K. Kujunni Raja, P. 45.
35. K. Krishanamoorthy, PP. 193, 194-195.
36. मुसहफ़ी : 'कुल्लियात', भाग-3, सम्पादक नूरुल हसन नक़वी, लाहौर, मज्लिस तरक़्क़ी अदब, 1971, पृष्ठ 442-443।
37. वली : 'कुल्लियात', पृष्ठ 247-213।
38. शाह सिराज औरंगाबादी : 'कुल्लियात', सम्पादक अब्दुल क़ादिर सर्वरी, नयी दिल्ली, तरक़्क़ी उर्दू ब्यूरो, हुकूमते-हिन्द (भारत सरकार उर्दू विकास ब्यूरो) 1982 (1940), पृष्ठ 667।

39. सैय्यद ख़्वाजा मीर दर्द : 'दीवान दर्द, उर्दू' बदायूँ, निज़ामी प्रेस, 1932 (1923), पृष्ठ 67।

40. मीर : 'कुल्लियात', पृष्ठ 556-557।

41. ये सभी शेर जोश के हैं। देखें 'शाइर की रातें' जोश मलीहाबादी, बम्बई, कुतुबख़ाना, ताजआफ़िस, सम्भवतः 1949, पृष्ठ 63।

42. सौदा : 'कुल्लियात', सम्पादक अब्दुल बारी आसी, लखनऊ, 1932, पृष्ठ 17।

43. अलीम सबा नवैदी : 'मौलाना बाक़र आग़ा के अदबी नवादिर' मद्रास, तमिलनाडु, उर्दू पब्लिकेशन, 1994, पृष्ठ 41, 77, 82, 98, 144-147। विस्तार के लिए देखें राही क़िदवई, ''दारुल उलूम लतीफ़िया...'', पृष्ठ 108।

44. अब्दुल वहाब इफ़्तिख़ार : 'तज़्किराए-बेनज़ीर' उर्दू अनुवाद अता काकवी पटना, अज़ीमुश्शान बुक डिपो 1968, पृष्ठ 13-14।

45. यह बिन्दु सबसे पहले मौलवी अब्दुल हक़ और 'दरियाए लताफ़त' के अनुवादक अल्लामा ब्रजमोहन दत्तात्रेय कैफ़ी ने बयान किया था, देखें 'दरियाए लताफ़त' का अनुवाद, औरंगाबाद अंजुमन तरक़्क़ी उर्दू, 1935, पृष्ठ 108, यकता के लिए देखें 'दस्तरुल फ़साहत', पृष्ठ 6 (मूल पाठ)।

46. इंशा, 'दरियाए-लताफ़त,' पृष्ठ 111-112-116।

47. रजब अली बेग सुरूर : 'फ़सानाए-अजायब', सम्पादक रशीद हसन ख़ान, नयी दिल्ली, अंजुमन तरक़्क़ी 'उर्दू-हिन्द' 1990, पृष्ठ 17-18, 30 (मूल पाठ) 'फ़सानाए अजायब' यद्यपि कि पहली बार 1843 में प्रकाशित हुई, लेकिन उसकी भूमिका से जो उद्धरण मैंने दिए हैं, वो 1825 की कृति के हैं।

48. सुख़न देहलवी : 'सरोशे सुख़न', लखनऊ नवल किशोर प्रेस, 1918 (1859), पृष्ठ 5-6।

49. हाली : 'मुक़दमा', पृष्ठ 192। अली जव्वाद ज़ैदी ने अपनी किताब ''दो अदबी स्कूल,'' (लखनऊ, नसीम बुक डिपो, 1970), और Carla R. Petievich ने अपनी किताब Assembly of Rivals प्रकाशक–नयी दिल्ली, मनोहर, 1992 में लखनऊ/दिल्ली के 'अदबी स्कूलों' के मुआमले में उपयोगी बहस की है।

●●●